佛脈 한국의 선사들

만일 모든 형상 있는 것이 형상 있는 것이 아님을 알면 곧 여래를 볼 것이다

- 금강경 -

머리말

최근 정신수행에 대한 관심이 높아지면서 불교의 깨달음과 수행법에 대한 관심도 갈수록 높아지고 있다. 그 동안 지구촌을 풍미해온 물질만 능주의가 사회와 개인에게 가져온 병폐나 문제점을 해결하기 위해서는 그 돌파구를 정신적인 측면에서 찾아보는 것이 당연할 것이다. 그런 흐름 속에서 불교, 세계 불교 중에서도 독특한 면이 있는 한국 불교 역시 주목의 대상이 되고 있다.

우리나라 불교는 다른 나라와 비교할 때 수행중심적인 정통성과 독창성이 가장 두드러진다. 오랜 불교역사를 통해 선禪과 교教 모든 분야에서 세계 어느 나라에 못지않은 걸출한 고승들을 잇달아 배출하면서 불교사상을 드높였고, 어려운 환경 속에서도 치열한 수행을 통한 깨달음의 세계를 면면히 이어온 때문이다. 이러한 불교가 우리 민족의 정신적 토양 역할을 해왔음은 당연한 일이다.

불교가 공인된 것은 고구려 소수림왕 때이지만, 비공식적으로는 가락국의 김수로왕 시대부터 민중의 삶 속에 자리 잡고 있었던 것으로 알려지고 있다. 삼국시대를 전후하여 많은 스님들이 목숨을 걸고 구법을 위해 인도로, 중국으로 떠난 것도 이러한 초기 불연佛緣과 무관하지 않을 것이다. 국내에서는 원효를 비롯한 많은 스님들이 독특한 한국불교의 색채를 띠면서 민중들에게 불법을 전파했다.

이 같은 한국불교는 오늘날까지 발전을 거듭하면서 우리의 정신세계에 많은 영향을 끼치고 있다. 아마 그 많던 불교서적들이 무수한 전란 속에서 멸실되지 않았다면 우리나라 불교역사의 판도는 엄청나게 달라졌을 것이다.

한국불교의 성격을 한마디로 정의하기는 어렵지만, 예로부터 전승되어 온 일승一乘적 사상과 선교禪敎융합, 그리고 수행중심적 특성을 지닌다고 할 수 있다. 세속과 열반이 하나이며, 번뇌와 보리가 하나라는 불이不二사상을 근간으로 하고 있는 것이다. 이는 대승불교국가인 한국과 중국, 일본 3국 가운데 우리나라만이 간직하고 있는 특징이다. 공산화 이후 맥이 끊긴 중국불교와 생활중심적인 일본불교와는 분명하게 차별화된 정통성을 지니고 있는 것이다.

그럼에도 불구하고 최근 불자들 사이에는 중국 선법이 최고인 양 중국의 선 관련 번역서에만 몰두하는 경향이 짙다. 육조 혜능 이후의 중국 선불교가 우리 불교 발전에 커다란 도움을 준 것은 부인할 수 없다. 그러나 지나친 중국 불교 의존은 자칫 우리 불교의 독창성을 스스로 망각케 할 수 있다. 불교의 가르침은 물론 차이가 있을 수 없다. 이런 점에서 경계와 균형의 필요성이 제기된다. 우리나라 스님들도 중국 스님을 능가할 정도로 불교사상이나 선의 경지에서 뛰어난 분들이 많았다.

이 책은 단편적이긴 하지만, 우리 불교의 정수를 일반인들이 쉽게 접근할 수 있도록 정리함으로써 한국불교를 새롭게 인식하고 그 정신과 자취를 함께 나누어 가지려고 노력했다.

이 책을 통해 우리나라 고승들이 동북아불교에 지대한 영향을 미친 활동상을 접할 수 있을 것이다. 금강삼매경론을 지은 원효의 사상과 수행관은 당시 동북아의 교학불교와 선불교를 선도했다. 원측 등 많은 유학승들은 중국에서 독자적인 학파를 형성하거나 정통법계를 계승하면서 이름을 빛냈다. 고려시대에는 우리 불교가 중국으로 역수출되기도 했다. 시대에 따라 각종 결사운동을 전개하면서 지켜온 치열한 수행의 전통은 오늘날까지 이어지고 있다. 조선시대 이후에는 중국으로부터 정통으로 전법된 선법이 일제 강점기를 거쳐 오늘날까지 면면히 이어져 오고 있다.

이러한 우리 불교의 특징을 조금이나마 들여다보고 계승하는데 이 책이 도움을 줄 것이다. 고승들의 목숨을 건 구법활동과 치열한 구도열은 지식의 세계화를 지향하는 오늘날 우리에게 많은 점을 시사해 준다. 또 선사들이 임종을 눈앞에 두고도 제자들과 마지막 선문답을 하면서 가르침을 주고받는, 생사를 초월한 수행세계는 오늘날 수행풍토에 많은 교훈을 던져준다.

이 책은 우리나라 불교의 법맥을 중심으로 고승들의 사상과 수행활동, 일화 등을 다루고 있다. 내용 가운데 초점을 둔 부분은 고승들의 치열한 수행과 독창적인 사상의 발자취이다. 이를 통해 스스로를 돌아보면서 보다 나은 삶과 진리를 찾기 위해 발심을 하는 계기로 삼길 바란다. 또한 선사들의 다양한 수행 경험과 가르침은 수행자들에게도 큰 도움이 될 것이다. 그리고 우리나라 고승들의 위대성을 새삼 깨닫는 장이 될 수 있다고 생각한다. 고승들의 법맥도 가능하면 세밀하게 살펴보려 한 것이 이 책의 특징이기도 하다. 또한 필요한 부분은 관련 사진과 탁본 등을 삽입하여 선禪 여행의 길잡이가 되도록 힘썼다.

책이 나오기까지 도움을 준 여러분께 이 자리를 빌려 감사의 말씀을 드린다. 이 책은 이전까지 연구와 저술활동을 해온 불교학자들의 선행연구를 바탕으로 했음은 물론이다. 또 학자에 따라 해석이 각기 다른 선문답이나 선시를 명쾌하게 다시 해석해 주신 한학자 이갑규 선생에게 감사드린다. 이 선생은 또한 그동안 번역, 출간된 적이 없었던 구산선문의 선문답과 선시 등을 상당부분 새롭게 해석, 이 책을 더욱 빛내 주었다. 또 전국의 사찰을 함께 돌아다니며 좋은 사진을 찍는 수고를 마다하지 않은 이지용 기자(영남일보 사진부)와 관련 사진이나 자료를 제공해준 사찰 관계자에게 지면을 빌어 다시 한번 고마움을 표시한다. 이 책의 출판을 후원한 언론재단에도 감사드리며, 훌륭한 책으로 꾸미느라 애를 쓴 출판사 관계자들의 노고도 잊을 수 없을 것이다.

2004년 초겨울 김신곤 · 김봉규

머리말
들어가며

근·현대

20 · 한국의 마조馬祖로 평가받는 근대 선禪의 중흥조/ **경허 성우**
28 · 독립과 불교 개혁을 위해 앞장섰던 선사/ **용성 진종**
32 · 솔가지 잡고 입적한 무심도인無心道人/ **혜월 혜명**
36 · '나'는 무념처無念處에서 찾을 수 있다/ **만공 월면**
41 · 오대산의 살아있는 전설적 도인이었던 선지식/ **한암 중원**
48 · 요즘 참선하는 사람들은 참 이상하다/ **만해 한용운**
54 · 독립투사 사형선고 후 출가한 절구통 수좌/ **효봉 학눌**
62 · 석사자石獅子의 울음소리를 듣습니까/ **동산 혜일**
67 · 사바세계는 한바탕 연극마당이다/ **경봉 정석**
72 · 연담의 법맥 이어 호남 선맥 부흥시킨 대종사/ **만암과 서옹**
77 · 자유를 찾아가는 길은 오직 참선뿐이다/ **금오 태전**
83 · 33세에 조실로 추대된 선가의 대종장大宗匠/ **전강 영신**
89 · 마음을 역설한 자비·인욕 보살/ **청담 순호**
95 · 부처는 너희를 얽어매는 사슬에 불과하다/ **향곡 혜림**
100 · 유儒·불佛·도道에 통달한 선지식/ **탄허 택성**
105 · 한국불교 세계화 선도한 조계총림 초대 방장/ **구산 수련**

111 · 불경 한글화 서원誓願한 역경의 화신/ **운허 용하**

114 · 돈오돈수頓悟頓修/ **퇴옹 성철**

122 · 수행자의 사표師表였던 이 시대의 진정한 선사/ **서암 홍근**

129 · 40년 장좌불와의 선지식/ **부주 정화**

신라 - 후삼국

136 · 치열한 수행과 문수신앙/ **자장**

141 · 일미관행一味觀行의 삶/ **원효**

152 · 불성은 차별이 없다/ **원측**

158 · 불편부당不偏不黨의 유식현자/ **태현**

163 · 법의 성품은 무분별無分別이다/ **의상**

171 · 만물은 본래 둘이 아니다/ **의상과 10대 제자**

179 · 법이란 바로 내 몸과 마음이다/ **의상계와 기타 학맥**

185 · 무억無憶, 무념無念, 막망莫忘이 총지문摠持門이다/ **정중 무상**

191 · 무념무수無念無修/ **원적 도의**

195 · 조계종의 종조/ **도의와 가지산문**

199 · 융선교화融禪敎化 · 홍척과 실상산파/ 증각 홍척

203 · 말없는 말, 법없는 법 · 혜철과 동리산문/ 적인 혜철

208 · 무설無說이 나의 종지宗旨이다/ 무염과 성주산파

214 · 스승의 선법을 선양하다/ 봉림산문 현욱과 사자산문 도윤

219 · 본래심本來心을 강조한 동방의 보살/ 사굴산문 범일

226 · 토착선土着禪을 정착시키다/
　　　 희양산문 도헌과 긍양, 수미산파 이엄

233 · 원상圓相의 선법/ 위앙종의 순지

237 · 평상심과 범패의 선승/ 쌍계사와 진감

241 · 지덕증익地德增益의 선승/ 선각 도선

244 · 가야산 의용義龍이 화엄을 전파하다/ 희랑과 관혜

고려시대

250 · 중생에게는 이미 여래의 지혜가 갖춰져 있다/ 균여

255 · 돈오점수頓悟漸修/ 보조 지눌

266 · 간화일문看話一門/ 진각 혜심

271 · 정념正念은 망실忘失함이 없다/ 몽여 · 혼원 · 천영

274 · 설함에는 본래 설함이 없다/ **원감 충지**

279 · 나는 마음도 아니요 부처도 아니다/ **자정~고봉**

283 · 교관쌍수敎觀雙修의 천태종사/ **대각 의천**

288 · 이 마음이 부처를 짓고 이 마음이 곧 부처다/ **원묘 요세**

297 · 생계불멸 불계부증生界不滅 佛界不增/ **보각 일연**

306 · 단절위기의 선불교 법맥 전승한 한국불교 중흥조/ **태고 보우**

313 · 생각의 기멸이 다한 가운데 화두가 또렷해야 한다/ **나옹 혜근**

321 · 무심선無心禪 주창한 '직지심경' 저자/ **백운 경한**

조선시대

328 · 갓난아이 행동嬰兒行이 제일이다/ **무학 자초**

332 · 유儒·불佛 회통會通과 삼교일치 제창/ **함허 기화**

336 · '불심유관佛心儒冠'의 천재/ **설잠 김시습**

341 · 선禪은 부처의 마음이고 교敎는 부처의 말이다/ **청허 휴정**

346 · 서산 문하와 필적하는 선맥禪脈을 이루다/ **부휴와 벽암**

350 · 산하를 오가는 데는 일곱 근 장삼이요/ **사명 유정**

356 · 서산을 '명리승名利僧'이라 칭한 전설적 인물/ **진묵 일옥**

360 · 부처의 가르침은 다양하지만 실상은 한 가지이다／ **편양 언기**

364 · 폐불廢佛에 당당히 맞선 대문사大文士／ **백곡 처능**

367 · 조선 후기 호남지방의 대강백大講伯／ **연담 유일**

370 · 선문禪門의 대논쟁 불러일으키다／ **백파 긍선**

374 · 불교적 안목에서 여러 문화를 섭렵한 선승／ **초의 의순**

380 · 후기後記-한국 선불교 법맥에 대하여

388 · 불조 선맥도

392 · 구산선문 법계도

400 · 참고문헌

들어가며

불교가 이 땅에 전래된 지 공식적으로는 1600년이 넘었다. 그 동안 불교는 우리의 정치·사상·문학·사회·문화사적으로 상당한 영향을 미쳐 왔다.

이러한 불교는 정식으로 공인되기 이전부터 사실 이 땅에 들어와 있었던 것으로 알려져 있다. 가락국 김수로왕 시대인 서기 42년을 전후해 영남지역을 중심으로 인도불교가 직수입된 자취를 발견할 수 있다. 김해와 양산, 밀양, 지리산 일대에는 아직도 당시 불교의 전설과 흔적이 다소 남아있다. 단지 유적이나 기록의 부족 등으로 학문적으로 활발하게 논의되지 못하고 있을 뿐이다.

우리나라에서 불교가 정식 공인된 시기는 고구려는 소수림왕 원년(372), 백제는 침류왕 원년(384), 신라는 법흥왕 22년(535)으로 보고 있다. 그 이후 우리나라 불교는 지금까지 면면히 그 맥을 이어오면서 변화와 부침을 거듭하고 있다. 이 책에서는 우리 불교사의 주역인 각 시대별 대표적 고승들의 치열한 구도적 삶을 중심으로 한국불교의 맥을 살펴보고자 한다.

고구려는 고국양왕 8년(391) '불법을 믿어 복을 구하라.'는 왕의 하교에 이어 광개토왕 2년에 평양에 9개의 절을 창건하면서 불교가 융성하기 시작했다. 이후 연개소문이 도교를 받아들이면서 불교를 탄압하기 전인

642년 이전까지 많은 고승이 배출됐다. 이 가운데 승랑僧郎은 장수왕 때 중국으로 가 공空 관계를 설한 삼학론三學論을 연구하여 학문적 체계를 세웠고, 섭산 서하사의 주지가 되었다. 또한 길장, 혜자, 담징, 혜관, 혜량 등 해외 구법 및 전교 활동을 한 고승들이 줄을 이었다.

인도 승려인 마라난타로부터 불교를 전래받은 백제도 인도 유학승인 겸익, 일본 최초의 승정僧正이 된 관륵 등의 고승을 배출했다. 무왕 35년(634)에는 익산 미륵사가 창건돼 미륵신앙의 중심지가 되기도 했다.

이차돈의 순교로 불교가 공인된 신라는 진흥왕 5년(544), 흥륜사의 완공과 더불어 출가를 국법으로 허락했다. 이후 중국 양梁나라로 유학을 가서 불사리를 가져온 각덕, 최초로 왕실과 국가의 발전과 안녕을 비는 호국법회인 백고좌강회를 개최한 혜량, 유학승인 명관, 안홍, 원광, 담육, 자장 등이 배출됐다. 원광은 진평왕 11년(589) 진나라에서 열반경, 섭대승론을 배우고 귀국해 '모든 사람은 여래가 될 수 있다.'는 여래장사상으로 신라인의 사고체계를 바꿔 놓았다. 진평왕 30년(608)에는 수나라에 군사원조를 청하는 걸사표乞師表를 작성했고, 세속오계를 지어 화랑도의 이념적 체계도 완성했다.

삼국이 통일된 서기 668년 문무왕 이후의 통일신라불교는 사상적으로 더욱 발전, 심화되었다. 이 시기에 원효는 일심一心과 화쟁和諍·무애無碍 사상으로, 해동화엄종의 초조인 의상은 화엄학으로 불교의 사상체계를 더욱 공고히 했다. 유식학도 원측, 도증, 태현으로 이어지면서 동북아불교에 많은 영향을 끼쳤다.

9세기로 접어들면서 신라 전기의 불교는 점차 쇠퇴하고 선禪이 전래되면서 통일신라불교에 새로운 바람이 불기 시작했다. 도의와 홍척 등 당나라의 남종선南宗禪을 전수받은 유학승들이 귀국하면서 현 조계종의 원류라고 할 수 있는 9산선문이 형성됐다.

유학승들의 선법은 고려시대로 접어들면서 한국불교의 성격이 형성될 수 있는 토대를 마련했다. '불립문자不立文字 견성성불見性成佛'을 내세우는 이들의 선종사상이 민중 속으로 깊숙이 침투했다. 또 신라에는 없던 천태종이 생겨나고, 교종도 발전을 거듭하면서 선교양종의 체계가 갖추어져 갔다.

화엄사상의 입장에서 선종사상을 융합한 천태종은 대각국사 의천에 이어 국청사와 백련사의 교웅, 덕소, 요세, 천인 등을 거치면서 발전을 거듭했다. 고려 후기에는 교종이 쇠퇴하면서 지눌이 선종의 입장에서 교종을 융합한 조계종이 개창된다. 조계종의 중흥조인 지눌은 조계산 수선사(현 송광사)를 중심으로 선정과 지혜를 함께 닦는 정혜결사定慧結社를 전개한다. 몽골의 침략으로 분열과 대립의 양상을 보이던 불교는 고려 공민왕 때 태고 보우가 임제종을 도입, 선문의 새로운 조류를 형성하면서 문하에 많은 고승들을 배출시켰다. 보우의 임제종은 오늘날까지 한국 선불교의 법맥으로 이어져 오고 있다.

조선시대에는 배불정책으로 인해 태종 때 11종이 7종으로, 세종 때는 7종이 다시 선교양종으로 통폐합되었다. 또 연산군의 폐불정책으로 수난을 겪다가 문종 때 문정왕후가 섭정하면서 보우에 의해 선교양종이 다시 부활돼 청허 휴정과 사명 유정 등 고승이 배출됐다. 그러나 문정왕후 이후 불교는 다시 탄압을 받자 산속으로 들어가서 명맥을 유지해 갔다.

경허 이후에는 국권상실로 한국불교가 단절되다시피 하다가 해방 이

후 한국불교조계종으로, 다시 대한불교조계종으로 재정비되어 오늘에 이르고 있다.

이러한 가운데에서도 임제종의 법맥은 태고 이후 환암과 구곡, 벽계, 벽송, 부용, 청허, 편양, 풍담, 월담, 환성 등을 거쳐 오늘날까지 이어지고 있다.

그러나 학계에서는 신라의 5교 양종 존재 여부와 현 조계종의 종조를 누구로 보느냐를 놓고 아직도 학설의 일치를 보지 못하고 있다. 법통에 대해서는 태고법통설, 보조법통설, 나옹법통설 등이 있다. 선문법통을 논할 때 임제법통을 지키면서 고려불교의 전통을 어떻게 수용해야 하며, 구산선문의 법통까지만 인정하는 선문계보에서 삼국시대부터 이룩된 한국불교의 전통을 어떻게 수용해야 하느냐 하는 문제 등은 아직도 논란의 대상이 되고 있다. 따라서 여기서는 논란이 되는 부분은 학자들의 몫으로 맡긴다.

우리 불교는 신라시대부터 나름대로의 맥을 갖고 있다고 할 수 있다. 의상을 중심으로 한 화엄법통은 고려시대까지 이어졌고, 원측의 유식학도 하나의 학파를 형성하면서 그 맥이 상당 기간 이어졌다. 신라 구산선문의 법은 각 선문마다 많은 제자들이 스승의 선법을 이어갔다. 고려시대에도 지눌을 중심으로 한 수선사 법맥과 요세 등을 중심으로 한 백련사 법맥이 있었다. 태고 이후에는 오늘날까지 전법 형식으로 선법이 이어지고 있다.

여기서는 이러한 한국불교의 법맥을 살펴보는데 중점을 둔다. 신라와 고려시대에는 제자들에 의해 이어지는 법맥을 살펴볼 예정이다. 태고 보우 이후의 법맥은 가능하면 전법에 중심을 둔 법맥을 취급하고자 한다. 의견다툼이 많은 법맥관계는 도의, 보조, 태고의 관계를 명시한 현 조계종 종헌 1조와 6조에 따라 다수의 의견을 참작하기로 한다.

하나 가운데 일체가 있고 일체중에 하나가 있으니, 하나가 곧 일체요 일체가 곧 하나이네.

- 의상의 화엄일승법계도 -

근·현대

한국의 마조馬祖로 평가받는 근대 선禪의 중흥조/ 경허 성우
독립과 불교 개혁을 위해 앞장섰던 선사/ 용성 진종
솔가지 잡고 입적한 무심도인無心道人/ 혜월 혜명
'나'는 무념처無念處에서 찾을 수 있다/ 만공 월면
오대산의 살아있는 전설적 도인이었던 선지식/ 한암 중원
요즘 참선하는 사람들은 참 이상하다/ 만해 한용운
독립투사 사형선고 후 출가한 절구통 수좌/ 효봉 학눌
석사자石獅子의 울음소리를 듣습니까/ 동산 혜일
사바세계는 한바탕 연극마당이다/ 경봉 정석
연담의 법맥 이어 호남 선맥 부흥시킨 대종사/ 만암과 서옹
자유를 찾아가는 길은 오직 참선뿐이다/ 금오 태전
33세에 조실로 추대된 선가의 대종장大宗匠/ 전강 영신
마음을 역설한 자비·인욕 보살/ 청담 순호
부처는 너희를 얽어매는 사슬에 불과하다/ 향곡 혜림
유儒·불佛·도道에 통달한 선지식/ 탄허 택성
한국불교 세계화 선도한 조계총림 초대 방장/ 구산 수련
불경 한글화 서원誓願한 역경의 화신/ 운허 용하
돈오돈수頓悟頓修/ 퇴옹 성철
수행자의 사표師表였던 이 시대의 진정한 선사/ 서암 홍근
40년 장좌불와의 선지식/ 무주 청화

한국의 마조馬祖로 평가받는 근대 선禪의 중흥조 | 경허 성우

> **경허 성우(鏡虛 惺牛: 1849~1912)**
> 전주 출신으로 속성은 송씨. 태어난 해에 아버지를 잃고 9세 때 아버지의 친구에 의해 과천의 청계사로 출가했다. 만공, 혜월, 수월, 한암 등 많은 법제자를 남겼다.

근대 한국 선의 중흥조로 꼽는데 아무도 이의를 달지 않는 걸출한 선승 경허. 그는 당시 승려들에게는 선의 진면목을 알려주었고, 일반인들에게는 선법이 있는 줄 알게 한 장본인이다. 그의 삶은 파격 그 자체라 할 만큼 거침이 없었기에 불교에 웬만한 관심을 가진 사람이라면 행적 몇 가지는 알고 있을 정도이다.

경허가 생존했던 당시는 조선왕조가 몰락, 종국에는 한일합방이라는 민족적 비애를 맞아야 했던 격동의 시대였다. 오랜 세월 핍박을 받아오던 불교도 이 시기에 와서는 교세가 극히 침체됐다. 교화나 사회활동 등 중생구제에 손길을 돌릴 처지도 못 되었고, 참되게 수행하는 승려들의 모습도 찾아보기 힘들었다. 이처럼 불교의 맥이 끊기다시피 한 시기에 경허라는 대선사가 출현, 불법의 등불을 밝히면서 불교계에 새로운 생명력을 불어 넣었던 것이다.

경허가 50세 때 제자인 만공 월면滿空 月面과 함께 어느 절에 머물 때 있었던 일이다. 밖에서 경허가 있는 조실 방문을 두드리는 소리가 들려 만공이 문을 열자 젊은 여인이 혼자 서 있었다. 여인은 문둥병 환자였다. 만공이 엉거주춤하고 있자 경허가 여인을 보며 "이리 들어오너라."고 말했다. 여인이 주뼛주뼛하며 방안으로 들어오자 경허는 여인의 등을 쓸어주며 뇌까렸다. "네가 이 세상에 나와 여자로서 누려야 할 재미를 도무지 맛보지 못했구나."

그날부터 경허는 여자를 데리고 자신의 방에서 지냈다. 일주일간 잠자리를 같이 했다. 문둥병 환자와 동거하면서도 그의 일상생활은 평소와 같이 조금도 걸림이 없었다. 그러나 20대 후반인 만공은 문둥병 여인과 함께 생활하는 스승을 차마 계속 지켜볼 수가 없어 일주일째 되는 날 경허에게 "스님의 높으신 무애無碍의 힘을 저희들은 이제 깨달았습니다. 하지만 이제 더 이상 그대로 볼 수가 없으니 여인을 절문 밖으로 내보내시기 바랍니다."고 부탁했다.

경허스님 진영(수덕사 성보박물관 소장본)

만공의 말을 들은 경허는 "허허" 웃으며 "월면이, 자네도 걸리는 경계가 많구민. 할 수 없지."라고 말하고는 아무 일도 없었다는 듯이 여인을 내보냈다.

이런 일도 있었다. 경허가 충남 연암산 지장암에서 한 해 겨울을 보내게 됐다. 허술한 암자라 추위와 바람을 막기 위해 불경인 화엄경을 뜯어 문과 벽을 바르고 장판도 했던 모양이다. 찾아온 제자들이 이를 보고 깜짝 놀라 말했다. "스님, 경전으로 어떻게 도배와 장판을 하십니까?" 경허는 태연히 "자네들도 이러한 경계에 이르면 이렇게 해 보게나"라고 대답했다. 경전이란 마땅히 함부로 다룰 수 없는 법보法寶임에 틀림없으나 득어得魚하면 망전忘筌하는 경계를 경허는 보여준 것이다.

경허는 이밖에도 정 처사라는 사람이 맡긴 딸과 천장암에서 함께 지내다 마을사람들이 소문을 듣고 암자에 찾아와 방의 구들장을 파고 절에 불을 지르겠다며 펄펄 뛴 일, 알몸으로 모친의 품안으로 뛰어들어 놀라게 한 일, 단청불사하자며 주막에 들어가 술을 마시거나 고기를 먹은 얘기 등 무애행을 보인 일화들이 수없이 많다. 행위 자체만 보면 파계승과 다를 것이 없는 경허의 이 같은 행위는 "선할 때는 부처보다 선하고 악할 때는 호랑이보다도 악하다."는 세평을 낳았다.

경허 법어집 '진흙소의 울음'에는 "선사의 도리道理가 얼마나 깊고 높은가는 한두 마디 말로 표현할 수 없다. 그리하여 역행逆行과 영아행嬰兒行을 종횡무애縱橫無碍로 행하신 선사의 자취는 감히 누가 가可, 불가不可를 논할 수 없는 만행보살萬行菩薩이다. 이 위대한 도인의 행적은 가장 평범한 가운데 미묘한 이치를 보였다."고 평하고 있다. 경허가 깨달음을 얻은 뒤 주장자를 꺾어 던져버리고 산문을 나선 후 보인 파격적 언행은 보통 사람이 흉내를 낼 수 없는 행위들이었다.

경허의 제자 한암漢巖은 경허의 행장을 쓰면서 이러한 점을 염려해 "후대의 학인들이 스님의 법화法化를 배움은 옳으나 스님의 행리行履를 배우는 것은 불가하다."고 못을 박으면서 법을 간택하는 눈을 갖추지 못하고 그 행리의 걸림 없는 것만 본받는 자들을 꾸짖었다.

이러한 경허였지만 깨달음을 얻기까지는 남다른 경험과 아무나 흉내 낼 수 없는 혹독한 수행을 거쳤다. 출가 후 경허는 청계사 계허桂虛 밑에서 물 긷고 나무하며 5년을 보내다, 14세가 되던 해 그 절에 머물게 된 한 선비로부터 한학과 기초적인 불교경론을 익혔다. 배우는 대로 외워버리는 경허를 본 선비는 "참으로 비상한 아이로다. 천리를 달리는 말이라도 백락(伯樂: 중국 주나라 때 말 감정가)을 만나지 못하면 피곤하게 소금짐이나 끈다고 했다. 뒷날 반드시 큰 그릇이 되어 모든 사람을 제도하리라."며 감탄했다.

그해 겨울 경허의 총명함을 아낀 스승 계허에 의해 당시의 유명한 강백인 동학사 만화 보신萬化 普善한테 보내어져 본격적으로 불교경론을 배우게 된다. 불경뿐만 아니라 유서儒書와 노장老莊 등 제자백가를 섭렵했다. 23세 때 대중들의 요청으로 동학사의 강사로 추대돼 개강하자 학인들이 사방에서 몰려들기 시작했다.

강사로 이름을 떨치던 31세 때 인생의 결정적 전기를 맞는다. 그해 여름 어느 날 환속한 옛 스승 계허를 찾아 한양으로 향하던 중 폭풍우를 만나 가까운 인가에 들어가 비를 피하려 했으나 집집마다 내쫓았다. 무서운 전염병(콜레라)이 휩쓸고 있었던 것이다. 할 수 없이 마을 밖 큰 나무 밑에서 밤새도록 죽음의 공포 속에 시달리다가, 문득 그때까지 생사불이 生死不二의 이치를 문자로만 알고 있었음을 깨닫고는 "금생에 차라리 바보가 될지언정 문자에 구속되지 않고 조도(祖道: 선사들의 깨달음)를 찾아 삼계(三界: 중생세계)를 벗어나리라."며 새로운 발심을 하였다.

이튿날 동학사로 돌아온 경허는 학인들을 모두 돌려보낸 뒤 조실방에 들어가 문을 걸어 잠그고 누구의 가르침도 없이 용맹정진에 들어갔다.

졸리면 허벅지를 송곳으로 찌르고 혹은 칼을 갈아 턱 밑에 괴며 오로지 화두 참구에 전념했다. 3개월째 되는 날 어느 스님이 밖에서 "중노릇 잘못해 소가 되더라도 콧구멍 뚫을 데가 없으면 된다."는 말을 듣고 그 말뜻을 알 수가 없어 경허에게 물어왔다. 경허는 '소가 콧구멍이 없다'는 말을 듣는 순간 모든 의심이 풀리면서 세상과 자신이 하나가 되는 깨달음을 얻는다.

이듬해 속가의 형님인 태허 스님이 있는 연암산 천장암으로 옮겨, 깨달은 뒤의 수행인 보임保任을 하였다. 이때에도 탈바가지를 만들어 쓰고 송곳을 턱밑에 받쳐놓고 수행을 했다. 그는 32세 때 천장암에서 설법을 시작하면서 자신의 법통에 대해 '청허淸虛와 환성喚惺의 법맥을 이은 용암龍巖의 법통을 이었음'을 밝힌 적이 있다.

경허는 천장암으로 옮긴 뒤 자신이 깨달은 경지를 다음과 같이 노래했다.

> 홀연히 콧구멍이 없다는 소리를 듣고
> 문득 온 우주가 나의 집임을 깨달았네.
> 유월 연암산 아랫길에
> 들사람들이 일없이 태평가를 부르네.
> 忽聞人語無鼻孔 頓覺三千是我家
> 六月燕巖山下路 野人無事太平歌

경허는 천장암에서 만공, 혜월, 수월 등 제자를 지도하며 6년간 보임 공부를 마친 후 옷과 탈바가지, 주장자 등을 모두 불태운 뒤 무애행에 나섰다. 이때부터 그는 충남의 개심사와 경북 영주 부석사를 비롯, 전국 사찰을 돌며 후학지도와 교화활동을 통해 선풍을 크게 떨쳤다. 경허는 설법이나 문답이 아닌 파격적인 언행을 통해 제자들을 가르치는 경우도 많았다.

천장암 시절 탁발을 나갔다가 돌아오는 길에 제자 만공이 동냥한 쌀자루를 무거워하는 것을 보고는, 물동이를 이고 가는 마을 처녀를 만나게 되자 느닷없이 처녀를 껴안고 입술을 맞추었다. 처녀는 비명을 지르며 물동이를 떨어뜨리고는 집으로 뛰어 들어갔다. 마을 사람들이 "이런 요망한 중놈이"라며 몽둥이, 작대기를 들고 뛰어나왔다. 그러자 경허는 두 밀 할 것 없이 뛰기 시작했고, 만공도 필사적으로 경허를 쫓아 달아났다. 위기를 벗어난 뒤 경허가 만공에게 "쌀이 무겁더냐?"고 물었다.

"아이고 스님, 어떻게 달려 왔는지 모르겠습니다."

"그래. 무겁다는 생각이 없으면 참으로 무거운 것이 아니지."

수덕사와 마곡사 등 호서지방에서 수많은 기행 일화를 남기면서 선풍을 떨쳐 명성이 널리 알려진 경허는 1894년에는 부산 범어사의 조실을 맡았다. 그 후 합천 해인사 등 영남지방은 물론 송광사와 화엄사 등 호남 일대에 선원을 개설, 선승들을 지도함으로써 전국적으로 선풍을 크게 진작시켰다.

경허는 제자들을 지도하는 여가에 한글(2천400자)로 된 '중노릇 하는 법'을 비롯해 '심우송尋牛頌', '참선곡' 등 각종 서간書簡이나 시송詩頌 등 다양한 글을 남기고 있다.

"대저 중노릇 하는 것이 작은 일이리오. 잘 먹고 잘 입기 위하여 중노릇하는 것이 아니라 부처되어 살고 죽는 것을 면하고자 하는 것이니, 부처되려면 내 몸에 있는 내 마음을 찾아보아야 하는 것이니"로 시작되는 '중노릇하는 법'에는 본래의 마음으로 돌아가라는 불교의 가르침과 재물, 여색을 경계하는 등의 내용을 타이르듯이 풀어가고 있다.

선풍을 드날리던 경허는 56세 때인 1904년 오대산과 금강산을 거쳐 안변 석왕사에서 오백나한 개분불사에 증사로 참가한 것을 마지막으로 사찰을 떠나 자취를 감춘다. 잠적 10년쯤 지난 뒤 제자 수월水月이, "경허는 머리도 기르고 선비차림을 한 채 갑산甲山, 강계江界 등지에서 서당 훈장 등을 하며 지내다 1912년 갑산 웅이방熊耳坊 도하동道下洞에서 입적했다."는 내용의 편지를 예산 정혜선원으로 보내왔다. 아래는 그가 남긴 임종게이다.

   마음 달 외로이 둥글고
   빛은 만상을 삼키도다.
   빛과 경계 모두 잊으니
   다시 이 무슨 물건인고.
   心月孤圓 光吞萬像 光境俱忘 復是何物

평북과 함북 일대는 물론 국경을 넘어 만주까지 비승비속의 차림으로 떠돌며 많은 선비, 은자들과 어울린 경허는 주옥같은 선시들을 남기기도 했다. 경허가 입적한 다음해 만공과 혜월 두 제자가 갑산으로 가 스승의 시신을 확인한 뒤 다비했다. 이때 증거가 된 것은 만공이 경허와 헤어지기 전에 선물한 담뱃대와 쌈지였다고 한다.

경허는 선을 생활화하고 대중화한 선의 혁명가였으며, 불조佛祖의 경지를 현실에서 보여준 선의 대성자라는 평가를 듣고 있다. 그의 일거수 일투족은 모두 선구현禪具現의 방편이었다. 법상法床에서 행한 설법은 말할 것도 없고 대화나 문답을 통해서도 언제나 선을 선양하였으며, 문자의 표현이나 특이한 행동도 한결같이 선을 겨냥한 방편이요 작용이었던 것이다.

이 같은 경허로 인해 한국불교의 선풍이 새로이 일어났고, 그의 문하에서 많은 선사들이 배출돼 선풍을 이어갔다. 경허를 통해 선의 진면목을 알고 선법禪法의 중요함도 인식하게 되었다. 오늘날 전국 사찰의 선승 대부분은 경허의 문손이거나 간접적으로 영향을 받고 있다. 한국 근대 선의 물결이 그를 통해 다시 일어나고 진작됐다는 점에서 그는 '한국의 마조馬祖'로 평가되기도 한다.

최상승 선지禪旨를 제창하여 탕탕무애蕩蕩無碍한 가풍을 보였다는 평을 듣는 경허는 간화선을 강조하였지만, 선과 교를 하나로 보았다. 또한 선정삼매나 염불삼매는 같은 경지임을 지적하면서 간화선과 염불은 방법상 차이가 날뿐 궁극적인 면에서는 동일하다고 주장했다.

독립과 불교개혁을 위해 앞장섰던 선사 | 용성 진종

> **용성 진종(龍城 震鍾: 1864~1940)**
> 전북 남원 출생으로 속성은 백씨. 1877년 남원 덕밀암德密庵으로 출가했으나 머리도 깎기 전에 아버지에 의해 강제 귀가 당했다가 1879년(1882년이라는 기록도 있음) 해인사에서 정식 출가. 동산東山, 고암古庵등 많은 고승들이 그의 문하에서 배출됐다.

　용성이 살다간 시대는 민족사적으로 격동기였고 불교사에 있어서도 암흑기였다. 이런 시기에 수행과 계율에 철저했던 선사로, 불교의 중흥과 대중화를 위해 경전을 번역하고 선禪을 산중에서 도심으로 이끌어 내는 등 불교 현대화를 선도한 선각자이자 독립운동가로 3·1운동에도 앞장섰던 인물이 용성이다.
　비슷한 시기에 살았던 경허와 만공이 철저한 수행 끝에 대오, 선풍 진작에 평생을 바쳤다면 용성은 여기서 더 나아가 나라의 독립과 전통적인 한국불교의 명맥보전 및 중흥을 위해 투옥 등을 무릅쓰고 적극적인 현실참여를 주도한 인물이었다.
　출가 후 22세 때(27세 때라는 기록도 있음) 송광사 삼일암에서 정진하던 중 전등록을 읽다가 황벽의 법어 중 '달은 초승인데 가랑비에 바람이 매섭구나月似彎弓 小雨多風'라는 구절에 이르러 마음의 눈이 열리어 '일면불 월면불日面佛 月面佛' 화두도 타파하게 된다. 이듬해에는 경북 선산에서 용맹결사 정진 끝에 또 한번 큰 깨달음을 얻는다. 용성은 오도 후 각종 경전과 율을 섭렵한 뒤 30대 후반부터는 만공滿空, 혜월慧月 등 당대의 선지식들을 찾아 선문답을 나누며 도를 다졌다. 그 후 금강산 불지암, 보개산 성주암, 지리산 칠불암 등에서 후학을 지도하다 44세 때 중국에 들어가서 2년 동안 중국 불교계를 살펴본 뒤 귀국했다.

중국에 머물 때 중국 화엄사의 한 선사가 한국(통도사)에서 비구계를 받았다는 용성의 말에 선불교의 본산인 중국에서 다시 제대로 계를 받도록 하라는 이야기를 하자 용성은 웃으며 질문을 던졌다.

"하늘에 떠 있는 해와 달은 어느 나라 것입니까?"

"중국 것도 아니고 조선 것도 아닌, 이 세상 모두의 것이 아니겠습니까?"

"그럼 해와 달이 중국에 있을 때는 더 커지고 조선에 가면 더 작아십니까?"

"그럴 리가 있겠습니까?"

"부처님 법도 해나 달과 같아 중국의 것도 아니고 조선의 것도 아니요, 천하 만민이 다 갖게 되는 것이지요. 중국에서 더 커지고 조선에서 더 작아지는 것이 아니거늘 대사는 어찌하여 조선 불교는 작고 중국 불교는 크다고 생각하는지요."

중국 선사는 할 말을 잃을 수밖에 없었다.

용성은 1911년부터 서울에 머물면서 한국불교 포교의 새로운 방향을 모색하면서 하화중생下化衆生의 삶을 실천한다. 특히 기독교의 적극적인 포교와 교세확장에 큰 자극을 받은 그는 불교 포교방법의 문제점을 절감, 음악을 도입하고 일요학교를 개설하는 등 포교의 현대화에 앞장섰다. 1911년 서울 종로구 봉익동에 대각사를 창건해 포교를 시작했고, 이듬해에는 대사동에 참선포교당인 '선종교당禪宗敎堂'을 세워 본격적인 도심포교를 펼침으로써 불교 포교의 획기적 전기를 마련했다. 서울 도심에서 '참선'이란 단어가 사용되기 시작한 것도 이러한 용성의 노력에서 비롯됐다.

56세가 되던 1919년 만해 한용운과 33인의 한 사람으로 3·1운동에 앞장섰던 그는 3년 동안 감옥살이를 하면서 한글 성경을 보고 한글 불경 편찬을 구상하는 등 옥중 생활은 출옥 후 불교혁신운동인 대각大覺운동을 펼치게 하는 계기가 되었다.

용성은 출옥하자마자 삼장역회三藏譯會를 조직, 경전 번역사업과 저술을 시작했다. '선문촬요', '금강경' 등 20여 종을 번역하고 '심조만유론心造萬有論', '각해일륜覺海日輪', '귀원정종歸源正宗' 등 10여 종을 저술, 불교 대중화에 큰 기여를 했다. 계율이 깨어질 때 불법 수행도, 교단도, 불법도 망하게 된다고 확신한 그는 계율을 바로 세우는 데도 적극 나섰다.

1926년에는 "아내를 두고 고기 먹는 것을 행하여 청정한 사원을 마귀의 소굴로 만들었다."라고 총독부를 통렬하게 비판하면서, 당시 일본 불교의 영향을 받은 승려들의 대처 행위 등을 금지케 해달라는 건백서建白書를 총독부에 제출하기도 했다. 또한 직접 농사를 지으며 선농일

용성스님의 치아사리를 봉안한 해인사 용성선사 부도탑과 비. 뒤로 용탑선원이 보인다.

치禪農一致를 지향했다. 이러한 용성의 사상과 실천은 오늘날 불교계에도 절실한 '화두'가 되고 있다.

61세가 되던 해에는 왼쪽 치아에서 보라색 사리 1과가 나오는 이적을 보이기도 했다. 선사가 열반한 뒤 사리를 해인사 서쪽 기슭에 봉안했고, 그 사리탑을 기리기 위한 암자를 짓고 '용탑선원(용성선사사리탑선원)'이라 명명했다.

용성은 평생 불교의 혁신과 민족의 자주독립을 위해 노력하다 1940년 "모든 행은 떳떳함이 없고 만법이 다 고요하도다. 박꽃이 울타리를 뚫고 나가니 삼밭 위에 한가로이 누웠도다."라는 임종게를 읊고 나서는 제자들에게 "그 동안 수고했다. 나는 간다."는 말을 남기고 입석했다.

용성의 중심사상을 한 마디로 말한다면 대각사상이다. 이는 모두가 불성을 가진 존재로 '각자 그 불성을 스스로 깨치도록 전력을 다하고 다른 사람도 깨우치도록 해야 함(自覺覺他)'을 강조하는 사상이라 할 수 있다. 용성은 대각의 의미에 대해 '대大라는 것은 능소能所를 초월한 절대를 의미하고, 각覺이라는 것은 자각自覺과 아울러 각타覺他를 원만하게 성취하는 것'이라고 밝히고 있다. 대각사를 중심으로 펼치던 대각운동이 신흥종교로 오해를 사자 '대각교는 천당에 가려고 하는 교가 아니라 생사고해를 벗어나고 모든 중생을 깨닫게 하는 것이 목적'이라며 참 뜻을 밝히기도 했다. 그는 이런 사상에 입각해 역경과 저술, 선의 대중화, 포교의 현대화, 사원경제의 자립화, 교단의 정화 등 대각운동을 펼쳐나갔다.

솔가지를 잡고 입적한 무심도인無心道人 | 혜월 혜명

혜월 혜명(慧月 慧明 : 1861~1937)
충남 예산 출신으로 1871년 덕숭산 정혜사로 출가. 15세 때 정혜사 혜안慧安 스님을 은사로 계를 받음. 경허의 법맥을 이은 혜월의 법은 운봉雲峰, 향곡香谷으로 이어진다.

혜월은 꾸밈없는 천진과 무심도인無心道人의 행으로 유명한 선지식이었다. 걸림 없고 천진한 언행으로 머무는 곳마다 수행자들에게 큰 감화를 주는 수많은 일화를 남기면서 누구나 진심으로 따르게 하는 가르침을 폈다. 사람의 입에서 나오는 말은 무엇이든지 모두 믿어버릴 정도로 천진 그 자체였던 천진불天眞佛. 한번도 남에게 거짓말을 한 적이 없으며 도대체 거짓이라는 낱말조차 그에게는 의미가 없는 무구無垢의 성인, 혜월은 바로 그런 사람이었던 것이다.

어린 나이에 덕숭산 정혜사로 출가한 혜월은 절에서 밥을 짓는 공양주 노릇을 오랫동안 하다가 20세가 되었을 즈음 서산 천장암에서 선법을 펼치기 시작하던 당대 최고의 선지식 경허에게 불법을 지도받게 된다.

일자무식이라 글을 배우면서 보조국사의 '수심결修心訣'을 공부하던 혜월은 어느 날 스승 경허가 "무엇이 설법을 하고 청법을 하느냐? 형상은 없으되 뚜렷한 그 한 물건을 일러 보아라."고 하자 앞이 캄캄해지면서 의심 덩어리가 온 마음을 차지하게 되었다. 이때부터 혜월의 마음은 온통 '도대체 그 한 물건이 무엇인가' 하는 일념으로 꽉 차서 앉으나 서나 오직 그 한 생각뿐이었다.

이렇게 일념삼매의 상태로 지내던 어느 날 혜월은 짚신 한 켤레를 다 삼아놓고 마지막으로 신골을 치다(틀을 짚신 안에 넣고 망치로 두드려 모양새를 고르는 일) "탁!"하는 자신의 망치 소리에 의심이 풀리면서 '한 물건'이 환하게 드러났다.

혜월이 스승을 찾아가니 경허가 찾아온 이유를 간파하고는 "목전目前에 고명孤明한 한 물건이 무엇인고?"라며 물음을 던졌다. 이에 혜월은 동쪽에서 서쪽으로 가 섰다가, 다시 동쪽으로 가서 섰다. 경허가 다시 "어떤 것이 혜명慧命인가?"하고 묻자 "저만 알지 못할 뿐만 아니라 일천성인一千聖人도 알지 못합니다."고 답했다.

경허는 이렇게 혜월의 경지를 점검한 뒤 마지막으로 물었다.

"참선은 무엇하러 하는가?"

"못에는 고기가 뛰고 있습니다."

"그래, 자네는 지금 어디 있는가?"

"산꼭대기에 바람이 지나갑니다."

경허로부터 깨달음을 인가받고 양산의 천성산 미타암으로 내려간 혜월은 '하루 일하지 않으면 하루 먹지 말라'는 백장청규의 정신을 실천하며 보임, 정진을 했다. 그는 잠시도 쉬지 않고 짚신을 삼고 새끼를 꼬는가 하면, 노는 땅을 일구어서 논밭으로 개간했다. 그래서 당시 불모지를 개간하는 혜월과 역경 및 포교에 전념하는 용성, 사찰 중수와 건립을 많이 하는 만공은 3대 걸승으로 불리었다.

하루는 한 신도가 부친의 사십구재를 청하면서 준 돈 100원을 가지고 시장을 가다가 한 여인이 노상에 앉아 넋을 잃고 우는 모습을 보고는 그 까닭을 묻자 "남에게 빚진 돈 80원이 있습니다. 독촉은 심한데 갚을 길이 없어 이렇게 길에 나와 피해 있습니다."고 했다. 이 말을 들은 혜월은 더 이상 묻지 않고 80원을 주면서 물었다.

"그래, 빚을 갚으면 당장 애들 밥 지어줄 쌀은 있는가?"

"아이고, 쌀이 뭡니까. 한 끼 죽거리도 없습니다."

혜월은 딱한 사정을 듣자 나머지 20원도 주어버렸다. 다음날 이 이야기를 들은 재주齋主는 스님의 마음씨에 감복, "참다운 재를 지내 주었습니다."며 다시 100원을 내놓았다. 부산 선암사에 있을 때도 길에서 떨고 있는 장애자 걸인에게 재 지낼 돈을 다 주어버리기도 했다.

혜월의 생활은 검소하고 순박해서 소지품이라고는 발우 한 벌에 삼베 옷 몇 벌 뿐이며, 잠잘 적에는 요를 까는 일이 없이 잠깐 눈을 붙일 정도였다. 그는 언제나 보시를 행하고 꾸밈없는 행동 속에 늘 쉼 없이 정진하며 부지런히 일하는 생활로 일관했다.

수많은 선지식들이 다양한 열반 모습을 보여주었지만 혜월 만큼 특별한 모습을 보여준 이도 드물다. 만년에 부산 범일동 안양암에 머물던 그는 시간이 있을 때는 뒷산에 올라가 솔방울을 주어 자루에 담아 내려오곤 했다. 열반 하던 날도 산에 오른 혜월은 항상 쉬는 나무 아래에서 솔 가지를 잡고 선 채로 입적했다고 전한다.

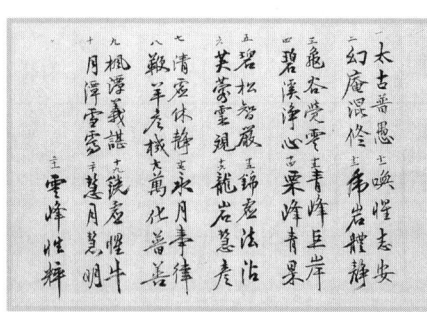

태고 보우스님로부터 혜월스님으로 이어진 법맥 계보.

일화를 몇 개 더 소개한다.

당시 미나미지로南次郎 일

본 총독이 남방에 선지식이 있다는 소문을 듣고 혜월을 찾았다. 총독이 인사를 마치고 물었다.

"스님, 부처님의 깊고 높은 진리를 한 말씀 일러 주십시오."

"부처님의 깊고 높은 진리? 귀신 방귀에 털 난 게지."

귀신이 방귀를 뀐다는 것도 모르겠는데 그 방귀에 털이 난 것이라고 하니 도대체 무슨 소리인지 알 수 없는 총독은 당황하며 물러날 수밖에 없었다. 그 이야기가 일본에까지 전해지고, 미나미지로의 제자인 한 무사가 혜월을 단단히 혼내주겠다는 생각으로 한국으로 건너왔다.

그는 혜월의 방에 들어서자마자 선사의 목에 칼을 들이댔다.

"그대가 혜월인가?"

"그렇다. 내가 혜월이다."

대답과 동시에 혜월은 손으로 무사의 등 뒤를 가리켰다. 무사가 뒤를 돌아보는 순간, 혜월은 벌떡 일어나 "내 칼을 받아라!"며 그의 등을 쳤다. 그러자 무사는 칼을 거두고 큰절을 하며 예를 올렸다.

혜월이 정혜사에 있을 때 한번은 도둑이 들었다. 양식을 훔쳐 지게에 지고 가려던 도둑은 가마니가 너무 무거워 잘 일어나지 못하고 있었다. 이때 누군가 뒤에서 지겟짐을 들어올려 도와주었다. 놀란 도둑이 돌아보니 그 사람은 소리를 내지 말라고 입가에 손을 대며 "아무 소리도 하지 말고 조용히 가게. 양식이 떨어지면 또 찾아오시게나."고 하는 것이었다. 그 사람이 혜월이었다.

'나'는 무념처無念處에서 찾을 수 있다 | 만공 월면

만공 월면(滿空 月面 : 1871~1946)
전북 정읍 출생으로 속성은 송씨. 1883년 공주 동학사로 출가한 후 1884년 서산 천장사天藏寺에서 태허泰虛를 은사로, 경허를 계사로 사미계를 받음. 만공의 법은 고봉, 혜암, 전강, 보월 등에게 전해졌다.

　

만공은 스승 경허와 함께 현대 한국불교의 여명기에 수많은 일화와 기행을 남기면서 이 땅의 선불교를 일궈낸 대표적 선지식이었다. 만공은 14세 때 경허를 만난 이후 철저한 수행과 가르침을 이어받아 경허가 뿌린 선의 싹을 무럭무럭 키워간 장본인으로 '경허' 하면 만공을 떠올리게 될 정도로 경허와 가장 인연이 깊었다.

만공이 선풍을 드날리던 당대에는 여러 걸출한 선사들이 출현, 상식을 초월하는 선문답을 통해 깨달음의 경지를 겨루는 경우가 많았다. 혜월이 통도사에 있을 때 만공을 초청한 적이 있었다. 대중이 모두 모여 공양을 시작하려 하자 혜월이 "할!" 하고 외쳤다. 모두들 의아해했으나 죽비소리가 났기 때문에 공양을 들기 시작했다. 공양을 하고 발우를 걷으려 할 때 이번에는 만공이 "할!" 하고 소리쳤다. 또 모두들 놀랐으나 다시 죽비소리가 나서 공양을 마쳤다. 그 뒤 모든 선객들이 두 선지식의 '할'을 놓고 그 뜻이 무엇인지 몰라 쟁론을 벌이다가 한 선객이 용성龍城에게 물었다.

"두 선사님의 할이 무슨 뜻입니까?"

이에 용성은 "노승이 입을 놀려 말하고 싶지 않지만, 여러 사람이 그 뜻을 알고 싶어 하므로 내가 알려주겠노라."고 말한 뒤에 "할!" 하고 외쳤다.

출가 후 만공은 '모든 법은 하나로 돌아가는데 그 하나는 어디로 돌아가는가萬法歸一 一歸何處?'라는 화두로 정진하다가 25세 때 아산 봉곡사에서 첫 깨달음을 경험했다. 그 후 경허의 가르침으로 '무자無字' 화두를 들고 생사를 건 참구를 계속하던 만공은 31세 때 통도사 백운암에서 새벽 범종소리를 듣고 다시 큰 깨달음을 얻는다. 연암산 천장사로 돌아가 법열을 즐기며 보임 공부를 계속하던 중 34세 때인 1904년 갑산으로 가는 길에 들른 경허로부터 깨달음을 점검받고 전법게와 만공이라는 법호를 받았다.

이때부터 전국의 선방을 돌며 선지식들과 법문을 나누나 1905년 덕숭산 수덕사 뒤편 산자락에 금선대金仙臺라는 암자를 짓고 머무르면서 선승들을 지도했다. 그는 덕숭산의 수덕사와 정혜사, 견성암, 서산 안면도의 간월암 등을 중창하며 선풍을 드날리다가 말년에는 덕숭산에 전월사 轉月舍라는 초암을 지어 머물렀다. 만공은 입적 전 목욕을 한 뒤 거울에 비친 자신의 모습을 보며 "자네와 내가 이제 이별할 인연이 다 되었네." 라고 말한 뒤 열반에 들었다.

만공은 수많은 일화와 기행을 남겼지만, 일본인 총독의 간담을 서늘하게 한 일화는 지금도 회자되고 있고 있다.

1937년 만공이 31본산 중의 하나인 충남 마곡사 주지로 있을 때의 일이다. 일본인 총독이 13도 도지사와 31본산 주지를 모아 놓고, 이른바 조선불교의 진흥책을 논의한다는 명목으로 총독부에서 회의를 열었다. 미나미지로 총독이 먼저 입을 열었다.

"조선불교는 고유한 역사를 가졌지만 오늘날 부패했으므로 데라우찌

寺內正毅 전 총독이 일본과 조선의 불교를 하나로 만들고자했던 정책은 백번 지당한 것이다. 이제 일본불교와 조선불교는 둘이 아니므로 마땅히 합쳐야 한다."

모두 숨을 죽이고 있는데 만공이 자리를 차고 일어서 단상으로 나아가 "청정본연淸淨本然하거늘 어찌하여 산하대지山河大地가 생겨났는가?"라고 좌중에게 물었다. 아무도 대답을 못하고 장내가 물을 끼얹은 듯 조용하자 만공이 크게 "할!"을 외치면서 말했다.

"전 총독은 우리 승려들로 하여금 일본불교를 본받게 하여 대처, 음주, 식육을 마음대로 하게 하는 등 부처님의 계율을 파하게 하여 조선불교를 망친 사람이다. 그 사람은 마땅히 무간지옥에 떨어져 고통받음이 끝이 없을 것이다. 조선불교는 1천5백 년 역사를 가지고 있고 그 수행과 교화의 방편이 여법하거늘 일본불교와 합하여 잘 될 필요가 없으며, 정부가 간섭하지 않는 것만이 유일한 진흥책이다."

그날 밤 도반인 만해가 만공이 머물고 있는 곳으로 찾아와 말했다. "잘 했다, 사자후여. 한 번 할을 함에 그들의 간담이 떨어지게 하였구나. 비록 할을 한 것도 좋지만, 기왕이면 통쾌한 방망이를 휘둘러 주고 나올 것이지." 만공은 웃으며 대꾸했다.

"차나 한 잔 드세. 어리석은 곰은 방망이를 쓰지만 영리한 사자는 할을 쓰네."

철저한 선사로 별도의 저술을 남기지 않았던 만공의 선사상과 지도방법은 그의 문도들이 편찬한 '만공법어'를 중심으로 살펴볼 수 있다. 만공은 수행법으로 이론과 사변을 철저히 배제하고 무심의 태도로 화두를 참구하는 간화선법을 주창했지만, 깨달음에 이르는 방법을 제한하지는 않

예산 수덕사에 있는 만공탑. 만공스님을 기리기 위해 동경미술학교 출신의 박중은이 1947년에 세운 현대식 부도이다.

앉다. 수행자를 지도하는 방법도 다양하여 격외格外의 대화는 물론 침묵이나 방망이질, 할, 동그라미 등 상황에 따라 적절한 방법을 자유자재로 활용했다.

만공은 참선수행의 3대 요건으로 훌륭한 선지식과 도량, 도반을 중시하였고, 그 중 선지식을 가장 중요한 조건으로 보았다. 진정한 스승은 수행자들에게 일어나는 모든 문제를 올바른 길로 인도하는 자이며, 수행자가 스승을 얼마나 신뢰하느냐에 따라 참선수행이 좌우된다고 가르쳤다. 만공은 "사람을 대할 때는 자비심으로 대하여야 하지만, 공부를 위해서는 죽음을 각오한 극히 악하고 독한 마음을 먹어야 한다."며 참선수행자들의 결사적 각오를 촉구했다.

'만공어록' 중 일부를 통해 그의 선지禪旨를 엿볼 수 있다.

'생사가 없는 그 자리는 유정물有情物이나 무정물無情物이 다 지녔다/

세상에 '나'를 찾는다는 말을 하나 육식六識으로 생각할 뿐 정말 '나'는 어떤 것인지 상상도 못한다/ 보고 듣고 아는 것으로 '나'를 찾을 수 없다/ '나'라는 생각만 해도 그것은 벌써 '나'가 아니다./ '나'는 무념처無念處에서 찾을 수 있다/ '나'를 찾는 법은 참선이다/ 일체 생각을 쉬고 일념에 들되 일념이라는 생각조차 잊어버린 무념처에서 한걸음 더 나아가야 '나'를 발견한다/ 공부가 늦어지는 까닭은 시간 여유가 있거니 하고 항상 믿는 마음 때문이다.'

덕숭산 수덕사를 중심으로 선풍을 진작한 만공의 문하에서 보월寶月, 고봉古峯, 혜암惠庵, 전강田岡, 춘성春城, 벽초碧超 등 수많은 선사들이 배출됐다. 다시 보월 문하에서 금오金烏가 나왔으며 금오의 법은 월산月山이 이었다. 또 전강 문하에서 송담松潭이, 고봉 문하에서 숭산崇山이 나와 만공의 선풍을 이어가고 있다. 만공은 일엽一葉, 법희法喜 등 비구니 제자도 많이 두었다.

오대산의 살아있는 전설적 도인이었던 선지식 | 한암 중원

한암 중원(漢岩 重遠 : 1876~1951)
강원도 화천 출생으로 속성은 방씨. 22세 때 금강산 장안사 행름行凜을 은사로 출가했으며, 조계종 초대 종정을 지냄. 제자로는 보문普門, 난암煖庵, 탄허呑虛, 고송古松 등이 있다. 문집으로는 일발록一鉢錄 한 권을 유일하게 남겼다.

강원도 어느 산골 서당에서 9살밖에 안된 소년이 '사략史略'의 첫대목 '태고에 천황씨天皇氏가 있었다.' 라는 부분을 읽다가 선생에게 물었다.
"태고에 천황씨가 있었다 하는데 천황씨 이전에는 누가 있었습니까?"
"천황씨 이전에는 반고씨盤古氏라는 임금이 있었지."
"그러면 반고씨 이전에는 누가 있었을까요?"
그러나 선생은 더 이상 우주와 인생의 근원적인 문제에 대한 소년의 끝없는 의문을 풀어줄 수 없었다.

이 소년이 바로 한암으로, 퇴락해 가던 조선 선불교를 중흥시킨 경허의 뒤를 이어 만공과 함께 한국 선불교 중흥의 전성시대를 선도해 간 선지식이었다. 오대산에 오래 머물렀던 한암은 덕숭산의 만공과 같이 경허의 법을 이었으면서도 각기 독자적 가풍을 구가, 당대에 '남만공南滿空 북한암北漢岩'이라 일컬어졌다.

출가 후 신계사의 보운강회普雲講會에 나가면서 본격적으로 불교교리를 공부하던 한암은 보조국사의 '수심결'을 읽다가 "만일 마음 밖에 부처가 있고 자성 밖에 불법이 있다는 생각에 집착하여 불도를 구하고자 한다면, 소신연비燒身燃臂의 고행을 하고 팔만장경을 모조리 독송하더라

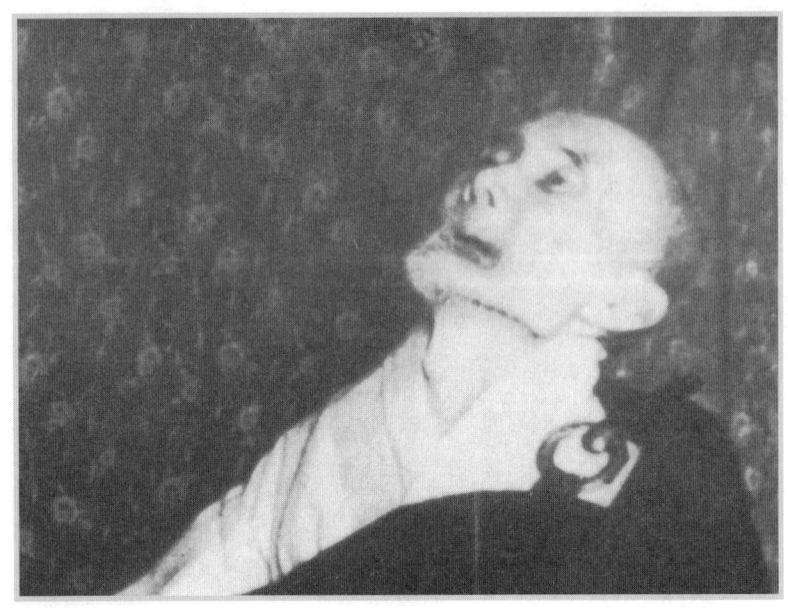
좌탈입망 직후의 한암스님 모습.

도 이는 마치 모래를 쪄서 밥을 지으려는 일과 같아 오히려 수고로움을 더할 뿐이다."라는 대목에서 크게 깨달은 바가 있었다.

그 후 전국을 운수雲水처럼 떠돌다 청암사 수도암에서 선풍을 드날리던 경허를 만난다. 한암이 만나자마자 경허에게 설법을 청하였더니 경허는 의외로 "무릇 형상이 있는 것은 모두 허망한 것이니, 만일 모든 형상 있는 것이 형상 있는 것이 아님을 알면 곧 여래를 볼 것이다(凡所有相皆是虛妄 若見諸相非相 卽見如來)."며 금강경의 한 구절을 들려줬다.

이 말을 듣자 한암은 홀연히 안광이 열리면서 한눈에 우주 전체가 환히 드러났으며, 보고 듣는 것이 모두 자기 자신이 아님이 없었다. 9살 이후부터 가졌던 의심이 비로소 아침안개 걷히듯 풀렸다. 그의 나이 24세, 출가한 지 3년째 되는 가을이었다. 이때의 경계를 다음과 같이 노래했다.

다리 밑에 푸른 하늘이 있고 머리 위에 땅이 있네.

본래 안팎이나 중간은 없는 것

절름발이가 걷고 소경이 보는구나.

북산은 말없이 남산을 대하고 있네.

脚下靑天頭上巒 本無內外亦中間

跛者能行盲者見 北山無語對南山

    당시 경허가 "어떤 것이 진실로 구하고 진실로 깨닫는 소식인가? 남산에 구름이 일어나니 북산에 비가 내린다."라는 '선요禪要'의 구절을 인용하면서 이것이 무엇인지를 묻자 한암은, "창문을 열고 앉았으니 와장瓦墻이 앞에 있다."고 답했다. 이 같은 문답을 통해 깨친 경계를 점검한 경허는 대중들에게 "한암이 개심開心을 넘어섰다."며 깨달음을 인가했다.

    경허는 나이차가 많음에도 한암에 대해 각별한 마음을 지니고 있었다. 경허는 함경도 삼수갑산으로 자취를 감추기 직전 해인사에서 한암을 이별할 때 그에게 준 글에서 "해인사에서 한암을 만났는데 그의 성행性行이 순직하고 학문이 고명高明하여 1년을 같이 지내는 동안에도 평생에 처음 만난 사람같이 생각되었다. 그러다가 오늘 서로 이별하는 마당을 당하게 되니… 과연 한암이 아니면 내가 누구와 더불어 지음(知音: 경지가 서로 통하는 벗)이 되랴."고 표현했다.

    한암은 1905년 봄 30세의 나이에 양산 통도사 내원선원 조실로 추대돼 5년여 동안 선승들을 지도했다. 그러다 1910년 그는 선승들을 해산시키고 평안도 맹산 우두암으로 들어가 보임에 힘쓰던 중 부엌에서 불을 지피다 또 한번 깨달음을 얻고는 이전의 깨달은 경계와 다름이 없음을 확인한다. 35세 되던 겨울이었다. 이때부터 한암은 수시수처隨時隨處에서 종횡무진 선풍을 떨치고, 한암에 의해 한국의 선은 더욱 빛나게 된다.

한암의 명성이 널리 알려지는 계기가 된 일화 한 토막. 당시 경성제대 교수로 있던 일본 조동종의 명승 사또가 한국 불교계를 돌아본 후 마지막으로 오대산 상원사의 한암을 찾아와 법을 물었다.

"어떤 것이 불법의 대의입니까?"

한암은 이 물음에 대해 옆에 놓여 있던 안경집을 들어 보였을 뿐이었다. 사또가 또 물었다. "스님께서는 젊어서부터 입산하여 지금까지 수도해 왔는데, 만년의 경계와 초년의 경계가 같습니까, 다릅니까?"

한암은 "모르겠노라."고 잘라 말했다.

사또가 일어나 절을 하면서 활구活句 법문을 보여주어 대단히 감사하다고 인사했다. 인사말이 끝나기도 전에 한암은 "활구라고 말해 버렸으니 벌써 사구死句가 되고 말았군."이라고 말했다.

뒷날 사또는 어느 강연석상에서 "한암 스님은 일본에서는 물론, 세계적으로도 둘도 없는 존재다."고 평했다. 이 일이 있은 후부터 조선총독부의 일본인 고관들과 우리나라를 방문한 일본 저명인사들이 상원사로 찾아오는 일이 잦았다.

6·25전쟁 때 오대산의 모든 사찰과 민가들이 군작전상 소각 대상으로 결정돼 불타버렸으나 상원사만은 한암 덕분에 남게 된 사연도 한암의 경지를 보여주는 일화다.

야밤에 대원들을 이끌고 상원사를 찾아온 장교는 절을 불태우겠다고 알렸다. 한암은 잠깐 기다리라 이르고는 방에 들어가 가사와 장삼으로 갈아입고 법당에 들어가 불상 앞에 정좌한 뒤 합장하며 "이제 불을 지르라."고 했다. 장교가 놀라 "스님, 이러시면 어떡합니까?"라고 말하자 "나는 부처님의 제자요. 부처님은 이런 경우 이렇게 하라고 하셨소. 당신은 상관의 명령대로 어서 불을 지르시오."라고 말하면서 조금도 자세를 흐트러트리지 않았다. 장교는 한암의 자세에 압도되고 감동을 받아 한참 생각한 끝에 나름대로 결단을 내렸다. 그는 부하들에게 명령하여 법당의 문짝만 떼어내 마당에서 불을 지르게 하고는 돌아가 버린 것이다.

한암은 50세 때 서울 봉은사 조실로 잠깐 있었으나 "차라리 천고에 자취를 감춘 학이 될지언정 삼춘三春에 말 잘하는 앵무새의 재주는 배우지 않겠노라."면서 다시 오대산으로 들어간 후 27년 동안 산문 밖을 나가지 않았다. 1941년 조세종 초내 종정으로 추대된 후 일본 불교계에서 한암을 흠모해 특별히 제작, 헌정한 금란가사를 한번도 몸에 걸치지 않았던 한암은 정신적 지표가 필요했던 당시에 한용운, 권상로, 박한영, 최남선, 오세창, 정인보 등 각계 지도자들에게도 많은 가르침을 주었다.

입적 일주일 전부터 곡기를 끊고 눕지도 않으며 죽음을 맞이한 한암은 1951년 3월 어느 날 아침, "오늘이 음력 2월 14일이지."라고 말한 후 사시巳時가 되자 가사와 장삼을 찾아 입고 선상禪床 위에 단정히 앉아서 열반에 들었다. 진정한 좌탈을 보여준 그의 열반 모습은 무엇보다 큰 법문이기도 했다.

한암의 선사상은 선교겸수·선교회통의 입장이지만, 선을 중시하고 우선했다. 그는 "선을 해서 이치를 통하고 나면 경을 보기는 어렵지 않다. 경을 보려고 서두르지 말고 선에만 힘쓰라. 뜻을 얻으면 글은 저절로 알게 된다."고 강조했다. 그렇다고 교를 무시하는 것은 아니었다. 한암은 금강경오가해를 현토·간행하고 "그 독송을 매양 도반들에게 권하고,…

좌선의 여가에 매일 조금씩 강송講誦하여 여름과 겨울을 보냈던 것이다."라고 서문에 적고 있다.

또한 돈오점수頓悟漸修설을 주장한 점도 특징적이다. 한암은 경봉鏡峰이 견성 후 오도송과 함께 깨달음 이후의 닦음에 대해 물어오자 답으로 보낸 편지에서 "깨달은 뒤의 조심은 깨닫기 전보다 더 중요한 것입니다. 깨닫기 전에는 깨달을 분分이라도 있지만, 깨달은 뒤에 만일 수행을 정밀하게 하지 않고 게으름을 피우면 여전히 생사 속에 유랑하여 영영 헤쳐 나올 기약이 없는 것입니다."며 깨달음 후의 보임에 힘쓸 것을 당부했다.

돈오점수와 정혜쌍수定慧雙修, 간화경절看話徑截 등으로 특징지어지는 보조선普照禪 계승자로 평가받는 한암의 법은 탄허呑虛 등으로 이어진다.

한암은 참선을 하고자 하면 어떤 마음가짐을 가져야 하는지에 대해 "참선하는 사람이 일단대사一段大事의 인연을 밝히고자 한다면 먼저 자신의 마음이 부처이며 자신의 마음이 법이며 구경究竟에 다름이 없음을 믿어서 철저하게 의심이 없어야 한다. 만일 이와 같이 스스로 판단하지 못하면 비록 만겁 동안 수행을 한다 할지라도 진정한 대도에 들어갈 수 없다."고 강조했다.

그리고 어떻게 공부할 것인지에 대해서는 "큰 지혜를 가진 이는 기연과 경계에서 이를 잡아 곧바로 사용하므로 굳이 많은 말이 필요없지만, 만일 참구를 논한다면 '무자無字', '마삼근麻三斤' 등 맛이 없는 말을 의심하고 또 의심하여 이 화두를 끊임없이 들어 마치 모기가 무쇠 소에 앉아 주둥이를 박지 못할 곳에까지 몰입하듯 하여야 한다."고 설명했다.

한암 스님의 '화두 드는 법'을 소개한다.

다급하지도 느슨하지도 않은 그 가운데 오묘함이 있다.
부지런히 하면 집착에 가깝고 망각하면 무명에 떨어지게 된다.
천 갈래, 만 갈래 의심덩이는 다만 하나의 의심으로
고양이가 쥐를 잡듯이 암탉이 알을 품듯이
배 고플 때 음식 생각하고 목 마를 때 물 생각하듯이
사량思量과 지해知解를 모두 놓아 버리어
한 치의 풀포기도 돋아나지 않고 한 티끌도 두지 않고서
다만 범정凡情을 다하고 특별히 성해聖解도 없이
성성영영惺惺靈靈하고 면밀하고 면밀하여야 한다.

요즘 참선하는 사람들은 참 이상하다 | 만해 한용운

용운 봉완(龍雲 奉玩: 1879~1944)
충남 홍성 출신으로 속성은 한씨. 용운은 법호이며, 봉완은 법명. 만해는 자호. 1896년 설악산 오세암으로 입산해 처음에는 머슴으로 살다가 출가했으나, 1905년 백담사에서 연곡蓮谷을 은사로 다시 정식 득도. 조선불교유신론, 십현담주해+玄談註解 등 많은 저술을 남겼다.

3·1운동으로 재판을 받기 위해 공판정에 선 만해는 재판장의 신문에 아예 입을 열지 않았다. 몇 번이나 인정신문을 반복해도 이를 묵살하던 만해는 재판장이 "왜 말이 없느냐?"고 다그치자 "조선인이 독립운동을 하는 것은 백번 마땅한 노릇으로 죄가 되지 않는다."고 되받아쳤다.

또 "피고인은 금후에도 조선독립운동을 할 것인가?"라는 물음에 "육신이 다하면 정신이나 영혼이라도 남아 영세토록 독립운동을 해 나갈 것이다."고 당당히 말했다.

감옥에서는 함께 투옥된 일부 민족대표들이 죽음을 두려워하는 것을 보자 "이 한심한 인간들아, 나라 잃고 죽는 것이 무엇이 무섭고 무엇이 슬프냐. 이것이 소위 독립선언서에 서명했다는 민족대표의 모습이냐. 그 따위 추태를 부리려거든 당장 취소해 버려라."고 일갈하면서 감방의 오물을 던져버렸다는 일화는 너무도 유명하다.

민족운동가요 불교사상가이며 시인인 만해의 드높은 기개와 독립에 대한 불굴의 의지는 한평생 이어진다. 이 같은 정신은 어릴 적 선친에게서 큰 영향을 입었다고 만해 자신이 술회한 적이 있다. 만해가 1930년 5

월에 남긴 글 '나는 왜 중이 되었나'에 그의 생애가 대략 나타나 있다.

　　나의 고향은 충남 홍주였다. 지금은 세대가 변하여 고을 이름조차 홍성으로 변하였으나, 당시 나는 어린 소년의 몸으로 선친에게서 나의 일생 운명을 결정할 중요한 교훈을 받았으니, 그것은 국가·사회를 위해 일신을 바친 옛날 의인들의 행적이었다. 선친은 그러한 종류의 서책을 보시다가 무슨 감회가 계신지 조석으로 나를 불러 세워 옛사람의 전기를 가르쳐주었다. 어린 마음에도 옛 의인들의 기개와 사상을 숭배하는 마음이 생겨 어떻게 하면 나도 그렇게 훌륭한 사람이 되어 보나 하고 늘 생각하였다.

　　그러다 갑진년 전해에 서울서 무슨 조약이 체결되어 뜻있는 사람들이 구름같이 경성을 향해 모여든다는 소문이 들리었다.… 그래서 좌우간 이 모양으로 산속에 파묻힐 때가 아니라는 생각으로 하루는 담뱃대 하나만 들고 그야말로 폐포파립弊袍破笠으로 표연히 집을 나와 서울이 있다는 서북방면을 향해 걷기 시작하였으니, 부모에게 알린 바도 아니요, 노자도 일 푼 지닌 것이 없는 몸이었다. 그러나 날은 이미 기울고 오장의 주림이 대단하게 되자 어떤 주막에 들어 팔베개를 하고 하룻밤을 자노라니 그제야 무모한 걸음에 대한 여러 가지 의구疑懼가 일어났다.

　　적수공권赤手空拳으로 어떻게 나랏일을 돕고 또한 한학의 소양 이외에 아무 배움이 없는 내가 어떻게 소지素志를 이루나. 그날 밤 야심토록 전전반측하며,… 무엇 때문에 이 애를 쓰는가 하는 생각으로 5일 밥을 아니 먹고 고로苦勞하다가 나의 앞날을 위해 실력을 양성하고, 또 인생에 대한 무엇을 좀 해결해 보겠다는 불같은 마음으로 한양 가던 길을 구부려 보은 속리산을 거쳐 설악산 백담사에서 탁발승이 되어 불도를 닦기 시작하였다.

출가 후 설악산 오세암에서 수년간 불도를 닦았으나 완전한 마음의 안정을 얻지 못한 그는 세계지리서인 '영환지략瀛環志略' 등을 접한 후 더 넓은 세계에서 뜻을 펴고자 시베리아와 만주 등을 돌아다니다 27세 때 백담사로 들어가 연곡蓮谷을 은사로 정식 득도(得度: 승려가 되는 것, 출가와 같은 말)하고, 봉완이라는 계명을 받았다. 1907년 건봉사에서 참선 수행을 본격적으로 한 만해는 그곳의 만화萬化 선사로부터 법을 이어받고 용운이라는 법호를 받는다.

주로 교학에 관심을 갖고 경전을 두루 배운 만해는 30세 때 일본으로 건너가 일본 불교와 서양철학을 공부하며 불교사상의 폭을 넓혔다. 이때

조선총독부가 보기 싫어 북향으로 지은, 만해가 말년을 보냈던 서울 심우장

3·1독립운동 당시 동지가 된 최린崔麟 등과 교우하였다.

한일합방이 되던 1910년 만해는 국치의 비애를 안고 중국 만주로 건너가 이시영, 김동삼, 이동녕 등이 지도하는 독립군 훈련장 곳곳을 순방하면서 그들에게 독립정신과 민족혼을 심어주는 일에 진력했다. 그 해 다시 귀국한 그는 불교계 혁신의 필요성을 절감, 백담사로 들어가 유명한 '조선불교유신론'을 집필했다.

1913년에 간행된 조선불교유신론은 불교중흥에 대한 그의 이론과 실천방안을 망라한 최대의 불교시론이다. 만해는 당시 불교가 근원적으로 병들어 있어 유신이 불가피하다고 보고 낡은 교단의 조직화, 선교의 일체화, 승려 자생력 확립, 포교방법 현대화, 승려의 취처娶妻, 청년교육 중시, 미신적 요소나 인습 타파 등 다양한 분야에 걸쳐 개혁안을 제시했다. "유신이란 무엇인가, 파괴의 아들이다. 파괴란 무엇인가, 유신의 어머니다. 천하에 어머니 없는 아들이 없다는 말은 하되 파괴 없는 유신이 없다는 것은 알지 못한다."라는 선언으로 시작되는 유신론은 당시 조선불교의 병폐와 낙후성을 통렬히 비판했다.

당시의 승려들의 수행 모습에 대해서도 질타를 했다.

"요즘 참선하는 사람들은 참 이상하다. 옛사람들은 그 마음을 고요하게 가졌는데 요즘 사람들은 그 처소를 고요하게 가지고 있다. 옛사람들은 그 마음을 움직이지 않았는데 요즘 사람들은 그 몸을 움직이지 않고 있다. 그 처소를 고요하게 가지면 염세가 되는 것뿐이며, 그 몸을 움직이지 않으면 독선이 안 되려야 안 될 수가 없을 것이다.… 선의 본말을 모른 채 세월만 끌고, 다만 옛 조사들이 염롱拈弄한 몇 마디 구두선(口頭禪: 선리를 제대로 체득하지 못하고 말로만 하는 선)을 닦아 청춘을 보내고 백발을 맞으니 이는 과연 무엇 하는 짓이랴."

설악산 오세암으로 다시 들어가 참선에 몰입하던 만해는 39세 때인 1917년 12월 좌선 중 바람에 무엇이 떨어지는 소리를 듣고 홀연히 깨달음을 얻는다. 만해는 이때의 경계를 다음과 같이 읊었다.

> 남아란 어디나 고향인 것을
> 얼마나 많은 이들이 객수 속에 갇혀만 있는가.
> 큰 소리 한번 질러 온 세계를 부수니
> 눈 속에 복사꽃 붉게 붉게 피네.
> 男兒到處是故鄕 幾人長在客愁中
> 一聲喝破三千界 雪裡桃花片片紅

40세가 되던 해 서울로 돌아온 그는 불교 종합교양잡지 '유심惟心'을 창간했다. 이듬해에는 3·1운동을 주도, 백용성 선사와 함께 불교계 대표로 참가했다. 만해는 독립선언문의 내용을 놓고 더 과감하고 현실적이어야 한다며 최남선과 의견충돌을 했으나 마지막 행동강령인 공약 3장을 추가하는데 그쳤다. 이듬해 재판에서 3·1운동 주모자로 지목돼 당시 최고형이던 징역 3년을 선고받았다. 출옥 후에도 일본 경찰이 항시 따라다니며 감시했으나 강연 등을 통해 조국독립의 열변을 토해냈다.

1925년 다시 설악산 오세암으로 들어간 만해는 그해 근대 한국시의 기념비적 작품집인 '님의 침묵'을 탈고하고 이듬해 간행, 종교적 명상에 바탕한 심오한 시편을 통해 학계와 문단에 큰 충격을 주었다.

1927년 항일단체인 신간회 결성 시 창립위원으로 활약했고, 그 후에도 항일비밀결사단체를 결성하는 등 민족의 독립을 위해 애쓰던 만해는 말년에는 주위의 사람들이 마련해준 서울 성북동의 심우장에서 여생을 보냈다. 만해는 심우장을 지을 때 남향이면 조선총독부를 바라보게 된다고 반대, 북향으로 집을 짓게 하기도 했다.

　민족의 독립을 갈망하며 58세 때 조선일보에 장편소설 '흑풍黑風'을 연재한 것을 시작으로 '후회後悔', '박명薄命', '삼국지' 등 신문연재소설을 발표, 소설가로서의 면모를 보여줬던 만해는 심우장에서 생을 마감했다.

독립투사 사형선고 후 출가한 '절구통 수좌' | 효봉 학눌

효봉 학눌(曉峰 學訥 : 1888~1966)
평남 양덕에서 출생했으며, 속성은 이씨. 1925년 금강산 신계사 보운암 석두石頭를 은사로 출가. 해인사 초대 방장과 조계종 종정 역임. 석두를 이은 효봉의 법은 구산九山으로 이어지며 법정法頂, 시인 고은(법명 一超) 등이 제자들이다.

"어디서 왔는고?"
"유점사에서 왔습니다."
"몇 걸음에 왔는고?"
젊은 방랑자는 벌떡 일어나 방을 한 바퀴 돈 뒤 앉으면서 말했다.
"이렇게 왔습니다."
석두 스님은 말없이 고개를 끄덕였고, 곁에 앉아 있던 스님들은 "십년 공부한 수좌보다 낫네."라며 감탄했다.
현대 한국불교의 한 산맥을 이룬 고승 효봉의 출가 인연은 이렇게 시작됐다. 38세 늦깎이로 출가한 효봉의 일생은 한 편의 드라마와 같다.
14세 때 평양감사 이름으로 치르는 백일장에서 장원급제해 신동이라 불리던 효봉은 평양고보를 거쳐 일본 와세다대학 법학부를 졸업하고 1913년 귀국, 1년 뒤 우리나라 사람으로는 최초의 판사가 되어 10년간 서울과 함흥의 지방법원, 평양 복심법원의 법관으로 활동했다.
그러나 일제치하 당시 조선인으로 법관생활을 한다는 것은 쉬운 일이 아니었다. 젊은 법관 효봉은 같은 겨레로서 독립투사들을 재판해야 하는 모순에 괴로워하지 않을 수 없었다. 당시 법관생활의 갈등이 어떠했는지 짐작할 수 있는 일을 상좌였던 시인 고은 씨에게 들려 준 적이 있다.

"내가 그 놈의 평양 복심법원 판사질을 할 때 말이다. 대동강 놀잇배를 타고 강 복판에 나가 밤새 기생과 어울려 술을 마시곤 했지. 나중에는 너무 기력이 쇠진한 탓에 푸른 강물에 붉은 코피를 마구 쏟기도 했단다. 망할 놈의 전생이었다니까."

법관생활 10년이 되던 해 효봉은 일생의 진로를 바꿀 큰 전기를 맞는다. 판사로서 내린 첫 사형선고. 법에 따라 내린 선고였지만 독립투사에게 극형인 사형을 언도한 효봉은 자신도 고뇌의 나락으로 떨어졌다. 꼬박 사흘 동안 식음을 전폐하고 밤 새워 자신의 존재와 인간사회의 구조에 대해 회의한 끝에 '이 세상은 내가 살 곳이 아니다'는 결론에 이르렀다. 그 선고는 곧 세속의 자신에 대한 사형선고이기도 했던 것이다.

마음을 정리한 효봉은 더 지체할 이유가 없었다. 아내와 어린 2남 1녀, 친구 등에게 작별인사도 나누지 않은 채 이른 새벽 집을 뛰쳐나왔다. 효봉은 서울 남대문시장에서 입고 나온 옷을 팔아 헌옷과 엿판을 구입, 엿장수로 방랑의 길을 나섰다. 이후 온갖 풍상과 경험을 겪으면서 안심입명安心立命의 세계를 찾아 3년 동안 팔도강산을 돌아다녔다.

참회의 방랑을 하던 효봉은 1925년 발길이 금강산에 이르렀을 때 출가 수도인이 되고자 결심했다. 유점사에 들러 스승을 찾던 효봉은 신계사 보운암의 석두 스님을 소개받고 그길로 스님을 찾아갔다. 당시 '금강산 도인'으로 불리던 석두 스님을 만나 간단한 선문답을 나눈 효봉은 바로 머리를 깎고 출가했다.

세속에서는 모든 면에서 앞서갔지만, 출가 수행자로는 늦깎이였던 그는 수행에 대한 분발심이 남달랐다. 40세가 되던 해 여름 신계사 미륵암 선원에서의 일이다. 3개월간 참선에만 전념하는 안거安居에 들어갈 때 효봉은 같이 안거에 들어가는 대중들에게, "저는 늦게 중이 되었으니 한가한 정진을 할 수가 없습니다. 입선入禪과 방선放禪, 경행(經行: 방선 끝에 잠시 거니는 일)도 없이 줄곧 앉아 있도록 허락해 주십시오."라고 말한 뒤 화두에만 매달렸다.

한번은 뜨거운 아랫목에 앉아 정진하던 효봉이 공양(식사) 시간이 되어 일어서려는데 엉덩이에 무엇이 달라붙는 것이 있어 돌아보니 살이 헐어서 진물이 옷과 방석에 붙어 있었다. 살이 짓무르는 것도 모른 채 화두 일념에 미동도 하지 않았던 것이다. 법을 위해 몸을 생각지 않는 위법망구爲法忘軀의 수행이었다. 효봉은 이처럼 한번 앉으면 절구통처럼 움직일 줄 모른다고 해서 이때부터 '절구통 수좌'로 불리기 시작했다.

효봉은 금강산의 여러 선원과 선지식을 찾아다니며 치열한 수행을 계속했다. 그럼에도 불구하고 출가한 지 5년이 지났지만 화두를 깨치지 못하자 초조해졌다. 효봉은 스승 석두 스님을 찾아가 비장한 각오를 밝혔다.

"제가 지혜가 부족하고 업장이 두터운지라 도무지 화두가 열리지 않습니다. 토굴을 짓고 들어가 깨달음을 얻을 때까지는 죽어도 바깥세상에 나오지 않겠습니다. 허락해 주십시오."

사생결단의 각오를 굳힌 효봉은 금강산 법기암 뒤에 대소변을 볼 수 있는 구멍과 밥이 들락거릴 수 있는 조그만 창문 하나만 낸 단칸방을 만들었다. 그런 다음 방석 하나만 들고 들어간 후 밖에서 벽을 바르도록 했다. 43세 때의 일이다. 식사는 법기암에서 하루 한 끼만 날라다 주었고,

효봉이 죽었는지 살았는지는 전날 밥그릇이 비어 있는 것으로 짐작할 뿐이었다. 하루는 식사를 담당하는 스님이 식사를 가져가니 그 전날의 밥그릇이 그대로 있었다. 깜짝 놀란 그가 수차례 "스님!"이라고 부르고 나서야 인기척이 들려왔다. 효봉도 시자가 부르는 소리를 듣고 전날 식사를 하지 않았음을 알아차렸다. 식사가 온 줄도 모르고 이틀간 선정삼매에 들었던 것이다.

효봉이 토굴수행을 시작한 지 1년 6개월이 지난 어느 날 아침, 토굴벽이 무너졌다. 깨달음을 얻은 효봉이 벽을 무너뜨리고 토굴 밖으로 나온 것이다. 1년 반만에 밖으로 나온 그의 몰골은 사람의 모습이 아니었으나 얼굴만은 훤히게 빛났디.

　　　바다 밑 제비집에 사슴이 알을 품고
　　　불 속 거미집에 고기가 차 달이네.
　　　이 집안 소식을 누가 알겠는가.
　　　흰 구름은 서쪽으로 날고 달은 동쪽으로 달리네.
　　　海底燕巢鹿抱卵　火中蛛室魚煎茶
　　　次家消息誰能識　白雲西飛月東走

스승 석두의 인가를 받고 유점사에서 머물던 중 평양 법원에서 함께 근무했던 일본인 판사와 마주치게 되면서 '엿장수 중'으로만 알려져 있던 효봉의 전직이 판사였음이 탄로난다. 그를 알아본 일본인 판사가 효봉의 신신당부에도 불구하고 주지에게 과거사를 이야기하는 바람에 그때부터 '판사중'이라는 별명을 하나 더 얻게 되었다.

과거가 알려지면서 유점사를 떠나 금강산 온정리의 여여원如如院에서 정진하던 효봉은 이 곳을 찾아온 아들 내외를 피한 후 남쪽으로 행운유수行雲流水의 길을 떠났다. 설악산 봉정암, 오대산 상원사, 태백산 정암사 등 석가모니 사리가 봉안된 적멸보궁을 찾아 정진하던 효봉은 1936년 오대산에서 한암으로부터 포운泡雲이라는 법호와 함께 전법게를 받는다. 그해 겨울에는 덕숭산 정혜사의 만공에게서도 선옹船翁이라는 법호와 전법게를 받았다. 한암이 준 전법게이다.

> 망망한 큰 바다의 물거품이요
> 고요하고 깊은 산꼭대기 구름이네.
> 이것이 우리 집의 다함없는 보배이니
> 오늘 시원스레 그대에게 주노라.
> 茫茫大海水中泡 寂寂深山峰頂雲
> 此是吾家無盡寶 灑然今日持贈君

1937년 운수雲水의 발길은 마침내 조계산 송광사에 이른다. 효봉이 가장 오래 머물면서 좋아했던 곳이다. 처음부터 옛집처럼 아주 익숙해 틀림없이 전생에 오래 살던 도량이었을 것이라고 말하곤 했다. 송광사는 보조국사 지눌이 정혜결사운동을 벌여 기울어가던 고려불교를 다시 일으킨 승보 사찰이다.

송광사에 머문 지 1년 남짓 지난 어느 날 새벽 좌선 중에 처음 보는 한 노스님이 문을 열고 들어왔다. 효봉은 벌떡 일어나 인사를 하고 누구인지 물었다. 그러자 스님은 보조국사의 16세 법손 고봉高峰국사라고 밝힌 뒤

송광사 경내에 있는 효봉대종사사리탑

"그대에게 효봉이라는 법호를 내리고 게송을 전할 것이니 이 도량을 더욱 빛나게 해주세."라고 부탁했다. 게송을 듣고 일어나니 노스님은 사라지고 없었다. 그것은 꿈 아닌 꿈이었던 것이다. 효봉은 지필묵을 펴서 꿈속에서 전해 받은 게송을 그대로 옮겨 적었다. 효봉이라는 법호는 이렇게 해서 지어졌다.

몽중에서 고봉국사로부터 법문을 들은 이후 효봉은 송광사를 중심으로 보조국사의 사상을 선양하는 일에 정성을 다했다. 보조국사를 흠모하는 마음이 지극하여 자신의 법명도 학눌學訥이라 지었다. 지눌知訥의 가르침을 배우고 따르겠다는 뜻이었다. 보조의 가르침 중에서도 정혜쌍수定慧雙修는 효봉의 수행과 가풍에 결정적 영향을 끼쳤다. 효봉은 10년 동안 송광사에 조실로 머무르면서 절을 중창하고 수많은 후학들을 가르쳤다.

효봉은 계·정·혜의 삼학을 고루 닦았고, 후학들에게도 이를 강조했다. 계율은 집 지을 터와 같고, 선정은 그 재료이며, 지혜는 그 기술과 같다면서 삼학을 집 짓는 일에 곧잘 비유했다. 이 세 가지를 고루 갖추어야 집을 잘 지을 수 있듯이 삼학을 함께 닦아야만 불조佛祖의 혜명慧命을 잇는다고 가르쳤다.

"정력定力이 없는 지혜는 공중누각과 다름이 없다. 우리나라에 선풍禪風이 들어온 이후 1천여 년 동안 혜慧만 편중하고 정定을 소홀히 하였다. 근래에 선지식이 종종 출현하였지만 안광낙지시(眼光落地時: 죽음에 임박했을 때)에 앞길이 막막하니 그 까닭은 정과 혜가 함께 갖춰지지 않았기 때문이다. 이러고서 어떻게 불조의 혜명을 이을 수 있을 것인가. 옛사람이 건혜(乾慧: 실효가 없는 지혜)로는 생사를 면할 수 없다는 것이 바로 이것이니라."

효봉은 특히 시간관념이 철저했다. 제자 법정法頂과 지리산 쌍계사 탑전에서 함께 지낼 때 법정이 한번은 찬거리를 사러 나갔다가 밥 지을 시간을 10분 넘겨 돌아오자 "오늘은 공양을 짓지 마라. 단식이다. 수행자가 그렇게 시간관념이 없어 되겠느냐."며 준엄하게 꾸짖고는 밥을 굶었다. 우물가에 밥알 하나만 흘려도 크게 꾸중하는 등 시주물에 대해서도 엄격했으며, 생활은 지극히 검박했다. '수행자는 가난하게 사는 것이 곧 부자 살림'이라고 항상 말했다.

1946년 해인사에 승려 종합수행도량인 가야총림이 개설되면서 초대 방장으로 추대된 효봉은 6·25 사변 때까지 5년간 인재 양성에 진력했다. 그 후 통영 도솔암과 미래사에 머물다 1954년 불교정화운동이 일어나자 서울로 올라가 동산東山, 청담淸潭, 금오金烏 등과 함께 정화의 주역으로 활동했다. 조계종 총무원장을 거쳐 1958년 종정으로 추대된 뒤 팔공산 동화사 금당선원에 머물렀으며, 1962년에는 통합종단 초대종정으로 추대됐다.

동화사 금당에서 어린 시자들과 말타기 놀이를 하는 등 천진한 영아행을 하며 말년을 보내던 효봉은 79세 때인 1966년 5월 밀양 표충사 서래각西來閣으로 거처를 옮겨 죽음을 준비한다. 그해 10월 15일 새벽 예불시간에 효봉은 시자들의 부축을 받아 평소 수행하던 자세로 앉은 뒤 "나 오늘 갈란다."고 말했다. 출가 후 한시도 놓지 않았던 화두 '무無'를 마지막까지 되뇌며 눈을 감은 채 오른손으로 굴리던 효봉의 호도알이 이날 오전 10시 마침내 멈추었다.

입적하기 며칠 전 제자가 "스님, 마지막으로 한 말씀 안 하시렵니까?" 하고 묻자 "나는 그런 군더더기 소리 안 할란다. 지금껏 한 말들도 다 그런 소린데."라고 한 뒤 열반송을 읊었다.

내가 말한 모든 법은
모두 다 군더더기
오늘 일을 묻는가?
달이 일천강에 비치리.

吾說一切法 都是무併拇 若問今日事 月印於千江

종단장으로 치른 영결식 후 사리 50여과가 나와 송광사, 표충사, 용화사, 미래사 등지에 나누어 봉안됐다.

석사자石獅子의 울음소리를 듣습니까 | 동산 혜일

동산 혜일(東山 慧日 : 1890~1965)
충북 단양 출신으로 속성은 하씨. 1913년 용성을 은사로 범어사에서 출가. 조계종 종정에 2회 추대. 성철性徹과 지유知有 등이 대표적 제자이다.

1952년 6월 어느 날 전몰장병들의 유골이 안치된 부산 범어사에서 합동위령제가 열렸다. 이 자리에 참석하기 위해 유엔 장성 등을 대동, 범어사에 도착한 이승만 대통령이 대웅전 앞에서 중절모를 쓴 채 불상을 손가락으로 가리키며 설명하고 있었다.

범어사 조실로 있던 동산은 대통령이 도착했다는 기별을 받고 거처에서 나와 대웅전으로 향하다 이 대통령의 모습을 보고는 "일국의 대통령이라는 분이 어떻게 부처님께 손가락질을 한단 말이요?"라며 호통을 쳤다. 이 대통령은 갑작스레 당한 일이라 깜짝 놀라며 중절모자를 벗고 인사를 하며 정중하게 사과했다. "외국사람들에게 부처님을 소개하려다 그만 결례를 했소이다."

이 일이 있은 후 이 대통령은 백성욱 당시 내무부장관을 불러 동산에 대해 물었다. 백장관은 3·1운동 민족대표 33인 중 한 사람인 용성의 수제자이자 역시 33인의 한 사람인 위창葦滄 오세창의 생질이며, 수행을 잘 해온 고승이라고 설명했다. 동산에 대해 알게 된 이 대통령은 마침 국무총리 자리가 비자 경호실장과 백장관을 동산에게 보내 세 차례나 국무총리로 일해 줄 것을 요청했으나 동산이 거절, 단념할 수밖에 없었다.

그러나 이것이 인연이 돼 이 대통령은 다시 한번 범어사를 찾았고, 이때 동산은 대통령에게 수도승이 수행에 전념할 수 있는 사찰을 정해줄 것을 요청했다. 이러한 만남들이 불교정화운동 당시 이 대통령이 무려 8차례의 유시를 내리는 등 비구측이 승리하는데 결정적 힘이 되어주는 인연이 된다.

지계에 투철했던 선사로 1950년대 중반 불교정화운동의 선봉에 섰던 동산은 24세 때 범어사에서 용성 선사를 은사로 출가했다. 동산은 사서삼경 등을 배운 뒤 보통학교와 중등학교를 거쳐 의학전문학교 예과를 마치고 본과에까지 진학했으나, 천도교에 몸담고 있으면서도 불교에 심취해 있던 위창의 주선과 권유로 서울 대각사의 용성에게서 불교에 대한 가르침을 받으면서 출가를 결심하게 됐다.

출가 후 스승 용성과 한암 등으로부터 각종 경전을 섭렵한 뒤 운수객으로 전국의 선원을 찾아다니며 수행했다. 3·1운동이 일어나자 서울로 올라간 동산은 용성이 투옥된 후 스승의 옥바라지와 함께 뼈를 깎는 정진을 계속했다. 당시 만해의 옥바라지를 도맡았던 춘성春城 스님은 옥바라지 시절의 동산을 다음과 같이 회상한 적이 있다.

"당시 나는 우리 스님(만해)의 옥바라지를 했고 동산 스님은 용성 선사를 시봉하였는데, 한 달에 한 번 서대문 형무소에 면회를 갈 적에 함께 갈 때가 많았지. 면회를 마치면 둘이서 약속이나 한 듯 도봉산 망월사에 올라 나란히 정진을 하였는데 밤이 깊어서도 동산 스님은 통 눕지를 않더란 말이야. 그래서 '건강을 생각해서 쉬어가면서 정진하소.'라고 했더니 '우리 스님(용성)께서 감옥에서 갖은 고생을 다하시는데 내 어찌 산사에서 편히 지내며 잠이나 자겠소.'라고 하시더구만. 아무튼 젊어서는 정진에 있어 따라갈 스님이 없었단 말이야."

3년간의 스승 옥바라지를 마친 후 금강산 마하연, 황악산 직지사, 가야산 해인사 등 전국의 선원에서 용맹정진으로 일관하던 동산은 1927년 범어사 금어선원에서 대나무 숲을 거닐다가 바람에 대나무 잎이 서로 부딪치는 소리에 홀연히 마음이 열리었다. 가슴 속의 어둠이 씻은 듯이 사라졌다. 곧바로 스승을 찾아가 그 사실을 이야기하니 용성은 흔연히 깨달음을 인가해 주었다.

40세 때인 1929년 범어사 조실로 추대된 동산은 후학들을 지도하는데 정성을 다하였으며, 1936년에는 해인사 조실로 추대됐다.

해방을 맞아 국권은 되찾았으나 불교의 교권은 여전히 일제시대와 마찬가지로 왜색불교의 상징인 대처승들이 잡고 있었다. 그런 상황에서 불교의 발전은 고사하고 비구승들이 머무를 곳마저 찾기 힘들었다. 동산은 1953년 5월 전국의 수행승들에게 격문을 띄워 보냈다. 대략, '나라가 해방이 된 지 여러 해가 지났다. 그러나 우리 불교는 아직도 왜색 사판승들의 질곡에서 벗어나지 못하고 있다. 전국의 비구승들은 더욱 단합하고 분발하여 1천6백 년간 지켜온 우리 불교의 청정계맥을 바로 세우고 흐트러진 승풍을 바로잡아야 한다.'는 내용이었다. 이로 인하여 불교정화의 불이 당겨졌다.

이후 곳곳에서 비구승과 대처승간에 분쟁이 끊임없이 이어지더니 결국 사회문제로 등장하기에 이르렀다. 이듬해 5월 이승만 대통령은 불교정화에 관한 1차 유시를 내렸다. "대처승들은 물러나고 비구승들이 사찰을 지키며 고유의 승풍을 진작하라."고 지시했다. 그러나 대처승들은 기득권을 쉽게 포기하지 않았고, 불교계는 걷잡을 수 없는 소용돌이 속으로 휘말려 들어갔다.

불교정화운동은 이 대통령의 8차에 걸친 유시와 수차례의 전국 비구승대회 등을 거치면서 1년여를 끈 뒤 1955년 8월 비구승 측의 승리로 일단 막을 내렸다. 정화운동 당시 비구승 측의 종정은 동산이었고, 종회의 장은 효봉, 총무원장은 청담이 맡고 있었다. 1958년 다시 종정에 추대된 동산은 정화반대자들에 대한 관용과 구제, 인내와 설득으로 1962년 4월 마침내 당국의 협력을 얻어 통일종단을 형성하고 분규를 일단락 지었다.

동산이 선문답을 통해 한국선의 진면목을 외국 고승들에게 보여준 일화 한 토막이다. 1963년 태국 불교의 종성과 총무원상 일행이 망한, 불국사를 참배했을 때다. 일행이 다보탑 앞에 이르러 눈길이 탑 중앙의 석사자石獅子에 머물자 그들을 안내하던 동산은 일행에게 "저 석사자를 봅니까?"하고 물었다.

당시 동국대 이기영 교수의 통역으로 이 말을 들은 태국 종정은 고개를 끄덕이며 "예, 봅니다."고 대답했다. 동산이 다시 물었다. "저 석사자의 울음소리를 듣습니까?" 이 물음에는 묵묵부답이었다. 그러자 동산은 "내가 여러분들에게 저 사자 울음소리를 선물로 드리겠습니다."고 정중히 말했다.

태국 종정은 불국사 참배를 마치고 서울로 돌아가는 기차 안에서 이기영 교수에게 고백했다. "이번에 우리는 대승불교의 선지禪旨를 체험하기 위해 일본을 거쳐 한국에 왔습니다. 일본의 선승을 많이 만나 봤지만 대승선을 접할 만한 기회가 없었습니다. 한국에 와서도 실은 허탕을 치고 돌아가나 하고 실망을 했는데, 불국사에서 동산 스님을 뵙고 비로소 대승선의 진면목을 접했고 크게 감명을 받았습니다."

동산은 항상 수행자로서의 자세를 흐트러트리는 일이 없었고, 하루 일과를 기계처럼 철저히 지켰다. 누구에게나 차별 없이 추상같으면서도 자비행으로 대했고, 법문을 할 때는 쉬운 이야기로 높은 선지를 설명, 사람들에게 큰 감화를 주었다. 당시 혼란한 불교계 현실 속에서 파계와 무애無碍가 혼동되는 실상을 몹시 우려한 동산은 스스로 솔선수범하면서 계행의 준수를 특히 강조했다.

"공부인은 계행을 깨끗이 가져야 한다. 더러 보면 계를 우습게 여기고 불조의 말씀을 믿지 않는 이가 있다. 부처님이 그렇게 행한 일이 없고 조사가 그렇게 한 일이 없다. 해解와 행行이 분명해야만 한다. 만일 해와 행이 나누어지고 각각 다를 것 같으면 이것은 온전함이 아니다. 참으로 공부를 여실히 지어 나가면 저절로 계·정·혜 삼학이 원만해진다. 계란 별 것이 아니다. 미迷해서 잃었던 내 마음을 다시 회복하는 그 때가 곧 계이다. 그렇게 알면 정이 있고, 정이 있을 때 계가 나는 것이며, 도道가 있을 때 계가 함께 나는 것이니 정과 계와 도가 하나이기 때문이다."

종단분규가 일단락되자 모든 직책을 사임하고 다시 범어사로 돌아간 동산은 '하루 일하지 않으면 하루 먹지 않는다'는 청규를 앞장서 실천하면서 마지막까지 정진과 수행자 지도에 전념했다. 입적하기 나흘 전 금강계단에서 보살계를 설한 뒤 "다시는 이 자리에 오르지 못할 것이다."며 열반을 예고했다.

사바세계는 한바탕 연극마당이다 | 경봉 정석

경봉 정석(鏡峰 靖錫: 1892~1982)
경남 밀양에서 출생했으며, 속성은 김씨. 1907년 통도사에서 성해聖海 화상을 은사로 출가. 제자로 명정明正 등이 있다.

"이 사바세계를 무대로 삼아 연극 한바탕 멋지게 하다 가라."

기행이나 남다른 행적보다는 통도사 군자로 존경받으면서 끊임없이 찾아오는 승속들에게 지혜의 등불을 밝혀주던 경봉이 즐겨 한 말이다.

그는 승려생활의 대부분을 통도사 극락암에서 보냈다. 극락암의 퇴락한 조실방 삼소굴三笑窟이라는 조그마한 공간에서 살았지만, 그의 법력은 온 나라는 물론 바다 건너 이웃 나라까지 미쳤다. 항상 열려있는 삼소굴은 언제나 구도자들로 넘쳐났다. 경봉은 그들 누구에게나 수준에 맞춰 쉽게 이해할 수 있는 설법으로 길을 열어줬다. 승려는 물론 어린 학생이나 촌부들도 자상히 맞아 적절한 법문을 들려줬다.

"사람 아니면 물질 때문에 가슴이 아프고 머리가 아프다. 우리가 아프려고 이 세상에 나온 것이 아니다. 진실하게 살면 되는데 공연한 탐욕과 망상으로 모든 근심과 걱정이 시작되는 것이다."

경봉은 탐욕과 성냄의 도둑놈, 온갖 망상과 분별하는 마음의 도둑놈 때문에 한바탕 연극을 멋지게 할 수가 없으니 이런 도둑들을 모두 쫓아내라고 주문한다. 그렇게 하여 '언제나 쾌활하고 낙관적인 기분으로 활기찬 생활을 하라'고. 말은 쉽지만 그렇게 사는 것이 보통 사람들에게 결코 쉬운 일이 될 수는 없다. 경봉 자신도 처음부터 사바세계를 무대로

'한바탕 멋진 연극'을 할 수 있었던 것은 아니다. 15세 때 어머니의 죽음을 맞은 경봉은 그 후 줄곧 '사람이 죽으면 영혼은 어디로 가는가?'라는 의문 등 인생의 근본문제를 생각하다가 생사를 초월하는 방법이 불가에 있다는 어느 스님의 이야기를 듣고 출가를 결심한다.

출가 후 통도사에서 설립한 신식 명신明信학교와 강원을 졸업한 뒤 통도사에서 행정업무를 맡아보게 되었다. 승려가 절살림을 하는 일이 당연한 것일 수도 있지만, 도를 깨쳐야 한다는 생각이 가득하다 보니 맡은 업무에 열중을 할 수가 없었다. 하루는 경을 보던 중 "종일토록 남의 보배를 세어도 자신에게는 반 푼어치의 이익도 없다(終日數他寶 自無半錢分)."는 구절에서 충격을 받고 참선공부하기로 마음을 굳혔다.

경봉은 은사를 찾아가 생사윤회를 해결하기 위해 참선공부를 하겠다는 뜻을 밝혔으나 허락을 해주지 않았다. 그러나 마음을 굳힌 터라 '참선

경봉 스님이 30년 동안 주석했던 통도사 극락암의 삼소굴

공부하러 간다.'는 내용의 편지를 남긴 뒤 1915년 3월 한밤중에 통도사를 떠나 합천 해인사로 갔다. 해인사 선원 퇴설당堆雪堂에서 피나는 정진을 했다. 뒷날 이 시절을 다음과 같이 회고했다.

"어찌나 심하게 졸음이 오고 망상이 일어나던지 공부가 잘 안되더라. 혼침昏沈과 망상을 끊기 위해 기둥에 머리를 받기도 하고, 허벅지를 꼬집고 얼음을 입 속에 물기도 했지만 그 때뿐이었다. '전생의 업장이 얼마나 두텁기에 앉으면 졸고, 졸지 않으면 망상에 빠지는가?' 하는 마음에 생각할수록 한심하여 장경각 뒷산에 올라가 많이 울기도 하고 고함도 쳐보았다."

일찍 치아를 버린 것은 이 내 얼음을 많이 물어 풍치가 생겼기 때문이었다. 졸음 등을 쫓기 위해 얼음을 물거나 머리를 부딪치는 방법을 쓴 것은 옳은 지도자를 못 만나서라며 후학들에게 그렇게 하지 말 것을 당부하곤 했다.

통도사에서 돌아오라는 연락이 잇따르자 김천 직지사로 피했다가 다시 금강산 마하연선원 등으로 옮겨 다니며 수행하던 경봉은 화두 공부가 차츰 순일純一해지자 2년만에 은사가 있는 통도사로 돌아가 참선공부를 계속했다.

1927년 11월 경봉은 통도사 극락암에서 화엄경을 설법하는 화엄산림법회를 열었다. 이상하게도 법문을 시작하는 날부터 화두가 유별나게 또렷이 들리기 시작했다. 졸음과 망상은 자취를 감춰 버리고 그야말로 자나 깨나 한결같은 오매일여寤寐一如의 삼매에 빠져들었다. 그렇게 나흘이 지났을까. 어느 순간 갑자기 벽이 무너지듯 시야가 넓게 트이면서 천지간에 오롯한 일원상一圓相이 나타나는 경계를 경험했다. 이튿날 아침 공양을 하기 위해 바리때를 펴는 순간 경봉은 다시 한번 자신과 우주가 둘이 아닌 불이不二의 경지를 체득하였다.

두 차례 깨침의 경계가 나타났지만 화두에 대한 의심이 완전히 풀리지 않자 경봉은 다시 좌정하여 화두삼매에 들었다. 이튿날 이른 새벽, 바람도 없는데 촛불이 "파바박" 소리를 내면서 춤을 추는 순간 경봉은 무릎을 치고 크게 웃으면서 밖으로 뛰어 나갔다. 그토록 노력해도 알 수 없었던 의문덩어리가 일순간에 녹아내리면서 자성의 자리가 나타난 것이다. 출가 20년 만에 맞이하게 된 대자유의 세계에 취해 삼소굴 뒤에서 달밤에 홀로 춤을 추었다.

> 내가 나를 온갖 것에서 찾았는데
> 눈앞에 바로 주인공이 나타났네.
> 하하 이제 만나 의혹 없으니
> 우담발화 꽃빛이 온 누리에 흐르네.
> 我是訪吾物物頭　目前卽見主人樓
> 呵呵逢着無疑惑　優鉢花光法界流

오도 후 경봉은 한암, 만공, 용성 등 당시의 선지식들과 서신을 주고받았다. 특히 한암과 교유는 16년이라는 나이 차이를 초월, 서로 존경하고 아끼는 진정한 도반 관계였다. 한암과 경봉은 참선수행에 대한 내용이 담긴 20여 통의 서신을 주고받았으며, 그 서신들은 경봉이 잘 간수해 온 덕분에 지금까지 남아 귀중한 자료가 되고 있다.

경봉이 본격적으로 중생교화의 길에 오른 것은 41세가 되던 1932년

1월 통도사 불교전문강원 원장으로 취임하면서부터다. 이후 오도적 삶 속에서 선과 교를 초탈, 50여 년간 한결같이 중생교화의 소임을 다하였다. 통도사 주지 등을 거쳐 1953년 11월 극락암의 극락호국선원 조실로 추대된 경봉은 그 후 입적하던 날까지 30년을 극락암에 머무르면서 법을 구하러 구름처럼 몰려드는 불자들에게 진리의 길을 안내했다.

82세 때부터는 매월 첫째 일요일에 극락암에서 정기법회를 열었는데, 매회 1천여 명이 설법을 들으러 몰려들었다. 90세의 노령에도 시자의 부축을 받아 법좌에 올랐다. 그는 다른 선사와는 달리 조사어록에서 인용하기보다는 대부분 자신의 목소리로 법문을 했다.

1982년 7월1일 제자들을 불러 모은 뒤 "스님 가신 뒤에도 스님을 뵙고 싶습니다. 어떤 것이 스님의 참모습입니까?"라는 질문에 경봉은 "야반삼경夜半三更에 대문 빗장을 만져 보거라."는 말을 남기고 91세의 나이로 열반에 들었다.

한시와 필묵筆墨에도 능했던 경봉은 고졸미 넘치는 서화도 많이 남겼다. 또한 19세 때부터 91세 때까지 하루도 빠지지 않고 중요한 일들을 기록해 놓은 일기는 당시의 사회상과 불교사를 자세히 알 수 있는 자료가 되고 있다.

경봉이 떠나간 극락암에는 제자인 명정明正 스님이 스승의 법어집과 서화집 등을 엮어내면서 40여 년 동안 암자를 지키고 있다.

연담의 법맥 이어 호남 선맥 부흥시킨 대종사 | 만암과 서옹

만암 종헌(曼庵 宗憲 : 1876~1957)
속성은 송씨이며 전북 고창 출신. 1886년 백양사에서 출가. 조계종 종정을 역임하고 고불총림 결성. 연담의 법맥을 이은 만암의 법은 서옹으로 이어진다.

전남 장성군 백양사에 오래 머물러 '목양산인牧羊山人'이라 불리던 만암은 일하며 수행하는 반농반선半農半禪을 실천, 선가의 '일일부작 일일불식一日不作 一日不食' 가풍을 세운 고승이다.

한국불교의 대표적 선맥인 경허 법맥과는 다른 또 하나의 법맥을 이은 만암은 조선 초 태고 보우의 19대 법손으로 연담 유일蓮潭 有一이 그의 7대조이다. 선과 교에 달통하면서 계·정·혜 삼학을 고루 갖추고 승려교육에 남다른 열성을 보였던 그는 승려의 본분을 철저히 추구하는 전형적인 수행자의 삶을 살았다.

만암은 항상 "승려는 행行이 기본이 된다."며 "자기 공부가 먼저 이루어진 뒤에야 남을 위해 헌신할 수 있다."고 말했다. 또한 "우선 중이 되라. 중이 되기 전에는 부처를 말하지 마라."고 강조했다. 머리를 깎고 먹물 옷을 입었다고 모두 중일 수 없다는 분명한 수행자상을 일깨워 주었다.

11세 때 백양사 취운 도진翠雲 道珍 문하에서 출가한 그는 백양사와 해인사 등의 강원에서 10여 년에 걸쳐 교학공부를 마친 뒤 잠시 교학을 강의하다 1902년부터 백양사 선원 등지에서 10년간 참선에 전념, 선과 교를 닦았다. 1911년 백양사에서 오도한 후 은사로부터 만암이라는 법호를 받았다.

만암은 추사 김정희가 백파선사에게 후대에 불법의 진리를 깨달은 후학들이 나오면 하나씩 주라고 친필로 남긴 법호인 석전石顚, 다륜茶輪, 만암 중 하나이다. 후에 석전은 석전 박한영 스님에게, 다륜은 다륜 익진茶輪 翼振 스님에게 주어졌다.

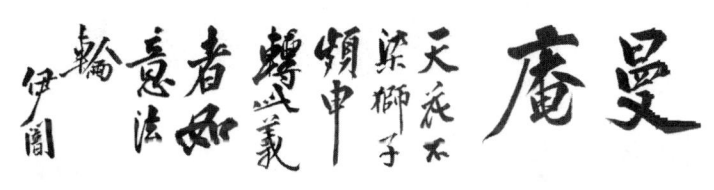

추사가 백파에게 불법을 깨달은 제자가 나오면 하나씩 주라고 직접 지어 써 준 법호 중 하나인 만암

이때부터 3년간 선객들을 지도하다 1914년 백양사 주지에 취임한 만암은 이후 24년간 주지로 있으면서 도제 양성을 위한 교육사업과 백양사 중창사업 등 업적을 많이 남겼다.

1947년에는 호남지역의 사찰들을 동참시켜 백양사에 고불총림을 결성, 왜색불교로 쇠잔해진 청정승풍의 진작을 도모했다. 1948년 석전 박한영 스님에 이어 대한불교 교정에 추대되고 나서는 종명을 조계종이라 하고 교정은 종정宗正으로 명칭을 바꾸는 등 일제시대 이후 혼탁해진 교단의 정화를 추진했다. 그러나 1955년 이승만 대통령의 유시에 따라 본격화된 불교정화운동 과정에서 급진적인 정화를 주장하는 강경파와는 달리 점진적인 정화를 주장, 서로 의견 차이를 좁히지 못하자 결국 종정직을 내놓고 강경파와 결별하면서 종단 일에서 손을 뗐다.

만암스님과 서옹스님이 선승들의 참선을 지도하던 백양사 운문암

 백양사로 돌아간 만암은 후학 지도에만 전념하다 1957년 1월 입적하기 사흘 전 제자 서옹西翁에게 전법게를 내린 뒤 "마지막 입는 옷에는 주머니가 없다."며 자신이 쓰던 물건들을 모두 제자들에게 하나씩 나눠주고는 82세의 나이로 입적했다. 다비 후 수습한 사리 8과는 백양사 사리탑에 봉안했다.

 항상 대중들과 공양을 함께 하고 집무 때를 제외하고는 선방에서 입선에 들며 선을 생활화한 만암은 반농반선을 강조, 사찰생활의 자급화를 실천했다. 승려의 사유재산은 일체 허용하지 않고 대중은 매일 일정시간 일을 하도록 했으며, 죽세공품을 만들어 팔고 유실수와 약초 등을 심어 수익을 냈다. 양봉도 하고 숯을 구워 팔기도 했다.

만암 문하로 출가해 만암의 법을 이은 서옹 상순(西翁 尙純: 1912~2003)은 74년 5대 조계종 종정을 지냈으며, 오랫동안 백양사에 주석하면서 96년 다시 총림으로 승인받은 고불총림의 방장을 맡아 선승들을 지도하다 2003년 12월 입적했다. 시자와 법담을 나누다 자세를 가다듬은 후 좌선의 자세로 열반에 든 서옹의 좌탈坐脫 모습은 수행자들에게 보여준 마지막 큰 법문이기도 했다.

견성을 했더라도 그 깊이에는 실제 차이가 있으므로 계속 경계를 투과透過해 조사선의 구경究竟의 자리까지 가야 한다고 주장한 서옹은 1974년 '임제록'을 강의하면서 '참사람 결사'를 주창했다. '참사람'은 임제 신사가 밀한 '무위진인無位眞人'을 말한다.

서옹은 "참사람은 상하와 귀천, 성인과 범부 등을 초월해 어떤 막힘도 없이 본래면목에 투철한 사람으로, 본래 지니고 있는 참사람의 성품을 찾아 생사와 욕망을 넘어설 때 이 세상의 갈등과 투쟁은 사라지고 모든 생명이 서로 존중하며 돕는 평화로운 세계를 이룩하게 된다."고 밝혔다. 그는 기회 있을 때마다 참사람 운동을 해야 인류가 살아남을 수 있다고 역설했다.

1998년 여름에는 거의 1세기 만에 백양사에서 한국의 선승들과 세계의 불교 석학들을 대거 초청, 고불총림 무차선회(無遮禪會: 빈부나 귀천 등 모든 차별을 벗어나 누구에게나 문을 열어 서로 깨달음의 경지를 묻고 답하는 자리)를 개최하는 등 한국 선불교의 중흥과 세계화를 위해서도 각별한 관심을 보였다. 5천여 대중들이 지켜보는 가운데 팽팽한 긴장 속에서 수행자들과 선문답을 나누는 모습은 세계적으로도 보기 드문 광경이었다. 2000년에 한 차례 더 무차선회를 개최할 수 있었다.

서옹의 열반송이다.

운문에 해는 긴데 이르는 사람 없고
아직 남은 봄에 꽃은 반쯤 떨어졌네.
백학이 한 번 나니 천년 동안 고요하고
솔솔 부는 솔바람 붉은 노을을 보내네.
雲門日影無人至　猶有殘春半落花　一飛白鶴千年寂　細細松風送紫霞

자유를 찾아가는 길은 오직 참선뿐이다 | 금오 태전

금오 태전(金烏 太田: 1896~1968)
전남 강진 출생. 1911년 금강산 마하연 선원에서 도암道庵을 은사로 출가. 만공의 제자 보월寶月의 법을 이었으며, 상수제자 월산을 비롯해 범행, 탄성, 이두, 월주, 월서, 월탄 등 수많은 제자들을 배출했다.

"앉아야 할 때면 앉고, 가야 할 때면 가고, 머물러야 할 때면 머물고, 일어나야 할 때면 일어난다. 밥이 있으면 밥을 먹고 차가 있으면 차를 마시며, 어떤 때는 마음을 설하고 성품을 설하며, 현玄을 설하고 묘妙를 설한다. 구름과 같고 비와 같이 기機를 당해 걸림이 없고, 주고 빼앗음이 자유롭다."

후학 향곡香谷 선사가 금오를 묘사한 글이다. 어떤 것에도 걸림이 없이 자유자재했던 금오의 오도 후 가풍을 보여준다. 한국불교의 대표적 문중인 덕숭문중의 큰 봉우리 금오는 탁월한 선지禪旨로 또 하나의 문중인 금오문중을 형성할 만큼 출중한 제자들을 많이 배출한 근래의 선지식이다.

금오는 마하연선원과 안변 석왕사에서 일찍부터 화두를 잡고 참선 정진했다. 26세 이후 오대산 월정사와 양산 통도사, 혜월 선사가 있던 천성산 미타암 등지에서 정진하며 깨달음을 얻은 금오는 28세 때 만공의 수제자인 예산 보덕사 보월寶月 선사를 찾아가 오도송을 올리고 깨달음의 경지를 확인, 인가를 받았다. 그러나 금오에게 법을 전하는 건당식建幢式을 못한 채 보월이 갑작스럽게 입적하자 1925년 2월 만공이 대신 덕숭산 정혜사에서 건당식을 베풀고 전법게를 주었다.

덕숭산맥 아래
무늬 없는 도장을 지금 전하노라.
보월은 계수나무에서 내리고
금오는 하늘 끝까지 나네.
德崇山脈下 今付無文印 寶月下桂樹 金烏徹天飛

　금오는 이후 10년간 깨달음을 확고히 하기 위한 보임의 운수행에 들어갔다. 선지식이 있는 곳이면 어디든지 찾아가 선문답을 나누며 탁마하고, 때로는 승속의 경계를 넘나들며 만행을 통해 깨침의 경지를 다졌다. 한때는 전주에서 움막을 짓고 2년간 거지생활을 하다가 신분이 들통 났으나 오히려 거지들로부터 '움막중'이라는 별칭을 들으며 존경을 받기도 했다.
　금오는 만행을 할 때 늘 천막을 들고 다녔다. 어디든지 머물게 되면 천막을 치고 묵으면서 정진하기 위해서였다. 선지식이 있으면 그가 어디에 있든 찾아가던 금오는 선승들 사이에 당대의 선지식으로 명성이 높았던 수월水月 선사를 만나기 위해 만주 봉천으로 향했다. 압록강을 건너 만주 땅에 발을 들여놓자 변방을 순시하던 경비병이 출국허가 증명서를 요구했다. 출국증이 있을 리 없는 그는 바랑 속을 뒤져 안거증安居證을 보여주며 무엇인지 모르는 경비병에게 '이것이야말로 국가가 인정하는 제1급 출국증명'이라고 임기응변, 무사히 통과했다. 수월선사가 머물던 토굴에서 1년간 법을 물으며 함께 살다 돌아온 금오는 그 시절이 너무 좋았다고 때때로 회상하곤 했다.
　40세가 되던 1935년 김천 직지사의 조실을 맡아 법석을 여니 법을 구하는 납자들이 줄을 이었다. 그 후에도 안변 석왕사와 도봉산 망월사, 지리산 쌍계사와 칠불선원, 서울 선학원 등 전국 곳곳의 선원에서 조실로 지내며 후학들을 지도했다. 납자들의 안목을 열어주기 위한 금오의 가르침이 너무나 엄격하고 추상같아 '호랑이보다 무섭다'는 평판을 들을 정도였다.

1954년 불교정화운동이 시작되자 금오는 전국비구승대회 준비위원회 위원장을 맡아 비구승들이 서울로 집결하도록 하는데 결정적 역할을 하는 등 정화불사에도 적극 참여했다.

금오는 선禪 이외의 것은 일체 인정하지 않았다. 제자나 후학들이 화두를 드는데 소홀하면 어김없이 불호령이 떨어졌다. 참선하는 자는 화두 하나만 챙기면 된다며 경전을 보거나 주력呪力을 하는 등의 행위를 일절 허용하지 않았다. 생사문제 해결이 화급한데 그런 잡사에 흔들려서는 안 된다는 소신 때문이었다.

일단 참선 정진에 들어가면 무슨 일이 있더라도 끝날 때까지 밀어붙였다. 사정을 봐주는 일이 없었다. 말로 되지 않으면 두들겨 패는 무리를 해서라도 정진을 마치는 것이 최상의 자비라는 게 그의 입장이었다. 금오는 선만을 고집하는 선사였다.

정화불사가 마무리된 후 10년 가까이 흐른 1964년 7월 정화의 정신이 흐지부지 되고 참선 풍토가 흐트러지는 기미를 보이자 금오가 당시 조계종기관지인 '대한불교'에 기고한 글에서도 참선에 대한 그의 생각이 잘 드러나 있다.

"돌이켜 살펴보라. 정화를 한 목적이 어디에 있는가? 근래에 와서 주지를 사는 것으로 장기를 삼는 승려가 있는가 하면, 사무승이 있고 무사방일승 등 헤아릴 수 없는 승려의 이름이 생겨났다. 이런 승려도 필요하겠지만 승려 된 본지풍광本地風光을 잃는다면 주지의 직무와 사무가 무슨 필요가 있는가. 열 번이고 스무 번이고 말하거니와 첫째도 둘째도, 삼천대천세계와 황하의 모래알이 다할지라도 선禪밖에 다른 것이 없다. 이제 정화는 부끄럽기 짝이 없는 일이 되어가고 있다. 3천을 넘는 대처자帶妻者를 내쫓은 우리가 지금 공부에 마음이 없다면 그들에 비해 무엇이 더 나을 게 있는가?"

후학을 가르치는 데 있어서도 만행을 통한 투철한 견성 체험과 참선을 통한 내적 개오를 줄기차게 추구했다. 진정한 궁극적 깨침은 이 두 가지 과정을 통해서 이뤄지는 것임을 철저한 정진을 통해 입증했다. 후학들에게는 항상 "화두를 놓치면 죽은 사람이니 공부하는 사람의 생명은 화두를 드는 데 있다."고 강조했고, 스스로도 기회 있을 때마다 선지식을 끝없이 찾아다니며 깨달음의 경지를 다졌다. 운수행을 마치면 언제나 깊은 산속의 토굴로 들어가 일정기간 정진을 거듭했다.

항상 승려의 본분을 잃지 말 것을 역설한 금오는 대도를 이룬 후에는 반드시 세간에 나아가 법을 펴야 함을 강조했다. 그러면서도 늘 '참선이 없는 불법은 불법이 아니다', '선을 반대하는 자는 물고기가 물 밖에 나간 격', '자유를 찾아가는 길은 오직 선뿐' 이라는 등 참선의 중요성을 강조했다. 오로지 참선 정진과 선풍 진작을 본분으로 삼았다.

전국의 선원을 돌아다니며 선풍을 떨치고 중생교화에 힘을 쏟던 금오는 1967년 속리산 법주사 주지를 맡아 입적할 때까지 그곳에 머물렀다. 금오가 이곳에 머물자 수많은 납자와 문도 및 신도들이 몰려들면서 그의 회상은 날로 번창했다. 법주사에서 마지막 선풍을 떨치던 금오는 1968년 10월 문도들을 한 자리에 모으고 월산에게 법을 전한 뒤 "나는 무無를 종宗으로 삼고, 다른 모든 일은 너에게 부탁하노라."는 말을 남기고 입적했다.

월산을 비롯해 범행, 탄성, 이두, 혜정, 월성, 월주, 월서, 월탄, 정일, 천룡, 월고 등 금오의 제자들과 그 문손들이 번창, 오늘날 소위 금오(월자) 문중이라 불리며 한국불교의 한 핵을 이루고 있다.

그의 상수제자 성림 월산(聖林 月山: 1913~1997)은 1944년 도봉산 망월사에서 금오를 은사로 출가한 뒤 만공, 한암 등 선지식을 찾아 본분사를 참구했다. 1948년에는 청담, 향곡, 성철 등과 함께 문경 봉암사에서 결사 수행하며 공주청규共住淸規를 만들어 올바른 승풍 진작에 앞장서기도 했다.

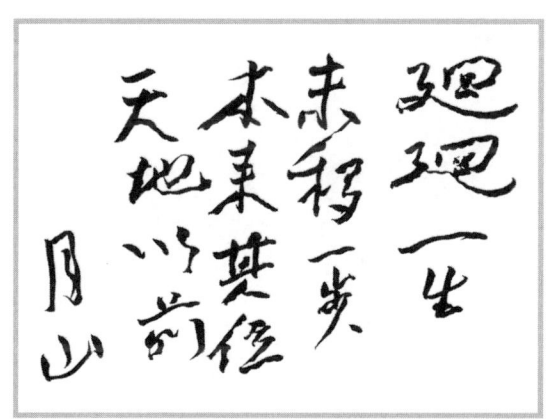

금오스님의 전법제자 월산스님이 입적 직전에 남긴 열반송

1953년 은사인 금오를 받들어 정화불사에 적극 동참했으며, 금오 열반 후 법주사 조실을 시작으로 전국 선원의 조실로 추대돼 납자를 제접하며 종풍을 선양했다. 1974년 불국사 조실로 추대된 뒤에는 불국사를 중창함과 동시에 불국사 선원을 개설, 중도中道 선풍을 드날리다 97년 9월 다음과 같은 임종게를 남기고 입적했다.

일생을 돌고 돌았으나
한 걸음도 옮긴 바 없나니
본래 그 자리는
하늘, 땅보다 먼저이니라.
廻廻一生 未移一步 本來其位 天地以前

월산이 납자들을 지도하던 불국사선원은 그의 부촉으로 제자 종우 스님이 선원장을 맡아 선풍을 이어가고 있다.

33세에 조실로 추대된 선가의 대종장大宗匠 | 전강 영신

전강 영신(田岡 永信: 1898~1975)
전남 곡성 출생. 1913년 해인사에서 출가. 1923년 만공으로부터 깨달음을 인가받고 법맥을 이어받음. 전법제자 송담松潭을 비롯해 정공, 정우, 정무, 정대 등 50여 명의 제자를 두었다.

전강은 일반인들에게는 잘 알려지지 않았지만, 선승들 사이에서는 뛰어난 선지禪旨로 이름이 드높았던 현대 한국의 대표적 선사였다. 생사를 초달했던 치열한 정진과 날카로운 신지, 살불살조殺佛殺祖의 파격 등 선승이 갖추어야 할 것들을 모두 갖춘 '선가禪家의 대종장大宗匠'이라 할만 했다.

피나는 수행으로 20대에 깨달음을 얻은 후 33세의 나이에 조실에 추대된 전강은 출가 이전의 고통스런 시절과 출가 이후의 불퇴전의 용맹정진, 그리고 깨달음 이후에는 한국 선가에 돈오견성의 진면목을 밝히려는 원력의 삶을 살았다. 그가 견성을 위한 정진에 매진할 때는 만공, 한암, 용성, 보월 등 당대의 선지식들이 각지에서 선지를 드날리고 있던 시기였다. 전강은 이들을 일일이 찾아가 자신의 오도적 체험을 점검받음은 물론 더 나아가 거침없는 선문답으로 서로를 탁마한 전형적 선사였다.

전강은 7세 때 어머니를 여읜 후 서모의 구박을 받으며 살았다. 14살 때 아버지마저 세상을 뜨자 서모는 이복동생까지 버려둔 채 집을 나가버렸다. 그 후 2년간 풀무꾼, 유기그릇 행상 등을 하며 온갖 고초를 겪은 뒤 16세 때 합천 해인사로 출가, 행자생활을 시작했다. 해인사에서 2년간 경전공부를 마친 그는 절친한 도반의 죽음을 보면서 인생의 무상함을 절감, 생사해탈을 하겠다는 결심을 한다. 곧바로 김천 직지사 천불선원으로 가 제산霽山 스님의 지도 아래 백척간두에 자신을 몰아붙이며 피나는 정진을 했다.

빨리 깨달음을 얻어 생사가 없는 경계에 들어가고 싶은 마음은 간절한데 망상만 밀려오자 조급증이 났다. 마음만 너무 앞서다 보니 머리가 아프고 눈이 충혈되는 등의 현상이 나타나는 상기병을 얻고 말았다. 선가에 흔히 하는 말로 '여자는 서방질이 마지막이고 남자는 도둑질이 마지막이며 선객은 상기가 마지막이다.'는 말이 있다. 상기병을 얻자 주위에서 참선을 그만두라고 말렸으나 전강은 죽을 각오로 정진을 계속했다.

마침내 열기가 머리 위로 치달아 피가 코와 입으로 쏟아지고 머리가 터져 삭발조차 할 수 없었다. 그래도 정진을 멈추지 않았다. 육신이 쇠약해질 대로 쇠약해져 앙상한 고목처럼 되어도 화두를 놓지 않았다. 그러다 한때 '무자無字 화두를 깨쳤다'는 경계가 와서 점검을 받으러 조실인 보월스님을 찾아갔으나 여지없이 부인당하기도 했다.

그 후 예산 보덕사와 정혜사 등을 떠돌며 수행하던 전강은 23세 때 곡성 태안사에서 깨달음을 얻는다. 태안사 입구 징검다리를 건너며 흘러가는 물을 무심히 내려다보던 중 문득 '운무雲霧 중에 소를 잃었으니 어떻게 해야 소를 찾느냐? 담 넘어 참외를 따서 오너라.'는 구절이 떠오르면서 화두가 타파되었다.

이후 전강은 혜봉, 혜월, 용성, 한암 등 당대의 선지식들을 모두 찾아다니며 탁마하고 깨달음을 점검받았다. 마지막으로 수덕사 금선대의 만공을 찾아가 인사를 하니 "무슨 물건이 이렇게 왔는고?" 하고 물었다. 아무 말 없이 또 한번 절을 했다. 만공이 다시 "무슨 물건이 이렇게 왔어?" 하자 이번에는 주먹을 들어올려 보였으나 만공은 핀잔을 주며 인가를 해 주지 않았다.

이에 분발한 전강은 '판치생모(板齒生毛: 판대기 이빨에 털이 난다)' 라는 화두를 잡고 용맹정진, 40여 일만에 대오大悟한 뒤 다시 만공을 찾아 인가를 받았다. 주요 공안들에 대해 하나하나 탁마한 뒤 마지막으로 만공이 "부처님은 새벽 샛별을 보고 오도하였는데 자네 별은 어느 것인가?"라고 묻자 전강은 즉시 엎드려 땅을 헤집는 시늉을 했다. 만공은 "부처도 훔치고 조사도 훔칠 만하다."며 전법게를 내렸다.

> 불조가 일찍이 전하지 못했고
> 나 또한 얻은 바 없네.
> 이날 가을빛이 저물었는데
> 원숭이 휘파람은 후봉에 있구나.
> 佛祖未曾傳　我亦無所得　此日秋色暮　猿嘯在後峰

만공으로부터 인가를 받은 후 전강은 10년 가까이 만행을 했다. 계율 등에 관계없이 중생들의 삶 속으로 들어가 온갖 경험을 하며 깨달음을 시험해 본 것이다. 여색을 보고도 동요가 없는가, 돈을 보고도 빠지지 않는가, 벼슬을 보고도 비굴해지지 않는지 등 어떤 상황에서도 견디어 내며 동요가 없는지를 확인하기 위해 무슨 일이든 마다하지 않았다. 한때는 우동장사도 해보고, 노래도 불러보고, 마음대로 먹어보고, 남들이 손가락질하는 미친 짓도 해보았다.

이러한 만행은 오도적 희열에 빠져 자칫 소홀하기 쉬운 가아假我에 대한 치열한 해체작업이라 할 수 있다. 단순한 만행을 넘어 깨달음의 경지를 철저히 다지는 보임행각이었다.

전강은 1931년 33세의 젊은 나이에 통도사 보광선원의 조실로 추대된 것을 시작으로 법주사 복천선원, 김천 수도암 선원 등의 조실을 역임하면서 후학지도에 혼신의 힘을 다했다. 6·25 전쟁 당시 제자 송담松潭의 수행을 돕기 위해 시정에서 가게를 열어 장사를 해가며 뒷바라지했던 일화는 사도師道의 모범으로 화젯거리가 되고 있다. 낮이면 장사를 하고, 밤에는 집으로 돌아와 가부좌를 튼 채 정진을 하며 제자의 수행을 지도했다. 이러한 스승의 지극한 배려에 힘입어 송담은 10년 묵언 정진 끝에 진리의 대도를 깨달을 수 있었다.

61년에는 인천 용화사에 법보선원을 개설, 그곳에서 입적할 때까지 15년 동안 활발한 선풍으로 수많은 후학들을 탁마했다. 용화사 조실로 있으면서 62년 대구 동화사 조실, 66년 부산 범어사 조실, 74년 지리산 정각사 조실 등을 맡아 전국의 선객들을 지도했다.

"공부를 하다가 심식心識이 좀 맑아져 약간의 경계가 현전現前하면, 문득 게송을 읊으며 스스로 큰일을 다 마친 사람이라 자처하고 혀뿌리나 즐겨 놀리다가 일생을 그르치고 마니 혀뿌리의 기운이 다하면 장차 무엇으로 생사를 감당하겠는가?"

공부는 모름지기 참되어야 하고 깨침도 실다워야 함을 강조하고, 오직 화두만 단단히 잡아 타성일편(打成一片: 일체의 생각이나 계교를 떠나 하나가 됨)이 된 화두를 타파, 자기면목을 보도록 하라고 주문했다. 그가 즐겨 사용하던 '언하대오言下大悟', '일초직입여래지一超直入如來地'는 전강의 선풍을 잘 나타내는 말이라 할 수 있다.

전강의 화두참선법 가르침이다.

> "화두를 잡고 있으면 처음에는 사나운 소나 말처럼 마음대로 달아나고 망상과 잡념이 더 생기며 해태심까지 생긴다. 그러나 퇴전하지 말고 계속하고 또 계속하여 용맹정진을 해가면 반드시 화두의 의심뭉치가 가슴 속에 꽉 차게 된다. 마치 늙은 쥐가 쌀궤를 파고 또 파면 반드시 그것을 뚫고 쌀을 먹게 되는 것과 같이 참선법 또한 마찬가지다. 의심을 하고 또 의심을 하면 번뇌와 망상의 파도가 아무리 거세어도 화두를 찾는 힘 앞에는 모두 소멸되는 것이다. 그러니 공부하는 대중들은 해태심을 내지 말고 대신심大信心 · 대분지大憤志 · 대의정大疑情으로 화두만 잡고 매매하지 않는다면 반드시 언하대오하리라."

그리고 좌선할 때는 눈을 감지 말고 하고, 화두를 머리에 두고 참구하면 상기가 일어나게 되므로 호흡과 함께 화두를 단전에 두고 의심을 관할 것을 강조했다.

전강은 75년 1월13일 대중을 불러 앉힌 뒤 "어떤 것이 생사의 큰 문제인가? 할! 구구는 뒤집어 일러도 팔십일이니라."는 법문을 남기고 앉아서 입적했다. 입적하기 전 "내 몸에서 사리를 수습하려 하지 마라. 육신을 태우고 남은 재는 서해에 뿌려라."고 당부했고, 제자들은 유언을 지켰다.

"참선은 조사관을 뚫는 것이요, 묘오妙悟는 중생의 마음길을 아주 끊는 것이다. 조사관이란 뚫는 것이지 지식으로는 도저히 해석이 되지 않는다."며 평생 활구참선活句參禪을 제창한 전강의 가르침은 당대의 선지식은 물론 후학들에게도 많은 영향을 미쳤다.

　전강의 전법제자 송담은 한국의 대표적 선지식으로 스승의 뒤를 이어 용화사 조실을 맡아 깨달음에 목말라 찾아드는 선객들에게 길을 안내하고 있다.

'마음'을 역설한 자비·인욕보살 | 청담 순호

청담 순호(靑潭 淳浩: 1902~1971)
경남 진주 출생. 1921년에 결혼했으며, 1927년 고성 옥천사에서 출가. 조계종 총무원장과 종정 역임. 저서로 '신심명 강의', '금강경 강의', '현대의 위기와 불교', '선입문禪入門' 등을 남김.

"모든 것이 다 허망한데 그 중에 허망하지 않은 것이 있다면 그것은 마음뿐이라는 것을 꼭 알아야 합니다. 그 마음을 꼭 알아야 하겠다면 그것은 이미 견성에 연결되는 생각입니다. 따라서 '모든 현상은 다 허망한 것이니 오직 이 마음을 알아야 하겠구나' 하는 마음으로 경문을 읽으면 그것이 곧 일천 칠백이나 되는 참선의 화두공안을 다 생각하는 것과 같습니다.

여자가 되나 남자가 되나 짐승이 되나 육신을 끌고 왔다 갔다 하고 배고프다고 밥 먹고, 똥 누는 생각을 내는 주체, 부정하고 긍정하는 주체, 그것이 마음입니다. 지금 말하고 듣는 이대로 영원히 살아있는 '참 나'를 발견하면 그때부터 논이고 밭이고 재산을 다 팔아 없는 사람에게 나누어 줍니다. 부처가 되는 길이 마음을 깨달아 우주에 자유로운 인간이 되는 것이며, 그것이 우리가 갈 길입니다."

"생존경쟁에만 몰두하던 생활을 아침, 저녁으로 다만 10분이라도 참선을 해서 이 마음이 무엇인가를 찾아봐야 합니다. 이렇게 하면 의식주 생활도 자기를 깨치는 시간이 됩니다. 10분이 차차 20분이 되고 나중에는 열 시간쯤 참선을 할 수도 있습니다. 이렇게 되면 밥 먹을 때도, 선생님 강의를 들으면서도 화두 생각이 납니다. 그렇게 해나가면 24시간 꼬박 참선이 됩니다. 염불도 그렇게 하면 됩니다."

청담은 '마음'의 설법자였다. 팔만대장경 전부가 결국 마음이라는 두 글자에 다 들어있다고 생각했고, 이 마음으로 누구에게든 불교를 이해시키고 설명을 했다. 마음, 자비무적慈悲無敵, 참회정진懺悔精進 등이 '청담불교'의 요체이다.

청담은 유달리 강한 인내심과 설득력을 가져 주위에서 '인욕보살', '논의제일'이라는 별칭을 만들어주기도 했다. 그런 점은 그가 주도했던 불교정화를 수행하는데도 큰 힘이 되었다. 또한 계율이 청정한데다 교학적으로도 뛰어난 실력을 갖추고 있어 당시 교계에서는 그를 모르는 이가 없을 정도였다.

그는 원력을 성취함으로써 성불에 값하겠다는 현세적 서원을 세우고 인욕과 정진으로 점철된 삶을 살았다. 인욕보살, 원력보살, 호국보살, 대승보살 등 그를 지칭하는 많은 별칭들은 그의 삶이 어떠했는가를 잘 알게 해준다.

교단정화와 중생교화의 두 길을 일관되게 걸어온 그의 인생은 보통 사람들이 보기에는 바쁘고 고단한 삶으로 보였지만, 청담에겐 그런 일상생활이 곧 수행이자 보살행이었다.

진주 제일보통학교 시절인 1919년 진주에서 3·1 독립만세운동에 주도적으로 참여해 옥고를 치루기도 했던 청담은 1921년 진주 호국사 박포명 스님의 법문을 듣고 출가의 뜻을 가지게 된다. 이후 합천 해인사, 장성 백양사 등으로 출가하려 했지만 번번이 뜻을 못 이루다 26세가 되

박정희 전 대통령과 악수를 나누는 청담스님.
인욕보살로 칭송받던 청담스님은 조계종 정화운동의 선봉장이었다

던 해에 고성 옥천사로 출가, 영호映湖 박한영朴漢永 강백 문하에서 득도했다. 출가 후 서울 개운사 강원에서 경·율·론 삼장을 배우며 대교과를 졸업했다. 이때 청담은 이미 삼장에 대한 해박한 지식과 정연한 논리로 '논의제일'이라는 별칭을 얻었다.

경전 공부를 마친 청담은 1934년 충남 예산 덕숭산 정혜사의 만공 선사 문하에서 참선정진을 본격적으로 시작한 후 전국 선원에서 수행을 거듭한다. 상원사에서 정진하던 시절에 있었던 일화이다. 불교신도회의 요청으로 고향 진주에서 강연을 마치고 연화사蓮花寺를 떠나려고 할 때 노모가 나타나 장삼자락을 잡고 "죽기 전에 꼭 할 말이 있다."며 집으로 가자고 부탁했다. 속가로 데려간 간 노모는 "마지막 유언이라고 생각해라. 집안의 대가 끊길 것을 생각하니 죽어서 네 아버지를 볼 면목이 없으니 오늘밤 가문의 대를 이을 씨 하나만 심어놓고 가거라."며 날벼락 같은 요구를 했다. 아무리 안 된다고 해도 완강하게 버티는 어머니의 요청을 거

절하지 못해 할 수 없이 그날 밤을 아내와 함께 보냈다. 다음날 새벽 집을 빠져나온 청담은 파계에 대한 가책으로 수년 동안 맨발로 살았다고 전한다. 청담의 면모를 엿볼 수 있는 일화이다.

서른 셋이 되던 해 묘향산 설령대에서 '이뭐꼬' 화두를 들고 3일 밤낮 동안 용맹정진을 하던 중 깨달음을 얻고 오도송을 남겼다.

예부터 부처와 조사는 어리석고 미련하기 그지없어
어찌 이쪽 일을 제대로 깨우쳤겠는가.
만약 내게 한 소식 한 바를 묻는다면
길가의 고탑이 서쪽으로 기울었다 하겠네.
上來佛祖鈍痴漢 安得了知玆邊事
若人聞我向所能 路傍古塔傾西方

정화불사를 빼놓고 청담을 이야기할 수는 없다. 이전부터 불교학인대회를 개최하는 등 불교개혁의 깃발을 높이 들었던 청담은 1954년 서울 선학원에서 전국비구승대회를 소집해 불교정화운동을 주도하였고, 그해 가을 사찰이 청정도량으로 정화될 때까지 목숨을 바쳐 정화운동을 펼치겠다는 결의로 다른 비구승들과 단식에 들어갔다. 이때부터 그의 생애 중 가장 어려우면서도 보람찼던 시간이 시작된다.

불교정화의 야전사령관으로 정화운동에 앞장섰던 청담의 높은 법력과 대승적 원력은 사찰마다 정화의 불길을 타오르게 했다. 갖은 곤욕과 시비 속에서도 청담은 미동도 없는 굳은 신념으로 천 번이고 만 번이고 참아내며 난관을 뚫어나갔고, 총무원장 등 종단의 대소 직책을 마다 않고 짊어지며 노력한 결과 종단은 점차 정리되고 안정돼 갔다. 정화 초기 과격하다는 이야기를 듣던 청담의 행동은 단순한 급진이 아니라 다 쓰러져 가는 한국불교의 정통을 바로잡고 바른 길로 이끌기 위한 대비원의 발로였다.

1967년에는 명동성당에서 노기남 대주교의 집전으로 거행된 부활절 미사에 참석하고, 1971년에는 한국종교협의회장에 선출돼 적극적인 활동을 하는 등 종교간 만남과 대화를 도모하는 데도 앞장섰다.

입적 하루 전에도 이화여대 설법 등 여섯 차례나 법문을 할 정도로 중생교화를 위해 촌음을 아끼지 않았던 그가 열반 후 남긴 사리 8과는 도선사와 옥천사, 문수암, 신운사 등에 나눠 봉인됐다.

청담 스님이 제시한 좌선법을 간략하게 소개한다.

조용한 처소에서 편안한 복장으로 가부좌나 반가부좌를 한 뒤 오른손을 발 위에 얹은 뒤 오른 손바닥 위에 왼손을 포개놓고 두 엄지손가락 끝을 서로 마주 닿게 하여 안으로 당겨 배에 닿게 하되 놓은 듯 드는 듯 하게 놓는다. 엄지손가락 끝과 배꼽과 코끝이 일직선이 되게 하며, 귀는 두 어깨 위에 바로 서게 한다.

다음에 혀를 입 천정에 붙이고 이와 입술을 맞물게 한 다음 허리를 쭉 펴고 전후좌우로 서너 번씩 몸을 흔들어 다시 꼿꼿이 앉아서 모든 생각을 놓아버리고 아랫배에다 살며시 힘을 주면 가장 완전하게 앉아지고 온당해진다. 이 정좌법正坐法은 만병통치가 되는 법이며 신체가 점점 건강해지는 법이다.

눈은 반쯤 뜨고 석자 앞을 보는 것과 같이 하면 된다. 좌선하면서 눈을 감는 것은 불조佛祖가 다 금한 것이니 절대로 눈을 감으면 안 된다. 이리하여 화두 의심이 꽉 쏟아져서 일념으로 깊게 통일되었거나 또는 일체 생각을 다 쉬어서 마음의 앞뒤 생각이 뚝 끊기고, 힘차고 깨끗한 일념정념一念正念이 확연히 드러나서 대천세계가 없어져 버릴 지경이 되면 이것을 참선하여 선정력禪定力을 얻었다고 하는 것이다.

정념 중에서도 홀연히 한 생각 망상이 일어나서 차차 꼬리를 물고 일어나는 때가 있으니 주의해야 한다. 이것은 다 부주의하여 정신을 차리지 아니한 탓으로 생기는 허물이니 첫 생각이 일어날 때 얼른 챙기면 쉽다.

선정에 들었다가 일어날 때는 몸을 전후좌우로 천천히 움직인 뒤에 팔을 들며 다리를 뻗어 부드럽게 움직이다가 일어나야 한다. 일어나서 움직이거나 일을 할 때도 항상 정력定力을 놓치지 말도록 하되 마치 모질게 우는 갓난아기를 달래는 것과 같이 잡도리해 가면 동정動靜이나 생사에 끌리지 않는 부동대정不動大定을 성취하게 된다.

부처는 너희를 얽어매는 사슬에 불과하다 | 향곡 혜림

향곡 혜림(香谷 蕙林: 1912~1978)
경북 영일 출생. 1928년 천성산 내원사에서 성월 스님을 은사로 출가했으며, 1944년 운봉 선사로부터 향곡이라는 법호와 전법게를 받음. 그의 법은 진제로 이어진다.

"너희들 몸뚱이 속에 하나의 무위진인이 있다. 항상 그대들의 면전에 드나들고 있으니 그것을 깨달아야 한다. 그리고 부처를 절대자로 생각하지 말아라. 절대자 부처라는 관념을 못 버리고 있으면 그 부처는 너희들을 얽매는 사슬에 불과할 것이다."

향곡이 평소 하던 말이다. 깨달음을 위해 몸을 사리지 않는 구도자세를 보였고, 오도 후 선을 가르치기 위해 혼신의 힘을 다하며 자유자재로 사자후를 토해냈던 향곡은 한마디로 대선사였다. 그가 보여준 선기禪機는 언제나 날카로우면서 생동감이 넘쳐 '선의 창 끝(禪鋒)'이라는 찬사를 들었다. 또한 후학을 지도하는 데도 남다른 면을 보여 '납자 제접에 향곡을 능가하는 이 없고 앞으로도 없을 것'이라는 말이 당대 선객들에게 널리 회자되기도 했다.

향곡은 때와 곳을 가리지 않고 누구에게나 흔쾌히 선문답에 응했고, 그럴 때마다 납자들의 미혹한 머리를 흔들어 일깨웠다. 납자를 대함에 있어 사자가 토끼 한 마리를 잡을 때도 전력을 기울이듯이 언제나 최선을 다했다. 그런 그가 머물렀던 경남 월내月內의 묘관음사는 수행을 점검하거나 공부방법을 물으러 전국에서 몰려드는 납자와 재가신도들로 늘 붐볐다.

향곡은 16세 때 출가한 맏형을 만나러 천성산 내원사에 갔다가 운봉

(雲峰: 1889~1944) 선사를 만나 그의 모습과 법문에 이끌려 출가했다. 출가 후 내원사에서 공양주를 맡아 일하면서 불경을 배우는 등 수행의 기초를 다진 그는 20세 때부터 혜월의 법을 이은 운봉 선사 문하에서 본격적인 수행에 들어갔다.

운봉 밑에서 정진하며 10년이 흐른 늦가을 어느 날이었다. 선방에 앉아 정진하던 중 갑자기 산골짜기를 휘몰아친 돌풍으로 열어놓은 문짝이 거세게 닫히며 나는 소리에 홀연히 마음의 눈이 열렸다.

오도의 희열을 만끽한 향곡은 바로 조실인 운봉을 찾아갔다. 운봉은 향곡의 경계를 간파하고 목침을 내밀면서 "한마디 일러라!"고 말했다. 향곡은 바로 일어서서 목침을 발로 차버렸다. 지켜보던 운봉은 "다시 한 번 일러라!"고 했다. "천 마디 만 마디가 모두 꿈속에서 꿈을 설한 것이니 모든 불조佛祖께서 나를 속이신 것입니다."

이에 운봉은 기뻐하며 향곡의 깨달음을 인가했다. 이로부터 3년 뒤인 1944년 8월 운봉은 입적하기 전 향곡이라는 법호와 전법게를 내리고 임제臨濟 정맥을 부촉했다.

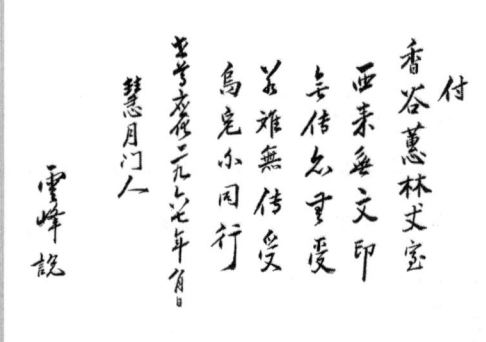

향곡스님에게 내린 운봉스님의 전법게

서쪽에서 온 형체 없는 진리는

전할 것도 받을 것도 없으니

받고 전하는 이치를 떠나고 보면

해와 달은 결코 동행하지 않으리.

西來無文印　無傳亦無受　若離無傳受　烏兎不同行

이후 향곡은 전국의 선방을 돌면서 곳곳에서 용맹정진하고 있는 눈 푸른 납자들과 교유하며 보임을 했다. 해방 2년 후인 1947년 도반인 성철로부터 "문경 봉암사에서 결사를 한 뒤 정말 열심히 공부해 보지 않겠는가?"라는 연락을 받고 봉암사로 가 함께 정진했다.

성철의 주도로 당시 봉암사에는 향곡을 비롯한 청담, 혜암, 월산 등 20여 명의 수좌들이 용맹정진에 들어갔다. 당시 이 봉암사 결사에 참가했던 선승들은 모두 한국불교의 큰 기둥 역할을 한다.

봉암사에서 함께 정진하던 중 어느 날 성철이 말하기를 "죽은 사람을 완전히 죽여야 산 사람을 볼 것이고, 죽은 사람을 완전히 살려야 바야흐로 죽은 사람을 볼 것이다라는 말이 있는데 그 뜻이 무엇인가?" 하고 물었다. 이 말을 듣고 확연한 대답이 나오지 않아 캄캄해진 향곡은 그 때부터 의심삼매에 들었다. 그렇게 삼매에 빠져 밤이 가는지 낮이 가는지 모르는 상태로 지내다 21일째 되던 날 봉암사 마당을 거닐던 중 문득 자신의 몸에 달린 양손이 흔들리는 것을 보는 순간 활연대오했다.

홀연히 두 손을 보니 전체가 살아났네.

삼세의 불조는 눈 속의 꽃이요

천경만론이 무슨 물건이었던가?
이로부터 불조 모두 몸을 잃었도다.
忽見兩手全體活　三世佛祖眼中花
千經萬論是何物　從此佛祖總喪身

대오 후 남긴 오도송이다.

활연대오 후 거침없는 사자후를 토하게 되니 전국의 선방과 총림에서 조실과 방장으로 초빙했다. 제방의 요청에 따라 선암사와 동화사, 불국사, 선학원 등의 조실로 주석하며 20여 년 동안 선풍을 드날렸다. 그의 가르침은 "너그러우면서도 기봉機鋒이 험준하여 죽이고 살리며 거두고 놓음이 자유자재였다."는 평을 얻었다.

풍채가 육중했던 향곡은 체구와는 달리 수줍음이 많은 편이었으나 선문답을 하거나 제자들을 다루는 데 있어서는 거침이 없었다. 향곡이 젊은 시절 한창 행각을 할 때의 일이다. 하루는 옷을 깁고 있는데 만공 문하의 고봉古峰 선사가 다가와 "바느질은 어떻게 하는 것이냐?"고 물었다. 향곡은 말없이 고봉의 다리를 바늘로 찔렀다. 고봉이 "아야, 아야"하고 소리를 지르니 향곡이 다시 한번 다리를 찔렀다. 그러자 고봉은 웃으면서 "그놈 바느질 한번 잘 하는구나!"라며 칭찬했다.

"우리가 출가한 목적은 다른 데 있는 것이 아니고 성불을 하기 위해서이다. 그러니 절을 짓고 수리하는 일체 불사도 견성성불의 목적을 이루기 위해서 해야지, 거기에 명예나 욕심이 있어서 다른 생각으로 하면 죄만 짓게 되는 것이다. 그러므로 바르고 참된 마음을 가지고 정진해야만 성과가 있을 것이다. 그리고 공부를 자꾸 늦추어서 내생來生에 한다는 생각을 내면 절대로 안 된다. 금생수生에 이 몸뚱이가 있을 때 해결할 마음을 가져야만 한다. 무엇을 믿고 내생에 한다고 미룰 것인가?"

향곡은 모름지기 출가 수행자는 대신심大信心과 대의심大疑心, 대용맹심大勇猛心을 가지고, 머리에 붙은 불을 끄는 것과 같은 간절한 마음으로 공부를 해야만 한다고 역설했다.

말년에 묘관음사에 머물며 후학들을 지도하던 향곡은 1978년 12월 부산 해운정사에서 뒷일을 법제자 진제 법원(眞際 法遠: 1934~)에게 부촉한 뒤 67세의 나이로 입적했다.

1967년 묘관음사에서 향곡이 여름안거를 마치고 해제법문을 할 때 진제가 나와 질문을 넌졌다. 향곡은 신제와 이들에 걸쳐 두 차례의 선문답을 통해 진제의 깨달음을 인가하고 경허, 혜월, 운봉, 향곡으로 이어진 법등을 부촉하면서 진제에게 전법게를 내렸다.

향곡의 법제자 진제는 1971년 부산 해운대 앞바다가 보이는 장수산 기슭에 해운정사를 창건하고 상上·하下선원을 개설, 선의 대중화와 생활화를 위해 진력하면서 법등을 이어갈 지음자知音者를 기다리고 있다. 납자들이 수행하는 상선원과 재가자들이 참선하는 하선원은 안거 때는 물론 일년 내내 수행자들의 열기로 가득하다.

94년부터는 동화사 금당선원의 조실을 맡아 조사가풍을 이어가고 있다. 진제 선사는 한국 조사선의 우수성을 세계에 알리고 선이 현대문명의 폐해를 치유할 대안임을 제시하고자 2003년 가을 해운정사에서 국제선학술대회를 열기도 했다.

유儒·불佛·도道에 통달한 선지식 | 탄허 택성

탄허 택성(呑虛 宅成: 1913~1983)
전북 김제 출신으로 속성은 김씨. 1934년 오대산 상원사에서 한암을 은사로 출가. 화엄경, 육조단경 등 많은 불교 번역서를 남겼다.

    유·불·도 모두에 통달한 고승으로 '이차돈 순교 이래 최대 불사'라고도 불리는 '신화엄경합론新華嚴經合論' 번역·출간을 이룩해 낸 탄허는 뛰어난 예지력으로도 유명했다.

    그의 예지력은 믿기 힘들 정도로 정확했다. 월남전에서 미국이 패퇴할 것이라는 것, 냉전체제가 소련의 붕괴와 함께 무너진다는 것, 분단 독일은 극과 극의 대립이 아닌 동서간의 반목이므로 얼마 가지 않아 통일을 이룬다는 것 등을 예언했다. 또한 10·26사건, 울진·삼척 무장공비사건 등과 한국의 남북분단은 극과 극의 대립이라 통일이 쉽지 않겠지만 어느 순간 피 한 방울 흘리지 않고 통일을 이루게 될 것이며, 북방의 빙하가 녹아내려 지각대변동이 오면서 한국이 새 세상의 주축이 될 것이라는 등 그의 예언들은 대개 정확히 적중했거나 그 방향대로 진행 중이다.

    탄허의 출가 인연은 다른 고승과는 달랐다. 진리에 대한 갈증이 남달랐던 그는 출가 전 유학자인 부친으로부터 한학을 마친 뒤 기호학파의 후예로부터 유학의 진수와 노장사상까지 배웠다. 그러나 유학의 진수까지 배웠어도 진리에 대한 갈증을 해소할 수 없어 그 갈증을 해소시켜 줄 스승을 찾아 헤매다 1931년 오대산 상원사에 한암 선사라는 도인이 있다는 말을 전해 들으면서 인생의 항로가 결정된다. 탄허는 그때부터 일면식도 없는 한암 선사와 인생과 우주의 근본이치에 대한 의문점들에 대해 서신을 주고받으면서 고차원의 문답을 나누기 시작했다.

"장년의 호걸스러운 기운이 넘쳐 업을 지음에 좋은 일인지 나쁜 일인지도 모를 때에 장부의 뜻을 세워 위없는 도를 배우고자 하니 숙세(宿世: 전생)에 심은 선근이 깊지 않으면 어찌 능히 이와 같으리오. 축하하고 축하하노라. 그러나 도가 본시 천진하며 방소方所가 없어서 실로 가히 배울 것이 없다. 만일 도를 배운다는 생각이 있다면 도를 미혹함이 되나니, 다만 그 사람의 한 생각 진실됨에 있을 뿐이다."

갓 스무 살을 넘긴 탄허에게 보낸 한암의 답신들 중 한 부분이다.

그로부터 3년간 서신만을 왕래하다 1934년 친구 2명과 함께 한암에게 직접 불도를 배우기로 마음먹고 상원사를 찾아갔다. 당시 탄허는 이미 17살 때 결혼, 1남 1녀를 두고 있었다. 짧으면 3년, 길면 5년 정도로 예정하고 진리에 대한 공부를 마치면 하산할 생각으로 한암 문하에 들어갔다.

그러나 함께 지내면서 한암의 고매한 인품과 학덕에 매료되어 처음 생각과는 달리 출가를 결심, 22세 때 한암을 은사로 정식 출가했다. 출가 후 탄허는 3년 동안 일체 말을 하지 않으며 참선하는 묵언 수행을 마치는 등 18년 동안 두문불출하며 참선과 경전공부를 함께 수학했다.

'이미 다 배우고 들어와 더 배울 것이 없는 사람'이라는 말을 들을 만큼 학문의 수준이 높았고, 또 천재라 불릴 정도로 영특했던 터라 공부의 속도가 매우 빨랐다. 한암의 탄허에 대한 관심과 사랑은 특별했다. 탄허의 고상한 인품과 단아한 언행, 천재성, 뛰어난 글씨 등은 총애를 받기에 충분했다.

탄허의 기념비적 업적인 신화엄경합론 번역과 간행은 평소 정확한 경전번역을 원했던 한암의 유촉으로 1950년대 중반에 시작됐다. 이때부터 탄허의 일상은 피나는 고행과 수행의 연속이었다.

밤 9시에 잠을 자고 자정에 일어나 정진한 뒤 하루 종일 번역에 전념하는 초인적인 작업을 계속했다. 하루 14시간씩 번역작업에 몰두했다. 절 살림이 어려워 원고지와 잉크가 떨어지면 탁발을 해야 했다. 워낙 방대한 작업이었기에 원고가 완성되더라도 언제 출판을 하게 될지 모른다는 생각에, 사정이 어려웠지만 잉크는 오래되어도 변하지 않는 외제를 사용했다. 번역에 착수한 지 약 10년 만에 6만2천장의 원고를 탈고할 수 있었다.

화엄경 원전 80권과 이통현(李通玄: 중국 당나라 거사)의 화엄론 등 논論 2종 190권 등 화엄학 저술 총 280여 권의 원본에 토를 달고 번역·해설한 것이다. 말 그대로 '화엄의 집대성' 이었다. 유·불·도에 통달한 탄허가 아니면 누구도 감히 엄두를 내기 힘든 일을 각고의 노력 끝에 해낸 것이다. 번역은 했으나 비용이 없어 출간을 하지 못하고 있던 원고를 당시 일본 불교계로부터 6천만 엔에 팔라는 제안을 받기도 했다. 우여곡절 끝에 1974년 신화엄경합론 전 47권을 간행, 드디어 세상의 빛을 보게 되었다. 번역사업의 공로로 탄허는 제3회 인촌문화상을 수상하기도 했다.

당대 최고의 불교학자이자 노장老莊의 권위자이면서도 탄허는 개인적인 저서나 기록들을 남기지 않았다. "공자도 자신의 말을 남기지 않았고, 석가 역시 한 말씀도 하지 않았다."는 말로 저서를 남기라는 주위의 권유를 물리쳤던 그는 "저술보다는 사색, 사색보다는 좌망坐忘을 하려고 노력해왔다."고 밝힌 바 있다.

노장철학에 있어 당대의 제일이라는 평가를 들었던 탄허는 1955년 주위의 요청으로 서울에서 장자莊子 강의를 시작했다. 처음에는 1주일 예정으로 시작했지만 '천하 명강의'라는 소문이 나돌면서 수강생들의 요청으로 연장을 거듭, 무려 두 달간 지속했다. 수강생 명단에는 당시의 대표적인 철학자와 교수 등 쟁쟁한 인물들이 두루 포함돼 있었다. 함석헌도 수강생 중 한사람이었다. 함석헌은 이후 탄허와 가까이 하며 장자를 공부, 훗날 장자학의 대가로 자리 잡았다. 당시 동국대 국문과 교수로 있던 양주동은 "장자가 다시 태어나 장자를 강의한다 해도 탄허에 미치지 못할 것"이라는 극찬을 했다.

탄허는 강의를 할 때 교재나 메모를 펴놓는 법이 없었다. 노장이나 영가집永嘉集은 물론 방대한 화엄경도 마치 머리 속에서 실타래를 풀어내듯 거침없이 펼쳐냈다.

탄허가 5·16 이후 대통령이 된 박정희의 자문에 응해 세 가지 중요한 정책방안을 제시한 것은 잘 알려지지 않은 사실이다. 산업사회가 되면서 갈수록 물 부족 사태가 심각해질 것이므로 물 부족에 대한 국가적 대책을 세울 것과 나라의 동량이 될 인재를 키워 인재난에 대비할 것, 세계적 식량난에 대비해 식량대책을 세울 것 등을 역설했다. 박 대통령은 이 같은 탄허의 자문을 받아들여 댐 건설과 정신문화원 설립, 절대농지법 제정 등 국가정책을 수립한 것으로 알려지고 있다.

개성 있고 힘찬 그의 글씨도 명필이었다. 직접 지은 글을 추사체와 왕희지체를 종합했다는 글씨로 쓴 그의 유묵이 월정사 한암 스님 비문, 성남 봉국사 춘성 스님 비문, 태백산 단종대왕 비문 등 20여 곳에 남아 묵향을 전하고 있다.

1983년 4월 탄허가 입적하자 당시 조계종 종정이던 성철은 "복희는 고개를 끄덕이고 노자는 자리를 피한다. 변설이 도도함은 나무장승을 놀라게 하고 필봉이 쟁쟁함은 백화를 난만케 한다."는 특별 법어를 보내 그를 기렸다. 정부는 국민문화훈장 은관장을 추서했다.

탄허는 유·불·도의 차이를 '유교가 뿌리를 심는 것이라면 도교는 뿌리를 북돋아주는 것이요, 불교는 뿌리를 뽑는 것'이라고 정리하는 한편 '노장의 물아양망物我兩忘, 역易의 태극 자리도 깨닫고 보면 불교의 아공법공我空法空 자리'라고 설명했다.

그는 사람의 마음을 육단심肉團心, 연려심緣慮心, 집기심集起心, 견실심堅實心 4가지로 분류했다. 육단심은 육체적 생각에서 우러나오는 마음이고, 연려심은 보고 듣는 분별심에서 내는 마음을 이른다. 집기심은 망상을 내는 속마음이고, 견실심은 불성으로서 부처의 마음자리이다. 참선은 견실심을 보는 공부이자 쓰는 도리이고, 그래서 선은 만법의 근본이 되고 불교의 핵심이 된다고 가르쳤다.

한국불교 세계화 선도한 조계총림 초대 방장 | 구산 수련

구산 수련(九山 秀蓮: 1909~1983)
전북 남원 출생. 1937년 효봉을 은사로 사미계를 받음. 1969년 송광사 조계총림 초대 방장. 1973년 송광사에 불일국제선원을 개원하는 등 포교 불사에 힘썼다.

구산은 송광사에서 효봉으로부터 계를 받고 득도한 이래 보조국사 지눌의 선풍을 중흥하려던 효봉의 뜻을 완성한 선사였다. 스승 효봉이 지핀 불씨를 이어받아 작게는 호남불교의 꽃을 피우고, 크게는 한국불교의 한 기둥을 세우는 큰 업적을 남겼다. '일 수좌'라는 별칭을 들을 정도로 늘 부지런했던 그는 끊임없이 수행정진과 중생교화에 매진하며, 국내 후학 지도는 물론 외국인 포교에도 열성을 보였다. 미국 등의 현지 포교와 함께 송광사에 국제선원을 개설해 수많은 외국인 제자들을 양성, 한국불교를 세계에 알리는 새 지평을 열기도 했다.

그런 구산이 1983년 12월 송광사에서 '좌탈'했다는 소식은 일반인들에게 한줄기 청량한 바람이었다. 좌탈입망坐脫立亡은 선승들이 죽음을 자유롭게 맞는 경계를 말하는 것으로, 앉아서 죽거나 서서 죽음을 맞는 것을 일컫는다. 구산은 좌선의 자세로 열반에 들었다. 좌탈입망하는 선승들이 하나 둘 아니지만, 세간에 널리 알려져 있던 구산의 좌탈 소식은 많은 사람들에게 발심의 계기가 되었다.

27세 때 이름 모를 병을 얻어 죽게 될 지경에 이른 구산은 지리산 영원사로 들어가 100일간 관음기도를 하던 중 병이 나으면서 출가하기로 결심, 29세 때 송광사를 찾아가 효봉을 은사로 사미계를 받았다.

늦깎이로 출가한 구산은 남보다 치열한 수행을 했다. 송광사와 백양사, 통도사, 해인사 등에서 5년간 정진을 하며 보냈으나 별 진전이 없자, 1943년 본격적인 수행을 위해 김천 청암사 수도암에 정각토굴을 짓고 용맹정진에 들어갔다. 2년여의 용맹정진을 통해 공부에 큰 힘을 얻을 수 있었다. 은사 효봉이 해인사 가야총림 초대방장으로 부임함에 따라 총림의 도감을 맡아 해인사로 간 구산은 1947년 가야산 상봉 아래 법왕대라는 토굴을 짓고 다시 생사를 건 용맹정진에 들어갔다. 생쌀과 솔잎을 먹으며 눕지 않고 정진하는 장좌불와 수행을 계속했다. 그렇게 수행하며 두 철이 지난 어느 날 문득 심안이 열리며 절대광명의 경계가 펼쳐졌다.

그 후 오후보임悟後保任을 거쳐 1951년 진주 응석사에서 동안거를 마친 뒤 게송을 지어 부산 금정선원에 머물던 효봉에게 보내 점검을 요청했다.

> 세상 모든 것은 본래 공한 것
> 허공을 가리킴이 어찌 그 곳에 마음이 있어서랴.
> 마른나무 선바위에는 춥고 더움이 없고
> 봄이 오면 꽃 피고 가을이면 열매 맺는다.
> 大地色相本來空 以手指空豈有情
> 枯木立岩無寒暑 春來花發秋成實

효봉은 글을 받아보고 제자의 깨달음에 흐뭇함을 감출 수 없었다. 마침 함께 정진 중이던 금오 선사도 구산의 글을 보며 칭찬하기를 마다하지 않았다. 효봉은 지체 없이 전법게를 내렸다.

한 그루 매화를 심었더니

옛 바람에 꽃이 피었구나.

그대 열매를 보았으리니

내게 그 종자를 가져오너라.

栽得一株梅 古風花已開 汝見應結實 還我種子來

  1954년부터는 은사 효봉을 도와 불교정화운동에 적극 나섰다. 이듬해 8월 5백자 혈서로 정화불사의 당위성을 알리는 탄원서를 이승만 대통령 앞으로 보냄으로써 정화운동의 기폭제가 되기도 했다. 60년부터는 중앙 종회의원을 역임하고 62년 동화사 주지를 역임하는 등 종단 일을 보다가, 66년 효봉이 입적하자 송광사를 중창하고 많은 인재를 양성하라는 스승의 유촉에 따라 송광사로 거처를 옮겼다.

  송광사로 옮긴 구산은 중창불사를 시작하는 동시에 총림 개설을 준비, 3년에 걸친 노력 끝에 69년 5월 해인총림에 이어 두 번째로 송광사에 조계총림을 개설했다. 초대 방장에 오른 구산은 독특한 선풍을 드날리며 본격적인 납자 양성에 나섰다.

  구산이 방장으로 머무는 동안 조계총림 송광사는 한 해가 다르게 발전, 명실상부한 승보종찰로 변모해 갔다. 스승 효봉의 유훈을 실천하는 구산의 노력과 법력 덕분에 보조국사 이래 가장 뚜렷하게 중흥의 기운이 넘쳐흘렀다.

  국내의 선객은 물론 미국이나 유럽 등 외국에서 온 벽안의 승려들로 도량은 늘 수행의 열기가 가득했다. 1973년에는 미국 삼보사 개원법회에 참석했다가 귀국하는 길에 데리고 온 미국인 제자 등 외국인 출가자를 위해 송광사 불일국제선원을 개원, 정통 조사선을 가르치며 한국불교 세계화의 새 장을 열어갔다.

이처럼 구산이라는 한 걸출한 선지식에 의해 희미해져 가던 호남 불교에 새 기운이 일자 사람들은 이를 용음무기 호소풍생龍吟霧起 虎嘯風生, 즉 용이 읊조리니 안개가 자욱하게 일고 호랑이가 울부짖으니 바람이 이는 격이라 칭송했다.

구산의 가풍은 그런 칭송을 듣기에 충분했다. 그는 수행 대중들과 함께 식사하는 대중공양을 어긴 적이 없고, 정진시간이 아니면 언제나 일손을 놓지 않았다. 수행과 함께 '하루 일하지 않으면 하루 먹지 않는다'는 백장청규를 그대로 실천했다.

그는 후학들에게 언제나 '이뭐꼬' 화두를 들고 정진할 것을 주창했다.

구산스님이 개원한 순천 송광사 불일국제선원.

나를 움직이는 실체가 무엇인가를 참구하라는 것이다. '미소불微少佛'로 불릴 정도로 온화한 성품의 그였지만 후학들에게는 엄격했다. 공부를 게을리하는 제자나 후학들에게는 추상같은 면모를 보였다. 그러나 법을 묻고 인생의 참된 길을 논하는 사람들에게는 늘 미소 띤 얼굴로 자상한 법문을 들려줬다.

구산은 자신을 스스로 '돌사자石獅子'라 불렀다. "조계산 숲 속에서 채마밭이나 매다가 운수객들의 묻는 말에 대답이나 하고 동·서양 외국인들이 찾아와서 인생행로를 물으면 방향을 가리키며 맞이하고 보내는 네거리의 석사자"라는 것이다. 불일국제선원에서 외국인 방문객을 맞아 설법할 때 외국인 제자들이 동역한 법문을 책으로 엮은 'Nine-Mountains(구산)'는 미국 등 여러 나라에서 동양철학과 불교학을 공부하는 사람들로부터 관심을 끌기도 했다.

불교가 산중에만 머물러 있거나 스님 등 일부의 전유물이어서는 안 된다는 생각을 가졌던 구산은 불교의 생활화를 강조했다. 그 방편의 하나로 7바라밀 운동을 주창, 일주일 중 월요일부터 토요일까지 6일을 각각 보시·지계·인욕·정진·선정·지혜의 바라밀을 실천하는 날로, 일요일은 만행 바라밀의 날로 정해 모든 불자들이 생활 속에서 불교의 진리를 실천하도록 가르쳤다.

1983년 12월 구산은 자신의 이생 인연이 다할 것임을 알린 뒤 '내 몸에 주사를 놓지 말 것, 부디 화합해서 살고 선가의 가풍에 누가 되지 않도록 할 것, 자신을 속이는 중노릇을 하지 말며 거듭 발심하여 실답게 정진할 것'을 유훈으로 남겼다. 그리고 입적 후 좌선의 자세로 장례를 치러 줄 것을 부탁한 뒤 출가 때 삭발장소였던 삼일암 미소실에서 가부좌를 튼 채 입적했다.

구산의 장례식날 다비장으로 향하는 수천 장의 만장 중에는 벽안의 불자들이 영어와 팔리어로 만든 만장들이 뒤섞여, 국경을 초월해 펼쳤던 그의 선풍을 상징해 주었다.

조계총림 송광사에는 현재 구산의 제자인 보성菩成 스님이 방장을 맡아 국내외 선승들의 수행을 지도하며 구산의 선풍을 잇고 있다.

불경 한글화 서원誓願한 역경의 화신 | 운허 용하

운허 용하(耘虛 龍夏: 1892~1980)
평북 정주 출생으로 속성은 이씨. 1904년 결혼. 1913년 만주로 건너가 대동청년단 가입. 1921년 강원도 회양 봉일사에서 경송慶松을 은사로 출가. 1961년 한국불교사상 첫 '불교사전'을 펴냈으며, 1964년 동국대 역경원을 설립했다.

"다음 생에도 다시 태어나 못 다한 역경사업을 하겠다."

운허가 이 세상을 떠날 날이 다가오자 제자들에게 한 말이다. 그의 일생은 그야말로 '역경 한평생'이었다. 운허가 있었기에 본격적인 한글 불경의 시대를 활짝 열 수 있었다고 해도 과언이 아니다.

운허는 20세 때부터 만주 등지에서 육영사업, 비밀단체 가입, 독립결사 조직 등을 통해 줄곧 독립운동을 하다가 1921년 일본 경찰에 발각돼 쫓기던 중 강원도 회양 땅 첩첩산중에 있는 봉일사라는 절로 숨어든 것이 그대로 삭발 출가의 길이 됐다. 출가 전 한학과 신학문 등 학문의 기초를 다진 그는 절 생활에서도 금세 두각을 드러냈다.

봉일사에서 금강산 유점사로 가 서기 소임을 맡고 있던 운허에 대한 소문이 학승인 양주 봉선사 월초月初에게까지 전해졌다. 유점사로 서찰을 보내 그를 불러온 월초는 봉선사와 금강산 반야암에서 경학공부를 하게 했다. 이후 부산 범어사에서 당대의 대강백 진응震應의 지도로 운허의 공부는 일취월장의 진전을 보였다. 다시 개운사에서 강의를 하고 있던 박한영 문하에 들어가 경학공부를 또 한번 확고히 다졌다.

이곳에서 청담 등과 함께 개최한 전국불교강원학인대회 사건으로 다시 일제 경찰에 쫓기는 신세가 된 운허는 만주로 피신, 동포 어린이교육과 독립운동을 하다가 결국 발각됐으나 가까스로 목숨을 건져 국내로 돌아왔다.

귀국 후 은사 월초 스님과 봉선사에서 머물던 운허는 은사가 입적하자 1936년 봉선사에 홍복강원을 설립, 후학 양성을 시작했다. 6·25전쟁 후 부산 범어사 강사를 비롯, 동학사 강원, 통도사 강원, 해인사 강원 등의 강사로 본격적인 후진양성에 진력하면서 능엄경, 사미율의, 금강경 등 경전 번역서를 속속 내놓았다.

운허의 명성이 교계에 널리 알려지면서 월운, 진관 등 경학에 뜻을 둔 많은 학인들이 그의 문하로 몰려들었다. 운허는 비구와 함께 묘엄, 명성, 혜성 등 훗날 비구니계의 대강백이 된 비구니 제자들도 주위의 눈총에도 불구하고 흔쾌히 받아들였다.

운허는 불교가 중흥하려면 한문으로 된 불교경전을 한글화하는 것이 선결과제라고 생각, 불경번역의 서원을 세운 뒤 그 실천을 위해 혼신의 힘을 다했다. 1961년 국내 최초로 한글판 '불교사전'을 편찬한 것을 비롯해 불교경전 한글화작업을 계속하던 그는 혼자 힘으로는 방대한 양의 불경을 모두 한글화하기가 불가능하다고 판단하고 역경원 설립을 추진, 1964년 한국불교사에 길이 남을 동국대 역경원을 개원했다. 여든을 바라보는 나이에 초대원장으로 취임한 운허는 바로 해인사 소장 고려대장경의 번역이라는 대불사에 착수했다. 1965년 6월 한글대장경 첫권 발간을 시작(2001년 4월 318권 완간)으로 어려운 여건 속에서도 불경번역을 계속해 온 동국역경원은 불경 한글화의 산실이 되고 있다.

지극히 겸손하고 검소한 생활로 일관하던 운허의 진면목은 입적하기 8년 전인 72년 1월 후학들에게 미리 남긴 유촉에도 잘 드러나 있다. '신후身後의 일을 아래와 같이 부탁한다.'로 시작되는 유촉문은 화환 사절 등 검소한 장례식, 사리 수습 금지, 대종사 호칭 금지, 문도간 화합, 문집간행 금지, 마음 속이는 중노릇하지 말 것 등을 부탁하고 있다.

운허의 불경 한글화 염원은 동국역경원장을 맡고 있는 월운 스님, 가산불교문화연구원 원장으로 세계 최대의 불교사전인 '가산불교대사림伽山佛敎大辭林'을 편찬한 지관 스님 등 제자들에 의해 실현되고 있다.

돈오돈수頓悟頓修 | 퇴옹 성철

퇴옹 성철(退翁 性徹: 1912~1993)
경남 산청 출생. 1935년 해인사에서 동산을 은사로 출가. 해인총림 초대 방장과 조계종 종정 역임. '선문정로禪門正路', '백일법문' 등 많은 저서를 남겼다.

독보적인 불교이론 및 실천논리 정립과 초인적 수행으로 현대 한국 불교계에 누구보다 큰 족적을 남긴 퇴옹 성철. 그는 '성철불교'라는 용어를 탄생시킬 정도로 현대 한국불교사에 크나큰 획을 그었다.

성철은 어려서부터 신동 소리를 듣고 자랐다. 세 살 때 벌써 글을 익혀 어른들이 보는 책을 읽었고, 다섯 살 때는 집안 어른을 따라 백일장에 갔다가 장원을 했다. 소학교 때 한문으로 된 중국의 4대 기서를 구해 읽었고, 특별히 배운 것도 없이 시와 문장을 지어냈다. 성철은 모든 것을 독학으로 배우고 깨달았다. 글공부라고는 소학교 6년과 서당에서 배운 자치통감이 전부였다.

청소년기에 접어들면서 보다 궁극적이고 근원적인 문제에 관심을 갖기 시작했다. 남다른 지식욕과 진리에 대한 갈망을 가졌던 성철은 당시 물밀듯이 들어오던 신학문과 철학, 종교 등에 대한 지식들을 섭렵했다. 순수이성비판, 실천이성비판, 신·구약 성서, 자본론, 유물론, 대학, 장자 등 동서고금의 철학에 관한 책들을 주로 탐닉했다.

그럼에도 진리에 대한 갈증을 해소시켜 줄 만한 바른 길을 찾지 못하고 정신적인 방황을 하던 중 우연히 한 스님으로부터 신심명信心銘과 증도가證道歌를 얻어 읽게 된다. 불교서적으로는 처음 접하는 이 책들을 읽고 그 동안 찾던 길이 거기에 있음을 발견하고는 홀연히 심안이 밝아짐을 느꼈다.

그 후 출가하지 않은 속인의 몸으로 지리산 대원사로 들어가 참선수행을 시작했다. 누구의 가르침도 없이 '무자無字' 화두를 들고 정진했다. 그의 수행력은 이미 승려 이상이었다. "당시 42일 만에 화두가 뚜렷하게 되면서 마음이 다른 데로 도망가지 않는 경지에 들어가게 되었다."고 성철은 술회한 적이 있다.

속인이 그렇게 정진하고 있다는 소문이 대원사의 본사인 해인사로 전해지면서 해인사 스님들의 권유로 해인사로 가게 된 성철은 1937년 다음과 같은 출가시를 남기고 동산 스님을 은사로 계를 받았다.

> 하늘에 넘치는 큰일들은 붉은 화롯불에 한 점 눈송이요
> 바다를 덮는 큰 기틀이라도 빛나는 햇볕에 한 방울 이슬이라.
> 그 누가 잠깐의 꿈 속 세상에서 꿈을 꾸며 살다가 죽어가랴.
> 만고의 진리를 향해 모두 다 버리고 초연히 홀로 걸어가노라.
> 彌天大業紅爐雪　跨海雄基赫日露
> 誰人甘死片時夢　超然獨步萬古眞

출가 후 바로 해인사와 범어사, 동화사 등의 선원에서 대원사 시절부터 지녀온 무자 화두를 들고 용맹정진에만 몰두하던 성철은 1940년 동화사 금당선원에서 하안거 중 문득 대오했다. 26세에 출가, 3년여 만인 29세 때의 일이다.

오도 후 깨달음을 점검하기 위하여 송광사, 금강산 마하연사, 정혜사, 은해사 운부암, 도리사 등 전국의 선방을 돌며 한결같은 자세로 정진을 이어갔다. 당시 성철은 깨달음에 대한 인가가 너무 가볍게 이뤄지는 현실에 실망, 자신의 깨달음에 대해 누구에게서도 인가를 구하지 않았다고 한다. 그러는 사이 날카로운 기봉과 초인적 수행자세, 박학다식 등으로 그의 명성이 자자해졌다.

성철의 유명한 수행이력 중 하나인 장좌불와 수행도 이때 이뤄졌다. 금당선원에서 오도한 후 8년 동안 성철은 한번도 눕지 않고 정진하는 초인적인 면모를 보여주었다. 장좌불와 수행이 알려지면서 정말 밤에도 눕지 않고 수행하는지 확인하기 위해 성철이 머무는 방의 문구멍을 뚫고 날이 새도록 지켜보는 스님도 있었다.

조선조 500년 동안의 불교탄압과 일제하의 왜색불교 영향으로 허물어진 한국불교의 전통과 수행가풍을 정립하는 것이 절실하던 시절, 청담과 함께 문경 희양산 봉암사에 머물던 성철은 1947년 그곳에서 '봉암사 결사'를 시작했다. 성철이 이끈 봉암사 결사는 '부처님 법대로 살자'는 기치 아래 선종 종풍을 세우고 옛 총림의 청정한 수행법도를 이 땅에 되살리자는 것으로 한국불교의 방향을 결정짓는 기초 작업이었다.

성철은 울산에 머물던 절친한 도반 향곡에게도 찾아가 "좋은 도량에서 함께 열심히 정진하자."며 봉암사로 불러들였다. 이 같은 취지에 뜻을 같이하는 젊은 선승들이 봉암사로 모였다. 청담과 향곡을 비롯해 자운, 월산, 혜암, 법전, 우봉, 보문, 성수, 도우 등 당시 봉암사 결사에 참여한 이들은 모두 훗날 한국불교를 이끌어가는 동량이 되었다.

성철은 이때 면벽참선, 자급자족 등 대중이 함께 수행하는 데 필요한 규칙인 '공주규약共住規約'을 정한 뒤 엄격한 수행생활로 청정한 수행가풍을 세워 나갔다. 모처럼 이뤄진 이 결사는 안타깝게도 6·25 전쟁 때문에 오래 가지 못하고 중단되고 말았지만, 한국불교의 수행가풍 정립과 훗날 교단정화의 기반이 되었다.

1950년대 중반 비구승과 대처승간의 싸움인 불교정화 문제가 불거지자 성철은 정화운동에 참여하는 조건으로 절 재산을 모두 사회에 내주고 승려는 걸식하며 수행에 힘쓰자고 주장했다. 그렇지 않으면 절 뺏기 식의 정화로 묵은 도둑을 쫓아내고 새 도둑을 만드는 결과가 될 것임을 우려한 것이다. 성철은 자신의 뜻이 받아들여지지 않자 정화운동에 참여하지 않고 1955년부터 팔공산 성전암으로 거처를 옮겨 자신의 방식대로 정화를 실천했다.

성전암으로 거처를 옮긴 직후 사람들이 너무 많이 찾아오자 성철은 그곳에 철조망을 둘러 사람들의 출입을 금한 채 10년 동안 한번도 절 바깥으로 나가지 않았다. 8년 장좌불와에 이은 또 하나의 일화 '10년 동구불출洞口不出'을 남겼다.

바깥에서는 정화라는 이름으로 비구와 대처승의 싸움이 그치지 않을 동안 성철은 성전암에서 불경과 조사어록은 물론 심령과학과 수학, 물리학, 상대성 이론 등을 깊이 연구하고 자료들을 꼼꼼히 정리하며 훗날 '성철불교'라 불리게 될 독보적 불교이론과 실천논리를 정립, 내적 불교정화를 실천해 나갔다.

1965년 마침내 성전암을 나와 문경 김용사에서 대중들에게 그의 사상을 토해내기 시작하던 성철에게 평소 그의 법력과 인물됨을 알아보고 진정으로 아껴준 도반 자운이 찾아와 설득, 성철을 해인사로 데려 갔다. 자운과 청담은 해인사를 총림으로 키우자는 데 뜻을 모았고, 성철도 그 뜻을 받아들여 1967년 개설된 해인총림 초대 방장에 취임했다.

그해 겨울 해인사 대적광전에서 법석을 열어 100일 동안 하루 2시간씩 법문을 하니 바로 유명한 '백일법문' 이다. 백일법문을 통해 불교 교리와 사상을 재정립하며 조계종의 법맥을 바로잡았고, 나아가 선종의 핵심사상에 대해 새로운 해석을 보여주었다. 불교 근본진리가 중도中道에 있음을 밝히고 선종의 정통한 종지는 돈오돈수頓悟頓修에 있음을 천명하는 한편, 불생불멸의 진리는 원자물리학이나 양자역학에 의해 입증된다는 내용 등이다.

성철은 해인총림 방장으로 있으면서 안거 때마다 1주일간씩 밤낮을 눕지 않고 자지 않고 정진하는 용맹정진 전통을 세우고, '잠 많이 자지 말라, 말 많이 하지 말라, 간식하지 말라, 책을 보지 말라, 함부로 돌아다니지 말라' 는 참선수행자 5개 수칙을 지키도록 하는 등 엄격한 해인사 수행가풍을 확립했다.

성철이 해인총림 방장으로 백련암에 머무는 동안 해인사는 나날이 그 면모를 일신해 갔다. 선원과 율원, 강원을 갖춤으로써 명실상부한 총림의 면모를 지니게 되었고, 무엇보다 서릿발 같은 선풍을 드높임으로써 언제나 500명 내외의 대중들이 밤낮없이 정진하는 도량을 이루었다.

현대 한국불교의 최대 치욕이라는 1980년 10·27법난 이후 불교계가 큰 위기를 맞고 있던 시기에 성철은 종단 원로들의 간절한 청을 받아들여 1981년 1월 대한불교조계종 제6대 종정에 취임했다. 그때까지 세상에 이름을 드러내지 않던 성철은 '산은 산이요 물은 물이로다' 라는 종정

취임법어 하나로 세간의 이목을 집중시켰다. 성철은 "종정 안한다는 말만 하지 말라고 해서 종정이 되었으나 산중을 떠나지 않을 것이다."고 한 자신의 말대로 서울의 취임식장에도 가지 않았다. 1991년 제7대 종정으로 재추대되었을 때도 산을 떠나지 않았고, 입적할 때까지 끝내 산승이기를 고집했다.

그는 "도를 이루려면 가난부터 배워라."고 가르치면서 스스로 철저한 무소유의 삶을 보여주었다. 음식은 영양실조에 걸리지 않을 정도면 된다며 소식과 간이 들어가지 않는 무염식으로 일관했다. 옷은 여름에는 삼베옷, 겨울에는 광목옷 한 벌로 견뎠다. 그나마 한 벌 옷도 여든 나이가 될 때까지 40년 가까이 손수 기워 입었다.

'몽중일여夢中一如와 숙면일여熟眠一如를 거쳐 확철대오하는 돈오돈수頓悟頓修'와 '본래 부처인 자기를 바로 보라', '남을 위해 기도하라', '남 모르게 남을 도우라' 등이 평소 누누이 이야기하던 가르침의 요체들이

퇴옹당성철대종사사리탑. 통도사 적멸보궁을 기본형으로 해 우리나라 전통 부도의 아름다움을 현대적으로 해석한 작품이다.

다. 그리고 절은 불공을 하는 곳이 아니고 올바른 불공을 가르치는 곳이어야 하며, 참다운 불공은 절에 시주하는 것이 아니라 주위의 어려운 사람들을 돕는 것이라고 강조했다.

성철의 좌우명은 '영원한 진리를 위해 일체를 희생한다'였다. 그는 "불교가 가장 수승한 진리라고 생각하기에 불자의 길을 가고 있으며, 불교보다 더 나은 진리가 있으면 언제든지 승복을 벗을 것이다. 참으로 진리에 살려면 세속적인 일체의 명리는 다 버려야 한다."고 말하곤 했다.

성철은 다른 선승들과는 달리 법어집과 선종의 종지를 담은 번역서인 '선림고경총서禪林古鏡叢書' 37권 등 저술도 많이 남겼다. 특히 '선문정로禪門正路'는 깨달음에 대한 혼란을 막기 위해 견성의 기준과 돈오돈수 수행법을 제시한 역작이었다.

성철이 평생 동안 가장 심혈을 기울인 일은 한국불교가 상실했다는 견성의 표준을 회복하고 바로잡는 일이었다. 다른 말로 하면 선의 돈오성, 즉 순수성을 확립하는 것이다. 선문정로 서언에서 성철은 정법이 오랜 기간 전해 내려오면서 이설 때문에 황폐하게 되었다는 것, 만세의 정법을 위해 선문의 정로를 보인다는 것, 깨달음에는 간화선이 최상의 방법이라는 것 등을 천명하고 있다.

1967년 이후 줄곧 가야산에 머물며 서릿발 같이 엄한 가르침으로 독보적인 선풍과 사상을 확립, 이 땅의 불교에 새 지평을 연 '가야산 호랑이' 성철은 1993년 11월 지는 낙엽과 함께 육신의 옷을 벗었다. 처음 출가했던 방인 해인사 퇴설당에서 열반에 들기 전 '한 마디'를 요청하는 제자들에게 남긴 말은 "내말에 속지 말라"와 "참선 잘하라"였다. 입적을 앞두고 다음과 같은 열반 게송을 남겨 세인들의 이목을 모으기도 했다.

일생 동안 남녀의 무리를 속여서

하늘을 넘치는 죄업은 수미산을 지나친다.

산 채로 무간지옥에 떨어져서 그 한이 만 갈래나 되는지라

둥근 해 붉음을 내뿜으며 푸른 산에 걸렸도다.

生平欺誑男女群　彌天罪業過須彌

活陷阿鼻恨萬端　一輪吐紅掛碧山

성철 입적 후 다비식 날까지 큰 스승의 열반을 애도하는 인파로 가야산은 그야말로 인산인해를 이루었다. 한 개인의 죽음에 이처럼 많은 국민들이 애도와 관심을 표한 적도 없었을 것이다. 생전에 그의 감화력이 어떠했던가를 실감케 했다.

성철의 가르침과 엄격한 수행자세 및 용맹정진의 수행가풍은 오늘도 전국 곳곳에서 수행에만 몰두하고 있는 30여 명의 상좌 등 수많은 제자들에 의해 면면히 이어지고 있다.

수행자의 사표師表였던 이 시대의 진정한 선사 | 서암 홍근

서암 홍근(西庵 鴻根 : 1917~2003)
안동 출신으로 속성은 송씨. 1932년 예천 서악사에서 화산華山 스님을 은사로 출가. 1937년 김룡사에서 금오 선사를 계사로 비구계를 받음. 조계종 총무원장(1975년)과 종정(1993년)을 역임했다.

2003년 3월 29일, 문경 봉암사 염화실에서 입적을 앞둔 서암에게 수좌들이 지켜보는 가운데 시자가 물었다.

"스님께서 입적하신 후 사람들이 스님의 열반송을 물으면 뭐라 할까요?"

"나는 그런 거 없다."

"그래도 한 평생 사시고 남기실 말씀이 없습니까?"

"할 말 없다."

"그래도 누가 물으면 뭐라고 답할까요?"

"달리 할 말 없다. 정히 누가 물으면 그 노장 그렇게 살다가 그렇게 갔다고 해라. 그게 내 열반송이다."

서암은 입적 하루 전에도 100여 명의 대중들이 모인 가운데 누가 열반송을 이야기하자 "열반송을 남기는 것도 군더더기일 수 있다. 산하대지가 다 법문을 하고 흐르는 물이 그대로 법문인데 내가 더할 필요가 있느냐."고 말했다.

'그 노장 그렇게 살다가 그렇게 갔다'는 서암의 열반송. 여느 선사들의 '거창한' 열반송과는 전혀 다른 이 열반송이 오히려 이 땅의 수좌들과

저자 일행에게 법문을 들려주고 있는 서암스님. (1996년 5월 팔공산 제2석굴암)

불자들에게 준 울림은 어느 선사의 열반송보다 컸다.

서암은 또 누구보다 치열한 수행으로 큰 깨달음을 얻고도 오도송悟道頌이란 걸 남기지 않았다. 누가 오도송을 물으면 "오도송이고 육도송이고 그런 거 없다."고 했다.

열반송이나 오도송에 대한 이 같은 언급은 서암의 진면목과 깨달음의 경지를 그대로 보여주는 예이기도 하다. 그는 수행자로서 철저하고도 분명한 삶을 살았지만, 어떤 것에도 연연해하지 않고 걸림이 없는 대자유인의 모습을 보여준 이 시대의 진정한 선사였다. 오도송이나 열반송이란 것도 참된 깨달음을 얻은 이에게는 전혀 집착할 것이 못되는 일일 것이다.

봉암사에서 치러진 서암의 영결식은 한국 불교사상 최초로 수좌회장으로 봉행됐다. 조계종 종정을 지냈기 때문에 종헌종법에 따라 종단장으로 치러질 수 있었으나 전국 수좌들이 이 시대 대표 수좌였던 서암을 기리기 위해 수좌회장으로 치를 수 있도록 종단에 요청했고, 총무원은 수좌회의 뜻을 받아들여 종단장의 격을 갖춘 수좌회장을 봉행하도록 한 것이다. 사상 처음으로 진행된 수좌회장은 전국 선방의 수좌들이 대부분 참석한 가운데 어느 영결식보다 장엄했다.

서암이 다른 역대 종정들과는 달리 특별한 문중 배경이 없이도 종정으로 추대된 것이나 봉암사 선승들이 조계종을 탈종한 그를 지난 2001년 다시 조실로 모신 것 등은 선사로서의 법력이 어떠했는지를 잘 보여주는 사례이다.

그는 평생 시자의 시봉을 받지 않고 손수 모든 것을 해결했으며, 교통편은 언제나 걷는 것 아니면 기차나 버스 등 대중교통을 이용했다. 주위에서 시봉을 걱정하면 "부처를 구하고자 출가한 사람이 늙은이가 혼자 있다고 해서 공부를 주저해서야 되겠느냐. 공부도 때가 있는 법이니 걱정하지 말고 열심히 공부하러 가거라."며 물리쳤고, 기차도 노인에게는 값을 깎아주고 의자가 딱딱해서 참선하기도 좋다며 통일호를 이용했다. 또 문중의 병폐를 경계하며 제자도 가능하면 받지 않았다.

법문도 쉽게 잘 했지만 말 이전에 일상생활에서 몸소 가르침을 실천하며 보여준 서암은 어떤 가식이나 집착도 없었으며, 상한 우유도 끓여서 먹거나 코를 푼 휴지를 말렸다가 다른 용도로 쓸 정도로 철저하게 검박한 삶을 살았다. 대중이 원하면 종단의 중책도 맡았지만 원칙에 맞지 않으면 언제든지 미련 없이 물러났다. 그리고 법문을 원하는 사람이 있으면 국내외를 불문하고 찾아갔으며, 사찰이든 속가이든 나무 밑이든 어디든지 달려갔다.

서암은 절개가 굳은 부친이 일제 치하에서 풍기 일원의 독립운동단체 지도자로 활약함에 따라 가족들이 삶의 터전을 잃고 안동, 단양, 예천,

문경 등지를 떠돌게 되는 어려운 유년시절을 보냈다. 그러나 "많이 배우고 기상을 죽이지 마라."는 부친의 가르침과 어머니의 헌신적 희생으로 서당과 보통학교 등에서 한학과 신학문을 배울 수 있었다.

사색을 좋아했던 서암은 16세가 되던 해 어느 날 예천 서악사西嶽寺를 찾아가 화산 스님과 인생과 종교 등에 대해 이야기를 나누던 중 스님이, "책을 보거나 선생들한테 들은 남의 말 말고 너 자신의 이야기를 해 봐라."는 말을 하면서 "네가 엄마 뱃속에 있을 때 시원하더냐, 답답하더냐? 그리고 뱃속에 들기 전의 너는 무엇이더냐?"고 물었다. 이 물음에 막힌 서암은 서악사로 들어가 행자생활을 시작했다.

화산 스님이 3년 동안 행자기간을 지내도 사미계조차 줄 생각이 없자 19세 때 김룡사로 가 낙순 화상을 계사로 사미계를 받았고, 21세 때 김룡사 강원생활 중 금오 선사로부터 비구계와 서암이라는 법호를 받았다. 같은 해 진리와 학문에 대한 갈증이 강했던 서암은 유학을 준비, 종비장학생으로 일본대학 종교학과로 유학의 길을 떠났다. 그러나 가난한 유학생활은 노동과 배고픔으로 육체를 깊이 병들게 했고, 결국 당시로는 사형선고와 같은 폐결핵 진단을 받게 된다.

24세에 귀국한 서암은 '세상에서의 마지막 봉사'라는 생각으로 각혈을 하며 모교인 예천 대창학원에서 학생들을 지도하기도 하다가 26세 때 김룡사 선원에서 참선 수행에 들어갔다. 이후 금강산 마하연과 신계사 등에서 정진을 계속하면서 몸에 있던 병마도 사라져 버렸다. 30세가 되던 1946년 서암은 천연동굴인 계룡산 나한굴로 훌쩍 떠났다.

'깨달음을 얻기 전에는 이 굴에서 나가지 않으리라.'는 각오로 3개월여를 솔잎을 먹고 생식을 하며 목숨을 건 정진을 했다. 마지막 삼칠일은 물만 마시며 용맹정진, 자나 깨나 꿈속에서나 한결같은 선정삼매의 시간을 보내다 한순간 생사의 경계가 사라진 '본무생사本無生死'의 자리를 깨닫는다.

계룡산에서 내려온 이후에도 서암은 수행의 고삐를 놓치지 않았다. 만공 회상의 정혜사와 한암 회상의 상원사, 망월사 등에서 정진을 계속했다. 특히 금오 선사 등과 지리산 칠불암에서 '죽기 살기식' 정진을 한 일화는 지금까지도 회자되고 있다. 1962년부터는 문경 원적사에 주로 머물렀다. 그의 정진력과 깊은 지혜, 절도 있는 생활은 수좌들의 귀감이 되었으며, 주변에는 항상 수좌들이 함께 했다. 낮에는 대중들과 같이 정진하고 한밤중에는 혼자 산으로 가 정진하기도 했다.

1970년 54세에 봉암사 조실로 추대되었으나 사양하고 선덕禪德 소임을 자청, 원적사를 오고 갔다. 조계종 총무원장을 맡기도 했던 서암은 1979년 봉암사 조실로 추대된 이후 해이해진 승풍을 바로잡고 가람도 새롭게 중창했다. 한편 제대로 된 수행환경을 위해 일반인의 출입을 통제, 오늘날 '수좌들의 고향'으로서의 봉암사를 있게 한 장본인이 서암이다.

1993년에는 조계종 제8대 종정으로 추대됐으나 이듬해 종단이 원칙에 어긋난 방향으로 흐르자 미련 없이 종정직과 함께 봉암사 조실까지 사임한 뒤 거제도와 삼천포, 팔공산 등지를 거쳐 태백산 자락에 가건물을 지어 무위정사無爲精舍라 칭하고 홀로 머물렀다. 2001년 봉암사 대중들의 간청에 의해 8년 만에 다시 봉암사로 돌아와 한거閑居했다.

"스님, 어떤 경우에는 참선하라 하시고 어떤 경우에는 염불하라 하시는데, 왜 그러십니까?"

"세모난 그릇에 물을 부으면 세모나지만 세모난 물을 부은 것은 아니거든. 사람들의 그릇도 저마다 달라서 여러 수행법을 제시하지만 그것들이 다른 것 같아도 근본원리는 똑같은 것이다."

"공부하는 도중 나타나는 경계는 어떻게 합니까?"

"모든 경계는 망상의 소치이다. 그것은 어떤 것이든 일고의 가치도 없어. 결국 화두 일념이 되어야 극복할 수 있다."

참선수행이 쉽지는 않습니다. 우리가 자전거를 배울 때 단번에 잘 타는 사람은 거의 없습니다. 처음에는 자꾸 넘어집니다. 무릎도 깨고 핸들도 부러뜨리고 합니다. 그렇다고 해서 중간에 포기하면 그 사람은 영원히 자전거를 못 타겠지요. 그러나 그 안되는 과정을 반복해서 노력하다 보면 결국 잘 탈 수 있게 됩니다.

참선수행도 그렇습니다. 처음에는 근본을 집중해서 생각한다 해도 몇 분도 제대로 안되는 것이 당연합니다. 그러나 꾸준히 노력하다 보면 그 안되는 것이 쌓여 저절로 그 생각을 놓을래야 놓을 수 없는 단계에 이르게 됩니다.

참선을 늘 하여 익숙해지게 되면 자연히 화두에 집중하게 되고, 그러면 마음이 밝아오고 정신이 맑아져 매사에 판단도 빠르고 정확해집니다. 마음은 또한 늘 밝고 한가합니다. 더 나아가면 삼매에 빠지고 어느 순간 대자유·대광명의 세계가 열리며, 그 다음에는 어떤 상황에서도 흔들리지 않는 확고한 진리의 세계가 구축되는데 그것이 안심입명의 경지입니다.

서암은 '문중의식에 얽매이지 않는 승가풍토를 조성할 때만이 한국불교의 활로가 열릴 것'이라며 다음과 같은 지적을 한 적도 있다.

"본시 문중이란 중국에서 5종 가풍이 벌어지면서 생겨난 것입니다. 그러나 오늘날 우리나라 불교의 문중이란 무슨 독특한 종지에서 비롯된 것이 아니고 그저 세력집단으로 존재할 뿐이니 이게 모든 폐단의 근원이 되는 것은 당연한 일이지요."

그는 자신의 문중이나 종파를 묻는다면 '다만 석가문중이요, 석가종일 뿐'이라고 설명했다.

40년 장좌불와의 선지식 | 무주 청화

무주 청화(無住 淸華: 1923~2003)
전남 무안 출신으로 속성은 강씨. 1942년 결혼. 1947년 백양사 운문암에서 연담의 법맥을 이은 만암의 제자 금타金陀 스님을 은사로 출가하여 성륜사·광륜사 조실, 조계종 원로의원 역임. '육조단경 역주' 등을 남겼다.

"화려하기보다는 소박하고 웅장하기보다는 오히려 차분한 스님의 법회에 가면 참되고 깊은 수행에서 우러나오는 진정한 수행자의 빛이 우리 중생들을 부끄럽게 하고, 또한 새로운 발심을 하게 만듭니다."

청화가 대중 앞에 모습을 드러낸 것은 60세가 훨씬 넘어서이다. 출가 이후 40년 가까이 홀로 전국 곳곳의 토굴을 찾아 눕지 않고 정진하는 장좌불와長坐不臥와 하루 한 끼만 먹는 일종식一種食을 하며 초인적인 수행을 했다. 1985년 약 40년간의 토굴생활을 접고 구산선문의 하나인 곡성 태안사에서 동리산문 중흥의 원력을 세운 뒤 27명의 수행승들과 함께 3년 묵언결사를 시작하면서 세상에 알려지기 시작했다.

이후 청화가 대중교화에 나서자 그 깊은 수행에서 우러나오는 감화력은 불자들에게 그야말로 어둠 속의 등불이고 감로수였다. 먼발치에서 보는 것만으로도 희열을 느끼고, 법회가 열리는 곳 어디든지 그 법향을 느끼고 법문을 듣기 위해 전국에서 몰려드는 사람들의 발길이 끊이지 않았다.

'무릇 수행자의 공부가 얼마나 되었는지는 그 하심下心의 정도로 알아볼 수 있다.'는 옛사람의 말도 있지만, 승속을 불문하고 누구에게나 하심

성륜사 조선당(전남 화순). 청화 스님이 노년에 머물다 입적한 곳이다.

과 겸손으로 대했던 청화는 진정한 자비와 하심이 어떤 것인지를 알게 했다.

40년 장좌불와, 일종식, 한국의 밀라레빠, 묵언정진 등은 그의 수행이력을 상징하는 수식어들이다. 청화는 이 같은 수식어가 말해주듯 어떤 수행자도 쉽게 흉내낼 수 없는 외경스런 수행을 통해 중생들의 빛이 될 수 있었다.

출가 전 망운초등학교에서 학생들을 가르치던 청화는 21세 때 형의 죽음을 당하고 23세 때는 일제에 의해 징병을 당했으며, 해방 후에는 좌우익간의 극심한 갈등을 겪어야 했다. 출가 동기에 대해 다음과 같이 회고한 적이 있다.

"청년시절부터 철학을 좋아해서 동서양 철학서적을 섭렵했습니다. 동양철학을 공부하다보니 자연히 불교서적을 접하게 되더군요. 불교입문서를 보고 나름대로 윤곽을 잡았는데 절에 있던 집안의 육촌 동생이 공부하기 좋은 곳이 있다고 해서 따라 나섰습니다. 처음에는 절에서 공부도 하고 수양도 하려고 생각했는데 금타 스님을 보는 순간 미련 없이 출가해버렸지요. 그 어른 법문에서 제가 기독교나 현대과학에서 막혔던 문제가 조금도 어긋남 없이 다 풀렸습니다."

은사인 벽산 금타(碧山 金陀: 1898~1948)에 대한 청화의 존경심은 절대적이었다. "현대 물리학과 철학에도 조예가 깊었던 금타 대화상은 과학적인 시대에 금자탑을 이룩한 획기적인 분으로 근본불교를 철저히 하고, 시대를 초월한 원통불교를 주장한 인물"이라며 스승의 가르침이 제대로 평가받지 못하고 있는 것을 애석해 했다.

출가 후 줄곧 장좌불와와 묵언정진, 오후불식의 하루 한 끼 공양 등의 수행법을 지켜온 것이나 통불교 사상 등 청화의 사상적 핵심 역시 스승의 가르침에서 비롯된 것이었다.

청화는 누구보다 계율에 철저했다. "도덕적 계율이 앞서지 않으면 공부에 성취가 있을 수 없습니다. 계율로 말미암아 참다운 선정이 생기고, 선정 혹은 삼매로 말미암아 참다운 반야지혜가 생긴다고 했습니다. 계율이 없으면 참다운 선정에 못 들어가는 것입니다. 지계청정하지 않으면 생각으로 아는 것에 그칩니다. 법력이 없다는 말입니다." 우리 마음에 오랜 세월에 걸쳐 훈습된 습기習氣를 녹이기 위해서는 계율을 지켜야 하고, 그래야 몸과 마음이 정화돼 지혜가 열린다는 것이다.

청화는 수행방법으로 어느 한 가지를 고집하지 않았다. 불자들에게 참선, 염불, 묵조默照, 주력呪力 등 여러 수행법 중에서 각기 근기와 취향에 맞는 참선법을 택해서 정진할 것을 가르쳤다. "화두를 잡는 것은 일체 유루적有漏的인 상대 · 유위법을 떠나 한 물건 자리인 불심만 참구하는 것이고, 묵조도 청정미묘淸淨微妙하고 일미평등一味平等한 진여불성을 관조하니까 같은 것입니다. 염불도 부처가 밖에 있다고 생각할 때는 방편이 되지만 자기마음이 바로 부처요, 만법이 본래 부처일 때는 바로 선인 것입니다."

간화선이 아니면 마치 정법이 아닌 외도로 취급해버리면서 간화선 일변도로 치닫고 있는 조계종 납자들의 병폐를 지적, 염불이나 주력 등의 수행도 얼마든지 훌륭한 수행방편이 될 수 있음을 주창했다. 그는 또 항상 불법의 이치를 먼저 제대로 깨닫고 나서 수행을 하는 선오후수先悟後修와 음식을 가능하면 적게 먹는 소식을 강조했다.

청화는 "우리가 천수다라니를 외우든, '이뭐꼬'의 화두를 들든, 나무아미타불 관세음보살을 염하든 구경 목적은 진여불성 자리를 발견하는 것"이라며 회통불교會通佛敎, 통불교를 주창했다. "종파성을 지양한 원융한 원통불교는 우리 불교가 앞으로 마땅히 지향해 가야 할 부분입니다. 진리 자체가 둘이 아니고 원통무애한 것이기 때문이죠. 정통 조사라고 하는 분들은 다 치우침이 없었습니다. 신라의 원효와 의상, 고려의 보조와 나옹, 조선의 서산과 사명 등 시대를 주름잡은 분들은 모두 원통불교를 부르짖었습니다. 필연적으로 회통이 안될 수 없었는데, 원통불교가 되지 못하고 있는 것은 우리가 부처님의 가르침을 철저히 규명하지 못하기 때문입니다. 앞으로 불성의 체험에 역점을 두어 정진한다면 원통불교로 회귀하게 될 것입니다."

1992년부터 미국으로 건너가 곳곳을 돌며 순회법회를 벌이던 청화는

1995년 6월 미국 캘리포니아 '팜스프링 금강선원'에서 한국불교를 중심으로 한 세계 종교 회통과 금강선원 부지 내 종합종교대학 설립 등의 원력을 세우고 3년 결사 묵언정진에 들어갔다.

결사를 마치고 1998년 4월 귀국한 청화는 월간 '금륜金輪'을 창간하는 등 불법 홍포에 힘쓰면서 2001년에는 마지막 불사로 '육조단경' 번역을 시작했다. 2003년 1월 육조단경 역주를 마무리하고 그해 6월 간행했다. 청화는 "육조단경이 참선수행의 최상승선 성전임에도 불구하고 정작 선을 하는 사람들이 별로 친근하게 참구하지 않는 경향을 안타깝게 생각, 승속을 떠나 누구든지 독송실수讀誦實修하는데 조금이나마 보탬이 되고 자 번역을 발원했다."고 밝히고 있다.

청화는 육조단경의 가르침인 일상삼매(一相三昧: 우주 전체가 하나의 생명의 실상이라는 것을 마음에 두는 것)와 일행삼매(一行三昧: 우주가 하나의 생명이라는 그 자리를 끊임이 없이 그대로 지속시키는 것) 수행을 강조했다.

입적 몇 개월 전 몇몇 제자들에게 직접 다음과 같은 '사세게辭世偈'를 적어 주었던 청화는 2003년 11월 12일 도일 스님 등 제자들이 지켜보는 가운데 "대중과 화합 잘 하고 살아라. 승가란 화합이다."고 부촉한 뒤 열반에 들었다.

이 세상 저 세상
오고감을 상관치 않으나
은혜 입은 것이 대천세계만큼 큰 데
은혜 갚는 것은 작은 시내 같음을 한스러워할 뿐이네.
此世他世間 去來不相關 蒙恩大千界 報恩恨細澗

청화는 말한다.

"도인인지 아닌지는 그 사람의 행동을 보면 알 수 있습니다. 행동이 자기我에 걸리고 음욕에 걸리고 또는 어떤 유위적이고 상대적인 것에 걸리면 스스로 도인이라 칭해도 도인이 아닌 것입니다."

신라시대

치열한 수행과 문수신앙/ 자장
일미관행一味觀行의 삶/ 원효
불성은 차별이 없다/ 원측
불편부당不偏不黨의 유식현자/ 태현
법의 성품은 무분별無分別이다/ 의상
만물은 본래 둘이 아니다/ 의상과 10대 제자
법이란 바로 내 몸과 마음이다/ 의상계와 기타 학맥
무억無憶, 무념無念, 막망莫忘이 총지문摠持門이다/ 정중 무상
무념무수無念無修/ 원적 도의
조계종의 종조/ 도의와 가지산문
융선교화融禪敎化・홍척과 실상산파/ 증각 홍척
말없는 말, 법없는 법・혜철과 동리산문/ 적인 혜철
무설無說이 나의 종지宗旨이다/ 무염과 성주산파
스승의 선법을 선양하다/ 봉림산문 현욱과 사자산문 도윤
본래심本來心을 강조한 동방의 보살/ 사굴산문 범일
토착선土着禪을 정착시키다/
희양산문 도헌과 긍양, 수미산파 이엄
원상圓相의 선법/ 위앙종의 순지
평상심과 범패의 선승/ 쌍계사와 진감
지덕증익地德增益의 선승/ 선각 도선
가야산 의용義龍이 화엄을 전파하다/ 희랑과 관혜

치열한 수행과 문수신앙 | 자장

> **자장(慈藏 : 590~658)**
> 속명은 김선종金善宗. 진골 출신 소판蘇判 김무림金茂林의 아들. 636년 선덕여왕 5년 제자 10명과 당나라 청량산에 가서 문수보살에게 기도. 7년 만인 643년 귀국. 황룡사, 통도사 등을 창건. 만년에 태백산 석남원에서 입적. '아미타경소', '제경계본諸經戒本', '관행법觀行法' 등을 남김. 중국 남산율종의 시조인 도선道宣율사의 계맥을 이었다고 전한다.

    자장율사는 문수신앙과 화엄사상을 모태로 불국토사상을 구현하고, 유식과 정토 등 모든 사상을 받아들인 우리나라 통불교通佛敎 전통의 모범을 보여주고 있다. 이런 점에서 한국불교사에서 중요한 위치를 차지하고 있다. 그는 또 우리나라 불교의 하드웨어를 구축했다고 할 수 있다.

    자장은 부모가 죽자 인생무상을 절감한 후 처자를 뒤로 한 채 사재를 털어 원녕사元寧寺라는 절을 지었다. 그는 이 절의 작은 방안 둘레에 가시 덤불을 쌓고, 자신의 머리를 들보에 달아매고는 알몸상태로 잠을 쫓는 고행 속에서 백골관(白骨觀: 枯骨觀이라고도 함)을 닦았다. 그렇게 수마睡魔와 치열한 싸움을 하면서 도를 닦은 것이다.

    이때 조정에서 조칙을 내려 진골 출신인 자장을 관례대로 대신에 앉히려 했다. 그러나 자장은 "내 차라리 하루라도 계를 지니고 죽을지언정 백년을 파계하고 살기를 원치 않는다."며 임금의 명까지 단호하게 거절했다. 이 대목은 법구경(110~115절)의 '계율 없이 악하게 백년을 사느니 명상하면서 착하게 하루를 사는 것이 더 나으리' 라는 구절을 연상시키는 대목이다.

국왕은 자장의 이 같은 비장함을 듣고는 어쩔 수 없이 그의 출가를 허락했다고 삼국유사는 적고 있다.

자장이 수행한 백골관은 무엇일까. 자장이 관행법觀行法을 지어 유통시키고 계율과 섭론학에 관심을 보인 것으로 미루어 불교의 참선법인 관법觀法 계통의 수행법이라는 주장이 있다.

백골관은 시체가 썩어 없어지는 과정을 상상하면서 자신의 몸이나 세상의 일체만물도 그렇게 생성됐다가 소멸해 갈 수밖에 없음을 일깨우고, 그러한 반성과 자각을 염念의 대상으로 관觀하여 '알아차리고(지켜보고) 있는 것'이라는 것이다. 이처럼 눈으로 보이는 물리적인 현상은 물론, 이해와 반성 능 무형석인 것까지 포함하는 인식작용을 염의 대상으로 삼아 탐착을 없애는 과정은 부처님이 설한 해탈수행법인 팔정도의 일곱 번째 항목인 사념처(四念處 : 신체 느낌, 마음의 상태, 일체 법과 관련된 경험내용을 염하는 것)의 정념正念 수행과 유사하다. 관법은 자장이 강조해 온 엄격한 계율을 전제로 한다는 점 등을 볼 때 백골관은 상당한 의미를 가지는 수행법으로 보인다. 당시 인도와 중국을 거쳐 전래되어 온 부처님의 여러 수행법의 일면을 알 수 있는 근거가 되기도 한다.

자장은 섭론학의 대가인 법상(567~645)에게 보살계를 받고 귀국해 참선수행의 경험을 이론화시킨, 유식사상唯識思想의 핵심인 섭대승론攝大乘論을 강의했다. 섭대승론은 무착 보살이 지은 책이다.

자장은 출가 후 수행 중이던 선덕여왕 5년(636) 문인門人인 승실僧實 등 10여 명과 함께 당나라 청량산으로 구법의 길을 떠난다. 여기서 그는 문수보살상 앞에서 열심히 기도, 일주일이 지날 무렵 꿈속에서 문수보살이

자장율사가 당나라에서 부처님 진신사리를 가져와 봉안했다는 통도사 금강계단

나타나 이마를 쓰다듬으며 앞날을 얘기해주는 마정수기를 받는다. 그는 문수보살이 읊는 산스크리트어 게송을 듣고 잠을 깬다. 다음날 아침 이 게송의 의미를 몰라 고심하고 있을 때 걸인 형색의 기이한 스님이 찾아와 그 뜻을 풀어주고는 붓다의 진신사리와 가사를 건네주고 홀연히 사라졌다. 그가 바로 문수보살이었다. 게송은 다음과 같다.

> 일체법을 깨달아 알아야 자성에 집착이 없는 것
> 이렇게 법의 성품을 알면 곧 노사나불을 보리라.
> 了知一切法 自性無所有 如是解法性 則見盧舍那

후대 사람들은 이 사구게가 80화엄경 중 승혜勝慧 보살이 설한 제14 수미정상게찬품의 경구인, "일체법을 분별하는 것이 모두 다 진실이 없는 것이니, 이와 같이 모든 법을 알면 곧 노사나불을 보리라(分別一切法 皆悉無眞實 如是解諸法 則見盧舍那)."라는 구절과 유사하다 보았다.

이런 점으로 보아 자장은 오대산에 머물면서 화엄사상의 묘지妙旨를 터득한 것으로 보고 있다. 그 뒤 자장은 자신이 문수성인의 수기를 얻었다고 믿고 하산, 당태종의 은총을 받으며 도둑과 장님 등 수천 인에게 계를 주며, 종남산에서 3년을 더 보냈다.

그러던 중 선덕여왕이 재위 12년(643)에 자장의 지혜로 국난을 극복하고자 그의 귀국을 정식 요청하자 자장은 당태종의 허락을 받은 후 많은 예물을 갖고 귀국한다.

신라는 당시 백제에게 서쪽 지방 40여 성을 잃고 대야성이 함락돼 성주 김품석과 그의 아내인 김춘추의 딸이 죽는 한편, 여제연합군에게 당항성이 함락당하는 등 시련에 봉착해 있었다. 또 고구려, 당, 왜에 대한 김춘추의 외교적 노력이 실패로 돌아가고, 나약한 여자가 왕이 되어 주변의 업신여김을 받아 침략을 당하므로 왕을 바꿔야 한다는 당태종의 여왕폐기론까지 대두되는 등 국내외적으로 많은 어려움을 겪고 있었다.

이 같은 상황에서 당태종과의 관계가 돈독한 자장의 귀국이 의미하는 바는 매우 컸다. 역사학자들 사이에는 자장이 귀국, 중국의 복장제도와 연호를 사용하게 함으로써 김춘추가 진덕여왕 2년(648) 대당외교를 성공시켜 나당군사동맹을 끌어들이는 데도 일정 부분의 역할을 했을 것으로 보는 시각도 있다.

자장은 또 높이가 80m에 이르는 황룡사 9층탑과 천기를 잘 아는 임금임을 강조하기 위해 첨성대를 건립하게 했다. 또 신라의 임금은 인도의 천축으로부터 이미 불기佛氣를 받았다는 '찰리종설刹利種說'을 유포함으로써 여왕폐기론으로 동요된 민심을 수습하고 호국의 의지를 삼국통일의 의지로까지 전환시키는 한편, 불국토사상을 주도적으로 확립해 나갔다.

당시의 찰리종설은 신라 지증왕 14년에 완성된 황룡사가 석가모니불과 가섭불이 전생에 법을 전했던 곳이라는 내용도 포함하고 있었다. 이는 황룡사가 호국신앙의 진원지일 뿐 아니라 원효 등 당대를 대표하는 고승들의 강론 장소로 자주 이용된 이유이기도 하다. 자장의 이 같은 국토장엄사상과 불국토사상은 오늘날 불보종찰인 통도사 금강계단 조성에서도 나타나고 있다. 이곳에 최초의 계단戒壇을 세우고 부처의 사리와 가사를 모셨다.

자장은 귀국 후에도 왕실과 밀접한 관계를 맺고 대국총大國銃으로 임명되어 '강칙의궤綱則儀軌'를 제정, 승려들의 학문증진과 계율의식 고취, 사원건축 등을 통해 불교를 크게 진작시켰다.

자장은 또 중국의 계율사상이 아닌 독자적인 신라불교의 계율사상을 정립했다. 자장의 이 모든 행적은 화엄사상이 근간이다. 대방광전 등 네 개의 편액이 걸려 있는 통도사 대웅전도 화엄경의 주불인 비로자나불을 봉안하고 있고, 강원도 오대산이 문수보살의 상주도량으로 현재에 이르고 있는 점, 자장이 말년에 강릉에 수다사를 창건하여 수도하다가 문수보살의 계시에 따라 태백산 석남원에서 성인의 강림을 기다리던 중 끝내 문수보살을 만나지 못하고 최후를 마쳤다는 삼국유사의 기록 등으로 미뤄 볼 때 자장의 일생은 화엄보살인 문수보살과 밀접한 관계가 있었음을 알 수 있다. 이런 점에서 일부 학자들은 실천적이고 신앙적인 중국 오대산계 화엄사상을 이어받은 자장을 중국 종남산계의 화엄을 이어받은 의상과 함께 한국화엄의 양대 계파를 형성한 진정한 한국화엄의 초조라고 격찬하기도 한다.

일미관행一味觀行의 삶 | 원효

원효(元曉: 617~686)
진평왕 39년(617) 경산군(압량군) 자인면 불지촌佛地村에서 탄생. 설잉피공의 손자. 내마담날의 아들. 아명은 서당誓幢. 15세 전후에 출가. 저서로는 '금강삼매경론', '대혜도경종요', '해심밀경소', '대승기신론소별기', '십문화쟁론' 등 다수.

마음이 일어나면 갖가지 마음이 일어나고
마음이 사라지면 갖가지 마음이 사라진다.
삼계가 허위요 오직 마음이 짓는 것이로다.
心生卽種種心生 心滅卽種種心滅 三界虛僞唯心所作

원효는 두 번째 입당入唐을 시도할 때 의상과 무덤에서 밤을 지새우면서 해골 바가지에 고인 썩은 물을 달콤하게 마시고 난 후, 아침이 되어 실상을 안 다음 이 같은 사자후를 토한다. 마음이 없어지니 땅굴과 무덤이 둘이 아니요, 모든 것은 마음이 만든다는 진리를 깨달은 것이다.

원효는 신라에 불교가 전해진 후 100년 만에 나타난 당시 최고의 불교 지성이며, 1천6백여 년 한국불교사의 최정상 고승이다.

우리나라의 진정한 민족불교는 원효로부터 시작됐다고 해도 지나친 말은 아니다. 삼국의 불교는 도입 초기에는 불교에서 힘을 얻으려는 친정권적인 불교였다면, 삼국통일 전후에는 원효에 의해 불교가 진정한 우리의 사상과 종교로 재탄생한다. 첫 새벽이라는 의미의 원효라는 이름과 불지촌의 밤나무 아래에서 태어나 초개사初開寺를 지어 처음 불법을 편

원효스님 진영.
14~15세기 작으로 일본 고신지 소장

것, 해동청구의 법룡法龍인 구룡대사丘龍大師라고 불린 점 등은 민족불교의 독립을 상징한다.

이는 마치 붓다가 룸비니 동산의 사라쌍수 아래에서 태어난 설화를 연상시킨다. 또 그의 아들 설총이 한글의 원형으로 알려진 이두문자를 만들고, 원효의 '금강삼매경론'이 한국불교의 독특함을 갖고 있다는 점 등은 한국불교가 인도와 중국의 불교와는 다른 독창성을 가지는 독립선언이라는 주장도 있다.

그는 불교뿐만 아니라 도가와 유가에도 밝았다. 특정한 스승은 없었지만 영취산의 낭지, 고구려의 보덕, 항사사(현 오어사)의 혜공 등을 찾아다니며 불도를 닦았다고 전한다.

그의 사상은 화쟁和諍, 일심一心, 무애無碍로 요약된다. 그의 이러한 사상은 '십문화쟁론', '대승기신론소大乘起信論疏', 한·중·일 불교학계에서 가장 높은 평가를 받아온 '기신론소별기', '금강삼매경론', '화엄경종요' 등의 저서에 잘 나타나 있다. 십문화쟁론의 화쟁사상은 여러 가지 다른 설說을 모아 정리하고 회통함으로써 일승불교의 논리적 근거를 제시했다. 그의 이러한 통불교적 귀일사상歸一思想은 한국불교 전반에 걸쳐 지금까지도 영향을 미치고 있다.

원효가 죽은 후 120년 전후에 세워진 경주 고선사 터에서 발견된 서당화상비는 "청색과 쪽풀은 본체가 같고 얼음과 물은 근원이 같은데, 거울이 수많은 형상을 받아들이고 물이 (천갈래로) 갈라지는 것과 같다. (마멸부분) 융통하여 서술하고는 그 이름을 십문화쟁론이라 한다."라고 화쟁론의 요지를 전하고 있다.

그가 말하는 화쟁, 즉 화쟁회통和諍會通이란 논쟁을 화해시킨다는 의미를 넘어 이쟁異諍을 화해·조화시켜 하나의 '진불설眞佛說'을 찾는 것을 말한다. 또 이쟁을 조정·화해함과 동시에 각 경문經文을 의심이나 차이가 없도록 탁 트이게 해 불설을 하나의 진리로 딱 들어맞게 결론 맺는 것을 회통이라 했다. 따라서 그는 자기 의견을 따르면 옳고, 견해가 다르면 틀리다고 하는 것은 갈대구멍으로 하늘을 보는 것과 같다고 했다.

그는 '모든 것이 공하다(一切皆空)'고 보는 중관中觀과 식識의 존재를 인정하는 유식사상을 화쟁적으로 종합, 일심一心이라는 대승선사상大乘禪思想을 천명했다. 그는 이를 '일미관행一味觀行'으로 결론짓고, 평생 동안 일미관행의 걸림 없는 무애의 삶을 살았다. 이들의 근본원리는 바로 각覺사상이다.

그는 기신론에서 마음의 청정한 본체만 강조한 인도 용수의 중관사상은 모든 분별은 깨뜨릴 수 있지만 발생능력이 없다(일방적으로 보내기만 하고 두루 감싸지 못한다는 이론: 往而不徧)고 했다. 또 현상을 밝히는데 치중한 미륵의 유식사상은 발생의 능력은 있지만 분별을 깨뜨릴 수 없는 이론(주고 빼앗지 못한다는 이론: 與而不奪)이라고 비판했다. 그리고 서로의 약점을 보완해 이 둘을 일심一心사상으로 통일시킨다. 중관과 유식 모두 공空의 진실에 접근한다는 것이다.

그러나 중관은 '연기緣起-무자성無自性-공空'의 도리에 입각, 철저한 절대부정의 방법으로 세속의 공성空性을 성취하는 방식을 취한다. 반면, 유식은 세상사의 모든 것을 뒤집어지거나 편향된 인식의 결과 즉, 변계소집성(遍計所執性: 오해로 두루 헤아려 집착하게 된 허상을 벗어나지 못한 상태)이라고 본다. 이에 인식 전환을 통해 이러한 세속이 본질적으로 실체가 없는 것임을 깨달아 본래의 진실성眞實性으로 나아가는 방식을 택한다. 진실성은 진여眞如 또는 원성실성圓成實性을 이르는 것으로, 만물은 서로 연결되어 있는 연기로 인한 의타기성依他起性이라는 것을 깨달아 진실한 공을 체득한 진여의 상태를 말한다.

따라서 중관과 유식은 대립적이고 결함이 있지만, 다같이 중생의 마음을 대상으로 삼고 있으므로 두 사상체계가 일심一心 하나로 통일되어 존재한다는 것이다. 이러한 일심의 경지를 유식의 '사지四智'나 진여인 암마라식(청정식淸淨識 또는 9식), 본각本覺, 본각여래심本覺如來心 등이라고 부른다. 사지의 첫 번째는 대원경지大圓鏡智로 번뇌가 다하여 불과(佛果:깨달음)를 이룰 때 얻는 지혜를, 두 번째인 평등성지平等性智는 자타의 유정有情이 모두 평등하다는 것을 깨닫는 지혜이다. 세 번째인 묘관찰지妙觀察智는 제 6식(의식:意識)을 통해 얻는 지혜이다. 이는 불가사의한 힘으로 모든 것을 관찰하여 설법하는 지혜이다. 네 번째인 성소작지成所作智는 안이비설신식眼耳鼻舌身識 즉, 눈과 귀, 코, 혀, 몸의 전 5식을 통해 얻는 지혜이다. 결국 이러한 화쟁의 경지를 '얻을 것이 없는 일미一味'라고 한다

일심은 상반된 두 가지 측면, 즉 발생도, 소멸도 없고 차별도 없는 본질적인 측면인 진여문(眞如門: 중관에 해당)과 발생·소멸·차별이 있는 현상적인 측면인 생멸문(生滅門: 유식에 해당)의 통일체로 이뤄져 있다. 이 두

측면의 상호작용에 의해 일체의 현상들이 생성, 발전해 역동적인 대승의 경지로 전개된다는 것이다.

원효는 이같이 중관과 유식을 화쟁의 논리에 의해 일심 속에서 서로 보완하였다. 원효는 기신론의 요점을 진여문과 생멸문이 일심·화합하여 3대(體.相.用)가 서로 걸림 없이 융합하는 경지에 이르는 것이라고 하였다. 이 경지가 바로 부처의 경지이며 대승의 근본바탕이다. 이는 원만하고 위없이 단박에 깨치게 하는 법문인 화엄경의 보법(普法:보편원융普遍圓融한 진리)과 같다. 이 화쟁은 곧 화엄경의 '일중일체다중일 일즉일체다즉일一中一切多中一 一卽一切多卽一'의 뜻인 상즉상입相卽相入의 의미를 담고 있다.

금강삼매경론은 이러한 기신론의 일심이문一心二門 이론체계에서 그 실천행을 서술한 것이다. 이 경의 주제는 일미관행一味觀行이다. 관觀은 공간적으로 인식대상과 인식주관에 통하고, 행行은 시간적으로 원인과 결과에 연결된다. 원인과 결과는 대상과 주관을 떠나지 않고, 대상과 주관은 둘이 아니라 일미一味이다. 이 관행은 산란한 마음을 가라앉히고, 지혜로써 모든 현상을 관찰하는 수행을 뜻한다.

이 금강삼매경론은 선종계통의 문헌이다. 삼매三昧는 선정禪定이다. 원효는 금강반야경과 금강삼매경의 차이와 관련, "저것(금강반야경)은 혜慧요, 이것(금강삼매경)은 정定이다."고 규정함으로써 정의 수행적인 측면에 무게를 두고 있다. 이 책은 정만 강조한 것도 아니다. "금강삼매란 일체의 모든 법을 능히 쳐부수고 무여열반에 들어가 다시는 유有를 받지 않는 것이다.… 부처님이 드신 선정은 일체법을 부수어 아무 것도 얻을 것이 없다."라며 혜도 역시 중시한다. 법에 대한 집착을 부수기 위해서는 혜가 필요하며, 정은 결국 혜를 얻기 위한 것이다. 또한 정을 얻어야 혜가 드러난다.

원효는 정과 혜의 중요성을 수레의 두 바퀴처럼 중시했다. 그는 "정과 혜는 평등하며 서로 나누어지지 않는 까닭으로 등지等持라 이름 한다."며 정혜평등을 강조한다. 결국 금강삼매경론의 일심一心은 '금강삼매'와 일치한다고 할 수 있다. 일부에서는 원효의 금강삼매경론이 중국 선종의 뿌리 역할을 했다고까지 주장한다.

금강삼매경이 시기적으로 원효 이후 중국 당말 시대부터 선사들에게 널리 읽혀졌고, 금강삼매경론도 중국 선종의 태동기에 '선禪 삼매'의 중요성을 갈파한 문헌이라는 점에서 최초로 북종 사람들에 의해 수용되었다가 나중에 남종의 득세에 따라 남종 사람들이 다소의 수정을 가해 자신들의 전거典據로 사용했다는 것이다. 이러한 주장은 중국의 선불교가 우리나라의 원효에게서 상당한 영향을 받았다는 것을 강조하는 성격이 강하다. 물론 이에 대한 반론도 제기되고 있다. 여하튼 원효의 독창적인 해석이 당시 불교계에 지대한 영향을 미쳤다는 것은 재론의 여지가 없다.

원효는 발심과 수행의 중요성을 강조하고, 모든 악업을 참회로 제거해야 함을 강조한다. 또 예배제불禮拜諸佛의 중요성과 쟁관법錚觀法, 지관止觀수행, 일미관행을 통해 본각本覺의 근원으로 들어가는 방법을 제시하고 있다.

그는 발심수행론에서 "허망한 몸을 좋은 음식으로 살찌워도 이익이 없으며 마음을 발發해 수행에 몰두해야 하며, 수행인은 제불에게 예배를 해야만 보호를 받고 모든 장애에서 벗어날 수 있다."고 강조한다. 수행과 관련, "수행이란 산을 오르는 것처럼 힘이 들지만 정진으로 수행공덕이 불어나면 산에서 내려오는 것처럼 쉬워진다."며 자신의 경험을 강조했다.

그의 저서인 '대승육정참회大乘六情懺悔'에서는 "모든 업장은 망상을 쫓아서 생겨나고 중생의 육근(六根 : 眼, 耳, 鼻, 舌, 身, 意)이 일심을 따라 일어나 스스로 근원을 배반하고 뿔뿔이 흩어져서 육진六塵을 일으키므로, 육정을 통어統御하고 참회하여 일심이라는 본심으로 돌아가야 한다."고 강조했다. 또 그가 엄장 스님에게 지도했다는 쟁관법도 눈길을 끈다. 아마 이 쟁관법은 징 같은 것을 치면서 염불수행을 하는 방법으로 여겨진다. 일부에서는 쟁관법의 연원이 신상信相 보살의 '금고참회염불행金鼓懺悔念佛行'과 관련 있을 것으로 보고 있다. 쟁관법도 이처럼 금고를 치면서 참회게송을 읊음으로써 산란한 마음을 진정시키고 수행에 몰두했을 것으로 생각되고 있다.

원효는 또 "밤낮으로 제불에게 예배하고 성심으로 참회하고 권청(勸請 : 법회를 열 때 경문을 독송하면서 불보살이 왕림하기를 청하는 것)·수희(隨喜 : 마음으로 귀의하여 종교적인 기쁨을 느끼는 것)하며 보리에 회향하기를 쉬지 않으면 모든 장애로부터 벗어나고 선근善根이 더욱 자랄 것"이라면서 지관이행止觀二行의 수행법을 강조했다. 그는 "지止란 밖의 모든 경계를 멈추어 산란한 마음을 안정시키는 것이나, 지만 닦으면 마음이 가라앉아 게을러지며 여러 선을 구하지 않고 대비大悲를 멀리 떠나게 된다. 이 때문에 관觀을 닦아야 한다. 관이란 대상을 관조하여 인연생멸상因緣生滅相을 분별하는 것"이라면서 "지관을 함께 닦는 것은 새의 두 날개, 수레의 두 바퀴와 같아서 두 바퀴가 갖춰지지 않으면 실어 나르는 능력이 없고 한 날개가 없다면 어찌 허공을 나는 힘이 있겠는가."라고 지관쌍운止觀雙運을 강조했다.

지관은 또한 정혜定慧와 통하는 것이라는 입장을 취한 원효는 "진정한 정은 마음이 가라앉지도 들뜨지도 않은 채 자세하고 바르게 사찰思察하는 것"이라면서 "만약 마음이 가라앉는 번뇌에 물들면 마음을 채찍질하여 들리게 해야 하고, 만약 마음이 들뜨는 번뇌에 오염되면 마음을 단속하여 가라앉게 해야 한다."고 역설했다. 그리고 그는 금강삼매경론에서 일미관행을 통해 본각의 근원으로 들어갈 수 있음을 밝히고 있다.

원효의 모든 사상은 결국 화엄경으로 귀결되며, 진속불이眞俗不二의 무애자재한 행동으로 대중교화에 투신했다. 원효의 중심사상은 결국 화쟁회통을 통하여 물질과 정신이 둘이 아닌 일심사상으로 모아진다. 원효는 화엄사상 속에서 일심의 근원으로 돌아가 중생을 이익 되게 한다는 '귀일심원歸一心源, 요익중생饒益衆生'이라는 새로운 실천명제를 끌어낸다. 이는 '상구보리上求菩提, 하화중생下化衆生'의 근본정신과 같다.

원효는 실생활에서도 염정무이染淨無二, 진속일여眞俗一如를 주장하며 그의 사상과 일관된 불교대중화운동을 전개했다. 삼국유사에는 원효가 실계失戒하여 요석공주와 설총을 낳고 스스로 '소성小性 거사'라 칭하며 "어떠한 것에도 걸림 없는 사람은 단박에 세상을 벗어난다는 화엄경 구절을 새긴 '무애박'이라는 표주박을 만들어 온 부락을 돌아다니며 노래하고 춤추며 교화했다. 그리하여 누구나 부처님을 알고 염불을 할 수 있게 됐다."고 적고 있다. 실계는 두 번째 입당시도(44세 또는 45세) 전인 40세 전후로 보고 있다.

그가 소성 거사라 칭한 것은 흔히 말하는 실계에 대한 속죄의 방법이라기보다 신라불교의 귀족화와 형식화에 경종을 울리는 것이고, 대중교화의 한 방편이라고 보는 해석도 있다. 요석공주를 만나기 전에 "누가 자루 빠진 도끼를 빌려 주겠소? 내가 하늘을 떠받치고 있는 기둥을 잘라버리겠소."라는 일종의 선문답 같은 외침도 낡은 전통과 거짓 관념의 기둥을 싹둑 잘라버리겠다는 의미로 본다.

태종 무열왕은 원효의 이 외침을 알아듣고 요석공주와의 사랑의 자리를 주선해 주어 설총이 태어나게 되었다. 이 같은 문답에 대해 '빌려주다 許'를 '결혼을 약속하다'로, '자루 없는 도끼'를 '중매쟁이'로 해석하는 설이 있는가 하면, 자루 없는 도끼는 불교의 핵심인 '무아無我'라는 주장도 나온다. 성적인 의미와 사상적 의미가 혼재되어 있다는 것이다. 그러나 원효의 외침과 무열왕의 응답을 세속의 논리로 해석하려는 시도는 별 의미가 없어 보인다. 원효의 이러한 정신과 실천은 통일 전후의 지친 국민들에게 삶의 활기를 불어 넣었다.

위로는 왕실에서 주관한 황룡사의 설법에서 금강삼매경을 강설한 뒤 자신을 1개의 대들보로, 오만한 고승들을 1백 개의 서까래로 칭하며 그들을 뉘우치게 했다. 또 그의 저서인 '금광명경소'에서 '애왕경愛王經'을 인용, 국왕에게 정치와 국민 교화법을 조언하기도 했다. 원효는 혜공, 혜숙, 대안에 이어 귀족불교와 민중불교의 분기점이라 할 수 있는 신라 진평왕 이후의 민족·민중불교를 활성화시키는데 가장 큰 역할을 했다.

원효는 또한 일생 동안 대·소승과 경, 율, 논 등 모든 부분을 망라한 100여종 240여권(또는 85종 170여권)이라는 상상을 초월하는 방대한 저술(19부 22권 현존)을 남겼다. 일본에 전해진 금광명경소에는 인간의 질병과 음양오행의 관계 등을 바탕으로 한 민족고유의 의술에 관한 내용이 많이 있는 점으로 미뤄 의학에도 상당한 조예를 가졌던 것으로 보인다. 논리학에도 타의 추종을 불허해 중기 대승불교의 대표적인 인명학자인 인도의 진나 보살(480~540)의 후신으로 추앙받았다. 저술마다 명문장을 구사하는 등 그의 능력과 재능은 불가사의한 것으로 여겨지고 있다.

그는 또 신라 문무왕 2년(662) 나당연합군이 백제를 멸망시킨 뒤 고구려와 싸움을 할 때 당의 소정방이 송아지 등을 그려 김유신에게 작전암호를 보내자 그 뜻을 해독하지 못해 절절 매는 것을 '군사를 속히 귀환시키라'는 뜻이라고 풀어줌으로써 위기에 처한 신라 군사를 구했다고 한다. 수천 명이 운집해 있는 당나라의 한 고찰에 소반을 던져 붕괴되는 절에서 사람들을 빠져나오게 했다는 이야기도 있는 등 원효의 이적과 관련된 기록이 삼국유사에 많이 전해 내려오고 있다.

그의 사상은 의천의 교선일치에서 진가를 발휘했다. 한국불교 역사상 원효의 위대성을 가장 정확하게 파악한 대각국사 의천이 분황사의 원효상 앞에 엎드려 지었다는 '제분황사효성문'은 원효에 대한 흠모와 간절한 심회를 잘 표현해 주고 있다.

원효의 화쟁을 통한 제종문諸宗門 회통사상은 의천의 교선일치, 보조의 교선일화, 함허당 기화己和의 유·불 일치, 조선조 청허의 유·불·도 일치 등에도 지대한 영향을 미쳤다.

원효의 사상은 과거는 물론 지금까지도 한·중·일 불교에 지대한 영향을 미치고 있다. 일본에서는 상당수 학자들이 원효를 연구해 박사학위를 받았다. 원효에 대한 우리의 흠모도 김시습, 김정희 등 옛 학자들로부터 계속 이어지고 있다.

그러나 원효는 통일이 완성된 뒤 10년이 지난 신문왕 6년(686) 3월 30

일 일흔이라는 나이에 경주 남산 주변의 혈사穴寺라는 작은 절에서 생을 마감했다. 아들 설총은 그의 유해를 부수어 소상을 만든 뒤 분황사에 모셔놓고 항상 예배를 했는데, 그때마다 소상이 돌아보았다고 하여 이 소상을 '고상顧像'이라 불렀다고 한다. 이 고상은 일연이 삼국유사를 쓰던 고려 말에도 있었다고 하나 지금은 그 흔적을 알지 못한다.

불성은 차별이 없다 | 원측

원측(圓測: 612~696)
신라 진평왕 34년(612년, 613년이라는 설도 있음) 경주 모량에서 태어남. 3세 때 출가하여 15세 때 당으로 유학, 법상과 승변 등으로부터 유식학을 배움. 84세 때 불수기사에서 입적. 저서로는 '반야심경찬' 1권, '인왕경소' 6권, '해심밀경소' 10권 등이 있다. 그의 유식학은 도증과 대현을 통해 우리나라에서 계승됐고, 담광曇曠과 법성法成을 통해 돈황 등으로, 선주(善珠:723~797)를 통해 일본으로 전승됨.

우리나라 최초의 유식학자인 원측 법사는 매우 독창적인 학설을 표방, 중국과 일본에 상당한 영향을 준 국제적 유식학자이다.

원측은 유식학의 오성종성설(五性種性說: 五性各別說이라고도 함)과 부처님이 설한 교법을 분류·해석하여 판별하는 교상판석敎相判釋, 심식설心識說에서 독자적인 견해를 천명했다. 이로써 중국 유식학의 대학승인 현장(602~664)과 규기(632~682) 등 인도의 유식사상만 고집하는 중국 법상종과는 다른 이론을 집대성했다.

'해밀심경'이 기원이 돼 4세기 인도의 미륵으로부터 시작된 유식사상은 일체의 삼라만상이 오직 마음에 의해서 변화하며, 마음을 떠나서는 어떠한 존재도 있을 수 없음을 밝힌 불교사상이다. 이 유식사상의 내용은 선, 악행, 번뇌망상 등 무한히 펼쳐져 있는 현상계인 상相과 인간의 본성인 진여성眞如性, 삼라만상의 실상인 성性 및 이들 마음을 정화하고 중생을 구제하는 실천수행인 위位 등을 규명하는 것으로 이뤄져 있다.

원측은 기존 유식사상이 인간의 정신계를 상相과 성性으로 나눠 근기를 일정하게 고정시킨 것을 타파하고 일승적인 유식사상으로 개혁하고자 했다. 즉 중생의 근기를 가르침의 소리를 듣고 깨닫는 자(聲聞乘種性), 스스로 자연법칙과 인과관계를 깨닫는 자(辟支佛種性), 모든 진리를 스스로 깨닫고 중생까지 구제할 수 있는 자(菩薩乘種性), 선악이 고정돼 있지 않고 무엇이든지 할 수 있는 자(不定乘種性), 성품이 극악하고 무지몽매하여 구제불능인 자(一闡提迦種性) 등으로 고정시킨 오성종성설은 인간의 근기를 현실성 있게 방편으로 구분한 것에 불과할 뿐이라고 주장했다. 따라서 중국 법상종 승려들과 달리 성불할 수 없고 구제받을 수 없는 인간은 없다고 주장했다.

그리고 모든 사람은 평등하고 오성 모두가 불성을 가지고 있다는 '오성개유불성五性皆有佛性'을 천명, 나쁜 인간이든 좋은 인간이든 오성 모두가 진리를 깨닫고 성불할 수 있다고 강조했다. 원측은 그 이유로 일체중생이 성불할 수 있다는 법화경, 화엄경, 열반경 등의 일승사상을 제시, 창조적인 교리관을 정립했다.

그는 또 교상판석에 대해서도 규기 등의 법상종과는 다른 견해를 피력했다. 법상종은 석가모니의 교판을 근기에 따라 아함경, 반야경, 해심밀경 순으로 분류하고 해심밀경이 마지막에 보아야 하는 으뜸이라고 주장했다. 반면, 원측은 부처님의 가르침은 어떤 교리든 중생에게 이익을 주고, 중생의 근기도 차별이 없으므로 특별히 더 높은 가르침이 없다는 일음교설(一音教說: 부처는 오직 한 가지 말로 일체교一切教를 설하는 것)을 주장했다.

그는 인간의 정신을 분석하고 작용과 내용을 밝혀주는 학설인 심식설에 대해서도 기존의 9식 대신 8식으로 분류, 설명했다. 진제(眞諦:

499~569. 인도 불교학자) 등의 기존 학설은 우리의 정신을 좌우하는 마음은 오감이라 할 수 있는 안眼·이耳·비鼻·설舌·신身의 식識과 이 오감을 분별하는 의식意識, 끊임없이 대상을 자세히 인식하는 말나식, 이들 일곱 가지 식을 발생시키는 심층심리인 아뢰야식 8식, 또는 청정무구한 마음의 본성인 아마라식(또는 암마라식)을 더하여 9식으로 설명한다. 8식인 아뢰야식은 모든 법의 근원이 되는 식인 본식本識으로 선과 악의 업에 따라 아뢰야식의 열매와 모습果相이 달라지므로 이숙식異熟識 또는 종자식이라고도 부른다.

그러나 마지막 아마라식은 마음을 완전히 정화하면 나타나는 본래의 성품인 불성本覺性이므로 따로 정할 필요가 없고, 범부의 경지인 8식만 가지고 설명하는 것이 타당하다고 했다. 9식을 따로 정하지 않은 이유는 성聖과 속俗의 구분 없이 현실 속에서 초월의 경지를, 망妄에서 진眞을 찾으려 했기 때문이다.

원측은 마음을 나누는 심분설心分說에 대해서도 여러 심분설을 검토해 거울 자체는 견분見分에, 거울 속에 비친 상은 상분相分에, 거울의 본질은 자증분自證分에 비유해서 설명한다. 자증분은 견분과 상분을 변화시켜 나타내므로 상분과 견분은 자증분에서 서로 떨어진 것이 아니기 때문에 자증분의 주체만을 인정해 유심일분설唯心一分說의 입장을 취하면서 심분설을 수용하고 있다.

원측은 이같이 독특한 유식사상을 정립, 중생은 본래 평등한 것이며, 말나식에 의해 번뇌를 정화하고 보시와 지계, 정진 등 바라밀의 보살도를 수행하면 누구나 성불할 수 있고 지혜롭게 될 수 있다고 하였다. 그는 이와 함께 중관학파와 유식학파간의 공空과 유有에 대한 논쟁에 관해서도 중도적인 입장을 표명하고 있다. 원측의 이 같은 입장은 유식 못지않게 중관학파의 공에 대한 식견도 상당했기에 확립됐다.

그의 유식사상은 현장, 규기 등 중국 법상종의 견해와는 달라 이들로부터 부당한 시기와 질투를 받기도 했다. '송고승전' 규기조는 원측이 현장의 강의를 듣고자 했으나 거절 당했으며, 몰래 강의를 듣고 규기보다 먼저 학설을 발표하고 저술을 했다고 적고 있다. 이 같은 현실성 없는 기록을 미뤄 볼 때 역설적으로 원측이 규기보다 재능이 뛰어났음을 말해준다. 이 도청설에 대해 중국의 탕용동湯用彤은 '수당불교사고隨唐佛敎史稿'에서 고증을 통해 반박했다.

원측의 불교사상은 또한 유식에만 머물지 않았음을 그가 지은 '반야바라밀다심경찬讚' 서론 부분에서도 짐작할 수 있다.

"대저 지극한 이치(至理)는 깊고 고요하여 오묘하게 유무有無의 경계를 끊고, 법상法相은 심히 깊어서 능히 말의 표현을 초월한다.… 샘물이 맑으면 달빛이 홀연히 나타나고(泉水澄淸 月影頓現) 모든 대상이 조용히 움직이면 하늘의 북은 스스로 울린다(諸敵冥動 天鼓自鳴). 그러한 즉 사물의 대응에는 때가 있어 기틀을 따라 서로 인접(接引)한다.… 누가 여래의 법을 설한다면 이는 곧 부처를 훼방하는 것이다.… 모든 법의 참 모습은 말길이 끊기는 것이요. 마음과 행이 없는 것이다."

또한 게송으로 일렀다.

일체가 실상이라지만 일체가 참 실상이 아니요
일체가 참 실상이란데 미쳐도 또한 참 실상이 아니다.
일체가 실상도 아니고 실상이 아닌 것도 아니니

이것을 바로 모든 법의 실상이라고 이름 한다.

一切實一切非實　及一切實亦非實

一切非實非非實　是名諸法之實相

유식학은 물론 티베트어 등 6개 외국어에도 능통했던 원측은 외국 고승들의 안내를 맡고, 현장의 반야심경 오역을 바로 잡았다. 당 고종 말년에는 불경번역사업의 수장으로 참가해 '대승밀엄경' 등 18부 34권을 번역하는데 큰 공헌을 했다.

그의 유식학은 법상, 증변 두 법사가 전수한 초기 유식학을 계승한 동서에 현장의 신유학을 융합한 것이다. 또 진제의 학설을 전면적으로 수용한 것도 아니고, 인도의 호법護法 사상과 날카롭게 맞선 것도 아니었다. 당 태종이 그의 명성을 듣고는 도첩을 내리고 그를 원법사와 서명사에 거주토록 주선해 주었다. 그가 서명사에서 제자들을 지도할 때 중국 승려는 물론 신라 유학승들도 많은 지도를 받았다. 이에 중국 유식종은 원측의 서명계와 자은 규기의 자은계라는 2대 계파를 이루었다.

원측의 명성이 고국에까지 알려지자 신라 문무왕이 당나라에 원측의 귀국을 요청했으나, 당시 실력자인 측천무후가 법사를 부처님같이 모시고 존경한다며 신라 왕실의 요구를 정중히 물리쳤다고 한다. 이는 곧 원측의 서명계가 황금기를 구가하고 있음을 반증하는 것이기도 하다.

9세기 중엽 티베트 승려 법성은 중국 돈황에서 많은 한문경론을 수집하여 돌아간 뒤 원측의 해심밀경소 10권을 보고는 원측의 교학에 감탄, 이를 티베트어로 번역하여 대장경에 수록했다. 1945년 일본의 한 교수가 티베트 대장경에서 원측의 글을 일부 발견하고 다시 한문으로 복원해

출판하기도 했다.

 원측은 중국의 종남산 운제사에서 8년간 유식의 유가행瑜伽行을 실천하기도 했으며, 만년에 다시 번역사업을 하다 끝내 고국 땅을 밟지 못한 채 입적한다. 유해는 용문산 향곡사 북곡에서 화장했으며, 이때 나온 49과의 사리는 그곳에 탑을 세워 모셨다.

 그 후 서명사 주지와 제자인 신라의 승장 법사 등은 사리탑이 산중 깊은 곳에 있어 불자들의 참배가 어렵다며 원래 사리탑의 사리를 나누어 종남산 풍덕사에 사리탑을 건립, 봉안했다. 송나라 때(1115)는 이 사리를 다시 나눠 장안 흥교사 현장법사탑 우측에 새로이 탑을 건립, 현존하고 있다.

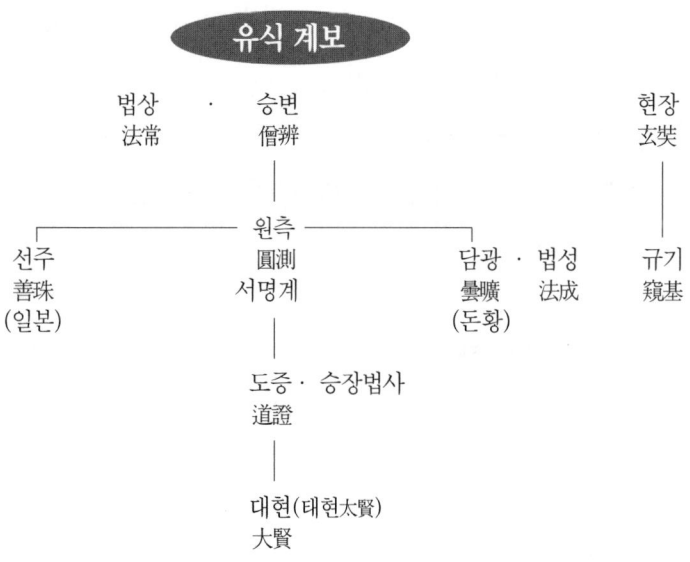

불편부당不偏不黨의 유식현자 | 태현

> **태현(太賢)**
> 생몰연대와 출생지 미상. 경덕왕(742~764) 시대 고승. 청구사문靑丘沙門이라 칭함. '법망경고적기' 2권, '성유식학기' 10권 등 55부 1200여 권의 저술이 있으나 현재 20여 권만 현존.

'비망초備忘抄' 등의 사서에는 현장의 제자 원측, 원측의 제자 도증道證, 도증의 제자 태현太賢이라는 기록이 있는 것으로 미뤄볼 때 신라의 유식학은 이들에 의해 이어지고 있음을 알 수 있다.

도증은 원측의 직계 제자로서 원측이 입적하기 5년 전인 692년에 '천문도' 등을 갖고 신라로 돌아와 국내의 유식학승들에게 가르침을 베풀었다. '성유식론요집' 등 13종 이상의 저술을 남겼으나 현재 전하는 것은 없다. 다만 그의 사상이 중국, 일본 등에 영향을 미쳐 이들 나라의 유식학 저술에 도증의 학설이 많이 인용되고 있을 따름이다. 또한 그가 지은 성유식론요집이 선덕왕 14년(645) 이전에 중국에 가서 자은 규기(632~682)의 번역사업에 참여했던 신방에 의해 거론되고 있는 것이 도증의 사상을 엿볼 수 있게 한다.

그의 유식사상 특징은 각각 다른 주장을 엄정하게 비판했다는 데 있다. 원효의 것도 비판할 것은 비판하고 스승인 원측의 이론도 부족한 점은 보충했다. 유식의 수행단계와 관련, 깨달은 사람이 되기 위해서는 부단한 실천이 필요함을 강조하고 있다.

도증의 제자 태현은 신라 유가(瑜伽: 유식)의 개조이며, 이론과 수행을 겸비한 국제적인 대석학으로 평가받고 있다. 그의 학설을 인용한 일본자료에는 '매우 어질다, 늠름하다'는 뜻의 태현太賢이라는 기록이 많고, 우리나라 문헌에는 대현大賢이라는 이름이 많다. 그는 삶의 자취를 거의 드러내지 않았다. 때로는 거문고를 타면서 가능한 한 밖으로 덕행을 나타내지 않았다. 처음에는 화엄을 배웠지만, 나중에는 법상法相에 전념했다.

그는 43부라는 원효 다음가는 많은 저술을 남겼지만, 대부분 없어지고 현재 범망경고적기 2권, 성유식론학기 10권 등만 남아 있다. 이 때문에 그의 독특한 유식사상을 찾아보기는 어렵고, 일본의 제논소諸論疏 등에서 엿볼 수 있을 뿐이다. 단지 성유식론학기에서 가르침의 문門을 가르침의 핵심을 나타내는 문과 제목을 분별하는 문, 글의 뜻을 해석하는 문 등 3문으로 나눠 설명한 것이 다소 독특하다.

그는 가르침의 핵심을 설명하면서 유식 가운데서도 유상유식有相唯識과 무상유식無相唯識의 차별이 있고, 그 근거하는 바가 같지 않음을 밝혔다.

제목을 분별하여 설명함에 있어서는 유식학이란 내심內心의 단계와 그로부터 빚어지는 외부세상의 차별적 모습을 논증하는 설이라는 결론을 맺고 있다. 성유식론 해석과 관련해서는 안혜와 원측, 호법, 규기 등의 학설이 서로 다름을 편견 없이 설명하고 있다. 그리고 자신의 유식관에 대해서는 '호법의 유식중도唯識中道와 경계境界, 행行, 과果 셋으로써 이 논의 종宗을 삼는다.'고 한 간단한 문구에 나타나 있을 뿐이다.

또 그의 중심사상은 유식학에서 찾을 수 있지만, 그의 저서로 볼 때 화엄, 열반, 반야, 법화, 정토교, 미륵신앙, 보살계사상 등에 두루 통하고 있다. 불교 계율의 기초경전인 범망경을 해설한 범망경고적기에서는 전체를 일곱 부분으로 설명한다. 가르침의 핵심을 올바른 행을 가르치는 문(敎正行門)과 악행을 경계하는 문(誡惡行門)으로 나눠 설명하고 있다. 특히 가르침을 대승보살계의 정신에 입각, 스승의 형식윤리를 타파하고 불도佛道의 근원으로 되돌아가려 했다. 유식을 우선으로 삼지만 성性과 상相을 융합해 원만하게 공동이치를 세웠다.

또 당시 일본의 승려가 지은 책에서는 제8식의 종자론에 대해 스승인 원측의 서명파와는 다른 의견이 나타나고 있다. 즉 이숙식異熟識인 제8식이 습기를 유지해서 능히 과果를 생하므로 섭장攝藏이라고만 한다면, 이는 이의(二義: 모든 대승경의 구경진실의 이치를 명확하게 설하는 요의了義와 모든 경의 실의實義는 숨기고 방편으로 설하는 불요의不了義)를 잃게 된다며 제팔식은 능장(能藏: 아뢰야식으로 종자를 지니고 있는 것)의 능력뿐만 아니라 소장(所藏: 훈습薰習을 받는 것)이나 집장(執藏: 유정有情에 집착하여 자아라고 여기는 것, 7식이 늘 8식을 자아라고 집착하는 것)의 의미도 함께 갖추고 있다고 주장했다.

태현은 그의 이론을 설명하면서도 겸양의 미덕을 끝까지 지키고 덕행을 행한 명승이었다. 그는 많은 훌륭한 저술로 당시 국내외에 많이 알려 졌음에도 불구하고 명예를 좋아하지 않았다. 기품을 갖춘 현인이면서도 숨어서 덕행을 행했기 때문에 송고승전에도 실려 있지 않아 자세한 행적을 알 수 없다. 당나라와 일본 고승들의 저서에는 태현의 학문과 행업을 많이 찬탄하고 있다. 그의 저서에는 또 겸양의 의미로서 원측, 원효, 도증, 법장 등 고인의 자취에 의지한다는 뜻으로 '고적기古迹記'라는 제명을 많이 쓰고 있다.

그러나 유식에 관한 이설은 엄정한 비판적 태도를 견지하면서 공정성을 유지했다. 학자들은 그의 이 같은 태도는 원효의 화쟁사상 정신을 계승한 것으로 보는 시각도 있다. 그의 이런 공평무사한 학문적 태도로 인해 당시 후학들은 다투어 그의 고적기를 지침으로 삼았다. 현재까지 남아 있는 성유식론학기와 범망경고적기 등은 중국과 일본 학자들이 참고자료로 활용하고 있다.

그의 수행과 이적에 대한 이야기는 삼국유사 권4 '현유가조'에 전해지고 있다. 태현은 경주 남산 용장사에 있었으며, 절 안의 일장육척이 되는 석상 주위를 돌면 불상도 태현이 도는 방향으로 얼굴을 돌렸다 한다. 그의 법상法相 연구는 중국의 백낙천보다 뛰어났으며, 그 깊은 뜻을 열어 보이는 것이 마치 능한 백정이 여유 있고 능숙한 솜씨로 소를 잡아 가르는 것과도 같았으니 동국의 후진들이 모두 그의 가르침을 따랐다고 한다.

경덕왕 천보天寶 12년(753) 여름 큰 가뭄 때는 왕의 청을 받아 왕궁에서 금광명경을 강설하여 비를 내리게 하였다. 어느 날 점심 공양 후 발우를 펴고 오래 기다렸으나 물을 가져오는 것이 늦어 따져 물으니 "궁성에 우물이 말라 멀리서 가져오느라 늦었습니다."고 말하자 "어째서 빨리 말하지 않았느냐."고 했다. 바로 후인 그날 오후에 경을 설하면서 향로를 받들고 말없이 한참 앉아 있자 우물에서 높이가 일곱 길이나 되게 물이 솟아 올라가는 모양이 마치 찰당(刹幢: 사찰의 당간지주)과 같았다. 모든 사람이 탄복하였으며, 이 일로 인해 그 우물을 '금광정金光井'이라 하였다

태현 이후 한국의 유식은 쇠퇴한 것으로 보인다. 한편, 도증과 태현 사이에 신라 문무왕과 신문왕대의 경흥憬興을 포함시키는 주장도 있으나, 그는 주로 본국에서 연구를 하고 수행을 해 한국 내에서 태현 이전에 유식학의 대가를 이루었으나 도증과 사제관계는 아닌 것으로 파악되고 있다.

도증의 뒤를 이어 신라 유학승 가운데 지봉, 지란, 지웅 등 세 사람이 신라에서 일본으로 갔다가 다시 중국으로 가 자은계의 법상 유식학을 배운 뒤 또다시 일본으로 건너가 일본 법상종의 제3조가 되었다.

태현 이후 우리나라에서는 서명계의 유가종은 자취를 감추고, 고려시대에 들어서면서 자은계의 법상 유식학이 전해진다. 고려시대 전반기에 가장 먼저 자은계 법상 유식학을 일으킨 사람은 선종(1083)대의 왕사인 소현昭顯이다. 소현 이후 대각국사 의천을 거쳐 충렬왕 때 이 학설을 숭상하는 사람이 수백 명에 이르렀는데 해원, 자안, 혜영, 거현, 행영 등이 유명했다. 이 즈음 원나라에서는 이미 유식학이 쇠약해져 한국 승려가 원나라 연경에 가서 법을 전한 일이 한 두 번이 아니었다고 한다.

법의 성품은 무분별無分別이다 | 의상

> **의상(義湘: 625~702)**
> 송고승전에는 박씨, 삼국유사는 김씨로 기록. 상(相, 想, 湘)자도 각기 다름. 15세 전후에 황복사로 출가, 661년(문무왕 1) 당으로 가 장안 종남산 지상사의 중국 화엄종 2조 지엄(608~668) 밑에서 10년 동안(7년설도 있음) 수학. 670년 귀국, 부석사와 낙산사 등을 창건. 10대 제자에게 법이 전승되었다.

한국불교에서 화엄華嚴사상이 차지하는 비중은 지대하다. 화엄사상은 의상의 전교傳敎 이후 통일신라와 고려, 조선, 근세에 이르기까지 한국불교의 한 흐름을 형성해 왔기 때문이다. 의상은 하화중생의 실천적 '화엄가華嚴家'였다.

화엄사상은 연기緣起로 우주만상의 생성원리를 설명하고 있다. 절대적인 진리인 진여眞如나 부처일 수도 있는 일一이 연기, 즉 원인이 되어 둘이 되고 그것이 또 연기에 의해 삼라만상을 이룬다. 반면 연기에 의해 만들어진 사상(事相: 본체인 진여에 대하여 현상계의 낱낱의 차별화된 모양)은 부단히 일一로 돌아가게 된다. 그것을 성기性起라 한다.

따라서 화엄사상은 연기와 성기에 의해 다함이 없는 무진無盡한 현상의 사상事相이 만들어지고, 또 그것이 본래의 하나로 돌아가면서 전체적으로 조화와 균형을 이루는 무진연기無盡緣起의 법칙을 요체로 한다.

이 화엄사상에 있어 인도의 마명과 용수를 비롯해 중국의 두순(중국 화엄종의 초조)과 지엄, 법장, 징관, 종밀 등이 화엄7조華嚴七祖로 대접받고 있다. 우리나라는 지엄에게 인가를 받은 의상을 화엄 초조初祖로 삼고 있다.

중국화엄사상의 특징은 인도불교의 특징인 '상비相非'의 사상을 '상즉相卽'의 사상으로 전환시킨 것이다. 인도의 용수는 중도中道를 설명할 때 "이것도 아니요, 저것도 아니다. 그렇다고 저것이 아닌 것이 아니다."라는 끝없는 부정의 방법相非으로 진리를 설명한다. 반면 중국의 상즉相卽 화엄사상은 "하나가 모든 것이요. 모든 것이 곧 하나(一卽多 多卽一)이다."라는 긍정의 방법으로 진리를 설명한다.

중국의 화엄종주들과 견줄 만큼 높은 평가를 받은 의상의 화엄신앙은

華嚴一乘法界圖

의상스님이 만든 화엄일승법계도

그가 668년 7월 스승 지엄이 죽기 전에 완성한 '화엄일승법계도기'와 '백화도량발원문', '서방가' 등을 통해 알 수 있다. 화엄일승법계도는 의상이 꿈에 신인의 계시를 받고 깨달은 바를 대승장大乘章 10권으로 엮어 스승 지엄의 지도를 받은 뒤 불전 앞에서 불을 사르면서 타지 말기를 서원, 타고 남은 210자로 게송를 만든 것이다.

화엄일승법계도기는 화엄학의 핵심을 7언言 30구句 210자의 게송으로 요약하여 사각인四角印속에 54각의 굴곡으로 새겨 놓은 것이다.

1. 법성이 원융하여 이상二相이 없고 　　　　　法性圓融無二相
2. 제법은 움직임이 없어 본래 고요하니라. 　　諸法不動本來寂
3. 이름도 없고 상도 없고 일체가 끊어져 　　　無名無相絶一切
4. 증지證智로 알 바요 다른 경계에 의해서가 아닐세. 證智所知非餘境
5. 참 성품은 너무나 깊고 극히 미묘하여 　　　眞性甚深極微妙
6. 자성에 매이지 않고 인연따라 이루어지네. 　不守自性隨緣成
7. 하나 가운데 일체가 있고 일체 중에 하나가 있으니 一中一切多中一
8. 하나가 곧 일체요 일체가 곧 하나이네. 　　　一卽一切多卽一
9. 한 티끌 속에 시방이 포함되어 있고 　　　　一微塵中含十方
10. 일체 티끌 중에도 역시 이러하다네. 　　　一切塵中亦如是
11. 무량한 먼 겁이 곧 일념이니 　　　　　　無量遠劫卽一念
12. 일념이 곧 무량겁이네. 　　　　　　　　一念卽是無量劫
13. 구세와 십세가 서로 함께 하여도 　　　　九世十世互相卽
14. 섞여 어지럽지 않고 서로 떨어져 분별되어 이루어지네. 仍不雜亂隔別成

15. 처음 발심한 때가 곧 정각이고	初發心時便正覺
16. 생사와 열반은 항상 함께 한다네.	生死涅槃常共和
17. 이理와 사事는 명연하여 분별 없음이	理事冥然無分別
18. 십불과 보현이 대인의 경계이네.	十佛普賢大人境
19. 능히 해인삼매에 들어설 수 있으면	能仁海印三昧中
20. 번거로운 속에서도 자유자재하여 사의思議가 필요 없네.	繁出如意不思議
21. 중생을 이익되게 하는 보배스런 비가 허공에 가득하니	雨寶益生滿虛空
22. 중생은 근기 따라 이익을 얻네.	衆生隨器得利益
23. 이리하여 수행자가 본本으로 돌아갈 때	是故行者還本際
24. 망상을 쉬지 않고서는 얻어질 수 없네.	叵息妄想必不得
25. 무연의 선교로 여의를 잡아	無緣善巧捉如意
26. 본성의 집에 돌아가 분수 따라 자량을 얻으리.	歸家隨分得資量
27. 이 다라니의 다함 없는 보배로써	以陀羅尼無盡寶
28. 장엄한 법계에 보전을 채워보세.	莊嚴法界實寶殿
29. 실제 중도의 상에 오래 앉으면	窮坐實際中道床
30. 옛부터 흔들림이 없으니 일컬어 부처라 하네.	舊來不動名爲佛

의상은 법성法性의 성性과 상相을 중도, 무분별로 해석하고 있다. 이 화엄일승법계도에 대해 의상은 스스로 설명하기를, 법法 자에서 시작해 불佛 자에서 끝나고 인印의 형식을 취한 것은 여래의 가르침의 그물이 세 종류의 세간세계인 기세간(器世間: 물질의 세계, 흰 종이)과 중생세간(衆生世間: 중생세계, 검은 글자), 지정각세간(智正覺世間: 깨달음의 세계, 붉은 그림)을 포섭하여 해인삼매를 좇아 드러나기 때문에 그것을 표현하고자 함이라고

설명하고 있다.

인印의 글이 한 길로만 되어 있는 것은 여래의 일음一音을, 사각형의 내면과 네모는 각각 사섭법(四攝法: 보시, 다정한 말, 이로운 행동, 도락을 같이 함)과 자慈, 비悲, 희喜, 사捨의 사무량심四無量心을 뜻한다. 삼보(三寶: 佛, 法, 僧)를 강조하기 위해 불佛, 법法, 중衆 3자를 가운데 나란히 배열시켰다.

이 법계도의 구성은 1~18구는 자리행自利行을, 9~22구는 타리행他利行, 23~30구는 수행자의 방편 및 이익을 나타낸다.

이 법성게 내용 중 상즉적相卽的 성격은 법성게에 대한 의상의 강의를 들은 제자들의 기록인 '법계도기총수록'을 보면 짐작할 수 있다. 이 책은 고려시대 체원體元의 찬술로 알려지고 있다. 여기서 법성게가 끊이지 않고 연속되는 것은 만물의 총상(總相: 총체적인 모양)과 화엄의 일승사상을 나타내며, 굴곡지게 한 것은 별상(別相: 만유각개가 각각 다른 일체 것과 서로 다른 차별, 즉 부분적인 모양)을 나타내어 중생의 자질이 서로 같지 않다는 삼승三

의상스님이 창건한 부석사 안양루 아래로 바라보이는, 끊임없이 펼쳐진 능선들

乘을 보이는 것이라고 밝히고 있다. 여기서 승은 사람을 태워서 각각 그 과지果地에 도달하게 하는 교법을 말한다.

법성게는 또한 화엄사상의 요체를 압축, 이를 한국불교의식의 밀교적 다라니(선을 증장시키고 악을 억제하는 진언)와 상즉相卽시키려 했으며, 초월세계와 현실세계가 둘이 아니며 속俗에서 진眞을 찾아야 한다는 사사무애적(事事無碍的: 개별현상간의 걸림 없는 융통) 성격을 지니고 있다. 간결한 분량과 기하학적 아름다움, 알찬 내용은 화엄사상의 궁극적 경지인 호상互相의 경지를 잘 밝히고 있다는 평가를 받고 있다.

한편 이 법계도의 끝부분에는 총장원년(서기 668) 7월 15일에 적는다는 사실과 함께 법계도의 의미에 대한 물음과 의상의 응답이 적혀 있다.

"어찌 글을 모은 사람의 이름을 밝히지 않았는가?"
"연기緣起에서 생긴 모든 법은 주인이 없음을 나타내기 위함이다."
"어찌하여 날짜가 있는가?"
"일체의 모든 법은 연기에 의해 생긴다는 것을 나타내기 위함이다."
"연기는 어디서 오는가?"
"엎치락뒤치락하는 마음 가운데서 온다."
"엎치락뒤치락하는 마음은 어디서 오는가?"
"시작도 없고 명明도 없는 데서 온다."
"무시무명은 어디서 오는가?"
"여여如如함에서 온다."
"여여함은 어디서 오는가?"
"여여함은 법의 성품 자체에 있는 것이다."

"법의 성품은 어떤 모습인가?"

"무분별로 모습을 삼는다. 그러므로 일체가 언제나 중도中道에 있다. 무분별이 아님이 없음은 이러한 뜻 때문이다."

이 화엄일승법계도기는 화엄경 등에 근거하여 스승 지엄의 방대한 화엄학을 요약·체계화해 화엄사상을 실천으로 연결시키고자 만든 것이다. 의상은 이 게송을 지어 스승에게 인가를 받았다. 스승 지엄으로부터 자신이 만든 72인印보다 의상의 1인印이 훌륭하다는 칭찬을 받았다.

이 게송의 내용은 부처의 뜻(佛意)에 계합하는 불후의 명저이다. 따라서 당시 많은 사람들이 이것을 몸에 지니려 했다. 의상은 또 연기를 모든 것이 서로 일체화되어 평능을 나타낸다는 호상互相으로 풀이하고, 연기를 '일즉십 십즉일一卽十 十卽一'의 논지로 전개해 설명했다.

의상은 정토신앙과도 깊이 관련되어 있다. 이는 서방정토를 노래한 10장의 경기체가 형식의 서방가西方歌와 의상이 선묘룡(善妙龍: 용으로 변한 선묘)의 도움으로 창건했다는 부석사의 가람배치에서 알 수 있다.

1572년 천불산 개천사에서 만든 목판본 염불작법念佛作法에서 의상의 작으로 명기된 서방가는 후대로 내려오면서 경기체가형식으로 변형된 것으로 추정된다. 이 서방가는 '유심정토唯心淨土 자성미타自性彌陀' 등의 구절로 볼 때 일승적인 정토신앙을 노래하고 있다고 하겠다.

부석사의 가람을 화엄의 근본도량으로 본다면 대웅전은 보광전이나 비로전, 대적광전이 돼야하나 무량수전으로 현판이 걸려 있어 논란이 되어왔다. 그러나 부석사의 가람배치 원형은 관무량수경觀無量壽經의 '삼배사상三輩思想'을 반영하고 있다.

삼배사상은 구품사상으로 발전한다. 9단계의 마지막인 상품상생上品上生은 서방극락정토의 최고 경지이고, 거기에 도달하려면 하품하생에서 하품중 · 상생, 중품하 · 중 · 상생, 상품하 · 중생의 8단계를 거쳐야 한다.

부석사 가람배치를 절 입구에서부터 크게는 3단의 석축에 각 3단씩 모두 9단을 쌓아(삼배구품 왕생사상을 의미) 건축물을 배치했으며, 안양루 쪽이 최상인 상품상생에 해당한다. 여기에 남향의 무량수전 안의 본존불인 아미타불이 동향으로 안치된 특이한 구조를 하고 있다. 이는 의상이 법계도를 창안한 도식에 각별한 관심을 나타낸 것을 볼 때, 화엄정토가 둘일 수 없는 신앙형태였음을 알게 해준다. 또한 의상은 오로지 안양(安養: 극락)을 희구했기 때문에 서쪽을 등지지 않았다. 아미타불을 동향으로 한 것도 언제나 서쪽을 향해 예배하도록 설계한 것이다.

한편 의상이 태백산 부석사를 창건할 때 선묘룡이 나타나 이교도들을 물리쳤다는 기록이 있는 것에 대해 의상이 오기 전에 이미 법상, 삼륜 등의 삼승교종이 여기서 법을 펴고 있었으며, 절 창건과정에서 종파투쟁을 겪은 뒤 화엄종을 펼 수 있었음을 의미한다는 주장도 있다.

만물은 본래 둘이 아니다 | 의상과 10대 제자

　의상이 낙산 관음굴에서 예배할 때 지은 백화도량발원문白花道場發願文은 관음보살을 본사本師로 모실 것과 백화도량에 상주하기를 발원했다. 또 연화장세계에 왕생하여 비로자나불을 친견하기를 소원했다. 의상은 짧은 게송류를 지어 중생교화에 중점을 두었으며, 황복사에 있을 때는 제자들과 함께 탑돌이를 하는 등 엄격한 수행자적 자세를 지켰다.

　그러나 사기 나른 섯 같은 의상의 신앙은 그의 자체불自體佛에 대한 설명에서 '일一은 체切요, 다多는 즉 일一이다'는 화엄의 원융사상과 통하고 있음을 알 수 있다. 자체불은 오체불吾體佛·오불吾佛이라고도 하며, 내 오척의 범상한 몸뚱이가 곧 법신法身 자체라는 것이다. 그는 신업身業은 불보佛寶요, 구업口業은 법보法寶이며, 의업意業은 승보僧寶라고 했다.

　의상은 제자와의 문답에서 "오늘 내 오척의 몸을 이름해서 세간世間이라 하는데, 이 몸은 허공법계에 두루 가득 차 이르지 않는 곳이 없다. 이 몸은 연緣으로 된 오척이므로 하나가 필요할 때는 하나가 되고 많은 것이 필요할 때는 많은 것이 된다."고 설했다.

　의상은 부석사를 창건하고 화엄을 전파할 무렵, 문무왕이 농토와 노비를 내리려하자 "저는 법계로 집을 삼고 세 때 바루밥으로 족합니다."라며 사절했다. 문무왕이 자꾸 축성을 하자 사람들이 노역에 시달리는 것을 보고는 "왕의 정치와 교화가 분명하면 풀언덕草丘으로 선線을 그은 것으로 성을 삼아도 될 것이지만 그렇지 않으면 크고 긴 성이 있은들 무엇을 하겠습니까?"라며 국방정책의 시정을 촉구, 축성공사를 중지시켰다는 기록이 삼국유사에 있다.

또한 의상은 귀국 후에도 스승인 지엄의 제자로서 함께 배웠던 중국 화엄의 대가 법장과 교류를 계속했다. 신라 유학승 승전이 법장 문하에서 배우고 귀국하면서 법장의 편지와 화엄교학 관련 서신을 의상에게 전했다. 법장이 의상에게 동문수학한 동료로서 보내는 애정 어린 편지내용은 '원종문류'에 소개되어 있다.

> 당나라 서경 숭복사의 승려 법장이 해동 신라 대화엄법사 시자에게 편지를 올리나이다. 작별한 지 어느덧 20년이 되었지만, 사모하는 마음은 언제나 한 번도 마음 속을 떠난 적이 있겠나이까?… 듣건데 상인(上人: 의상을 지칭)께서는 고향에 돌아가서 화엄경을 강연하여 법계의 무애한 연기를 선양하여,… 중생에게 이익을 줌이 크고 넓다 하니 기쁜 마음 더하나이다.… 다만 스님의 장소章疎가 뜻은 풍부하오나 문장이 간결하여 후세 사람들이 터득하기 어려울 것이므로 제가 스님의 깊은 뜻을 모두 기록하여 의기義記를 지었나이다.… 하오니 상인께서 옳고 그름을 자상히 검토하시어 글월로 가르쳐 주시면 기쁘겠나이다.… 인편이 있거든 때때로 안부 전해주시기 바랍니다.… 화엄경탐현기 20권, 일승교분기 3권,…을 승전법사가 옮겨 써 가지고 귀국하려 합니다.

법장(643~712)은 의상보다 18세 연하의 후배로서 깍듯한 예의를 차리고 있다. 의상은 승전으로부터 편지와 저작들을 전해 받고는 문을 걸고

10여 일을 탐독한다. 탐독을 마친 후 문을 열고는 제자인 진정, 상원, 양원, 표훈 네 사람에게 화엄경탐현기를 각각 나눠주고 강의하면서 "나를 넓혀준 이는 법장이고 나를 일어서게 할 사람은 그대들이니 마땅히 각자가 노력하면서 스스로 자신을 속이지 말지어다."고 얘기하고는 전국을 돌며 제2단계 불법활동을 전개했다.

의상의 화엄사상은 그의 제자 오진悟眞, 지통智通, 표훈表訓, 진정眞定, 낭원, 진장, 도융, 상원, 능인, 의적 등 10대 제자에게 계승되었고 태백산 부석사와 가야산 해인사, 지리산 화엄사, 금정산 범어사 등 화엄십찰이 건립되면서 널리 전파되었다.

의상의 제자 중 표훈은 흥륜사 금당에 모셔진, 의상을 포함한 10성聖 중의 한 사람으로 두각을 나타낸 인물이다. 그는 681년(신문왕 1) 4월 왕의 부탁으로 몽성사에서 문무왕의 명복을 비는 의식을 주도하고, 천재天宰에게 청하여 경덕왕에게 아들인 혜공왕을 얻게 해 주는 등 천상을 왕래하는 법력을 지닌 인물로 삼국유사에는 묘사되어 있다.

훗날 금강산 만폭동 어귀에 표훈사를 창건했다. 의상이 입적한 이후에는 황복사에 머물면서 대정각간인 김대성에게 '삼종삼매三種三昧'라 할 수 있는 삼본정三本定을 해석해 주었다. 표훈이 김대성에게 삼본정을 해석해 주었던 사실은 김대성이 지은 불국사와 석굴암의 기본설계 및 사상적 배경과 밀접하게 관련이 있다는 의견이 많다.

삼종의 정定은 증證의 근본인 해인정(海印定: 화엄경에서 부처님이 이른 선정, 해인삼매라고도 함), 설說의 근본인 불화엄정佛華嚴定, 교敎의 근본인 사자분신정(獅子奮迅定: 사자가 분발하며 일어나 기세등등한 때의 모습처럼 모든 외도를 제압하는 듯한 정도의 삼매)을 말한다. 이는 곧 해인삼매를 통해 국토해(國

土海: 깨달음의 세계)가 출현하고, 사자분신삼매를 통해 더 넓고 큰 세계해世界海가 나타난다는 것을 의미한다.

따라서 화엄의 불국토 중에서 국토해는 석굴암을 통해, 세계해는 불국사를 통해 상징적으로 표현하고자 했던 것으로 이해되고 있다. 법계도기총수록의 대기大記에는 표훈과 의상의 다음과 같은 문답도 있다.

"어떤 것을 무주無住라고 합니까?"
"우리 범부 오척의 몸이 삼제(三際:과거, 현재, 미래)에 움직이지 않는 것을 머무름이 없다고 한다."
"만약 삼제에 따라 나눈다면 여러 종류의 오척(五尺:인간의 몸)이 됩니까?"
"이는 인연으로 된 오척이므로 하나를 원하면 하나가 되고 많은 것을 원하면 많은 것이 된다."
"만약 삼제가 부동不動하다고 하면 유주有住입니까?"
"만약 오척의 머무는 것을 보지 못한다면 장래에 유주와 무주를 내가 당연히 설하겠다."

의상의 제자들은 또한 법계도를 배울 때 스승과 많은 대화를 나눴다. 674년 황복사에서 제자 표훈과 진정이 스승 의상에게 물었다.

"부동하는 이 몸이 곧 법신이라 하셨는데 그 뜻을 어떻게 알아들으면 좋습니까?"
"모든 법은 나를 근본으로 하고 일체법은 마음에 근원한다. 대요종을 말하면 진실한 선지식이다(諸法根本我 一切法源心 語言大要宗 眞實善

知識)."

이에 의상은 4구로 된 게송을 말하고는 "너희들은 오직 마음을 잘 써야 한다."고 말했다. 표훈은 이 말은 듣고 나와 세계를 보는 다섯 가지 관인 오관석五觀釋을 지어 스승에게 바친다. 스승은 오관석을 받고는 "됐다."고 했다. 오관석은 다음과 같다.

나는 모든 연緣으로 이뤄진 법이요, 모든 연은 나로써 이루어 얻어진 연이네. - 인연관因緣觀

연으로 이뤄진 나이지만 나는 체體가 없고, 나로써 연이 이뤄졌지만 연에는 성性이 없네. - 연기관緣起觀

만물이 있고 없고 원래 하나이며, 있고 없는 만법은 본래 둘이 아니다. - 성기관性起觀

있을 때는 있는 것이 아니라 도리어 없음과 같고, 없을 때는 없는 것이 아니라 도리어 있는 것과 같다. - 무주관無住觀

만법은 본래 이동하지 않으니, 관하는 마음 역시 일어나지 않는다. - 실상관實相觀

我是諸緣所成法　諸緣以我得成緣
以緣成我我無體　以我成緣緣無性
諸法有無元來一　有無諸法本無二
有時非有還同無　無時非無還同有
諸法本來不移動　能觀之心亦不起

신라시대 _175

의상의 제자 중 지통은 7세가 되던 661년(문무왕 원년) 영취산 낭지에게 출가했다가 의상의 문하로 들어왔으며, 항상 목각불상 앞에서 정성껏 예를 올렸다고 한다. 균여의 저서에 의상으로부터 법계도인을 받았다는 기록이 있는 점으로 미뤄 아주 뛰어난 제자 중 한 사람으로 여겨지고 있다.

균여의 저서에는 "지통이 목각존상에게 정성을 다해 예를 올렸더니 그 상像이 '굴 앞을 지나간 돼지는 네 과거의 몸이고, 나는 곧 네 미래과보로서의 불佛이다.'고 말했다. 지통은 이 말을 듣고 곧 삼세三世가 일제(一際: 피차의 이변二邊에 분별이 없는 것)라는 법문法門을 깨달았다."고 적고 있다.

의상에게 이 이야기를 하자 의상은 그 그릇이 완성됐음을 알고 법계도인法界圖印을 주었다고 기록돼 있다. 이 기록이 의상의 화엄교학이 지통에게로 이어지는 특수한 의미를 지니는 지는 알 수 없다.

지통은 의상의 화엄경을 듣고 정리해 '추동기錐洞記'를 지었다. 의상은 이때 제자 진정의 어머님 명복을 빌기 위해 90일 동안 풍기읍 추동(영전동이라고도 함)에서 화엄경을 강의했다. 추동에는 영전사靈田寺라는 절이 19세기까지 있었다고 한다.

진정은 문무왕 20년(680)쯤 출가해 돌아가신 어머니를 위해 소백산 추동에서 화엄경을 강의할 때 비로사를 창건했으며, 상원은 의상에게 질문을 많이 했던 제자였다.

의상이 태백산에 있을 때 진정과 지통에게 설하기를 "수행인이 십불十佛을 보고자 하거든 마땅히 먼저 안목을 갖추어야 하느니라."고 하자 지통이 "어떤 것이 안목입니까?"하고 물었다. 이에 의상은 "화엄경으로 스스로 안목을 삼으면 글자글자와 구절구절이 모두 십불이나 이 밖에서 부처를 보기를 구한다면 생생겁겁生生劫劫에 마침내 보지 못하리라."고 답

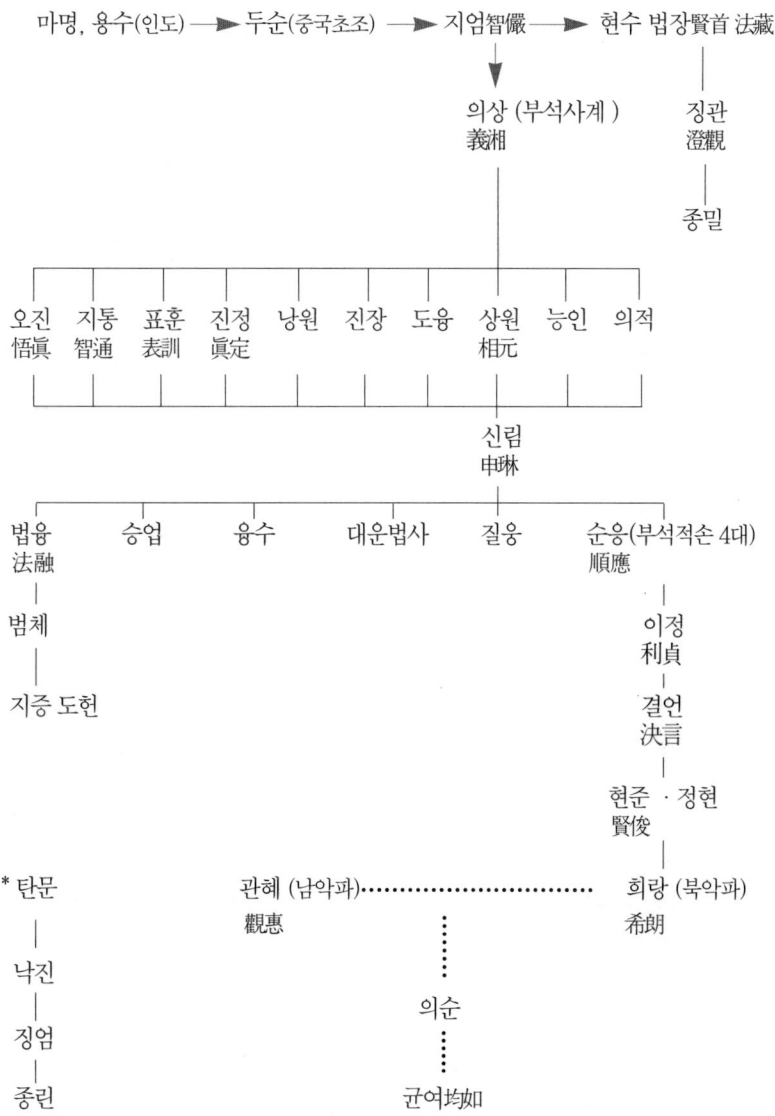

하고는 십불에 대해 설했다.

　십불은 무착불無着佛, 원불願佛, 업보불業報佛, 지불持佛, 열반불涅槃佛, 심불心佛, 삼매불三昧佛, 성불性佛, 여래불如來佛 등이다. 이 십불에 관한 해석은 지엄의 저서에서도 볼 수 없는 독창적인 해석으로 평가받고 있다.

　오진은 안동 학가산 골암사에서 밤마다 팔을 뻗쳐 부석사 석등에 불을 켰다고 삼국유사에 기록되어 있다. 도신은 의상의 강의를 기록한 '도신장' 2권을 남긴 의상의 직계 제자였다. 의상의 제자 중 표훈, 진정, 상원, 낭원은 사영四英으로 불리는 뛰어난 제자였으나, 나머지는 이름만 보일 뿐 활동상황이 알려지지 않고 있다.

법이란 바로 내 몸과 마음이다 | 의상계와 기타 학맥

의상이 702년(성덕왕 1) 입적한 후 8세기 전반까지는 의상의 직제자들에 의해 화엄교학이 계승되다가 8세기 중엽쯤 '부석적손浮石嫡孫' 신림申琳이 부석사의 화엄학풍을 계승하였다.

신림이 부석적손이라는 것은 그가 의상의 직계 제자인 상원相元에게 나아가 원만불圓滿佛 등에 대해 배웠으며, 진정 등을 부를 때 사師를 붙인 것 등의 기록을 볼 때 사실임을 알 수 있다.

그는 입당하여 융순融順 화상을 만남으로써 몇 가지 의문을 해결했다. 귀국해 부석사에 모인 1천여 명의 대중에게 법장이 지은 '화엄교분기華嚴教分記'를 강의했다고 균여의 저서에 기록돼 있다. 일부 학자들은 신림의 화엄사상은 의상의 다른 직제자와 비교할 때 입당 등으로 다소 변화가 있었던 것으로 보고 있다. 신림은 법융, 숭업, 융수, 질응, 순응 등 문하에 많은 제자를 배출하였으며, 그의 학설이 균여의 저술에 많이 인용되는 등 신라화엄사상사 전개에 크게 공헌했다.

법융은 법계도를 주석하는 기록을 남겼다. 이것은 '법융기法融記'라는 이름으로 '법계도기총수록'에 빈번히 인용되고 있다.

법융은 의상의 일승법계도에 대한 다섯 글자의 의미를 아주 참신하게 풀이하고 있어 눈길을 끈다. 일一, 즉 '하나'라고 하는 것은 능(能: 능동)과 소(所: 수동)의 구분이 없는 것으로, 몸과 마음이 제법諸法을 총섭總攝하고 있음을 깨닫는 것을 말한다. 이 하나一에 득입得入하기 위해서는 지관을 닦으면 된다. 지관에 대해 요요了了하게 나누어 밝힘은 관觀이요, 능과 소를 떠나 오로지 분별함이 없어 부동不動함이 지止라는 것이다.

승乘에 대해서는 "위의 한자리(一處)를 능히 결정코 믿으면 이를 승이라 한다.… 능히 알아듣지 못하고 점차로 알아들으므로 십해十解가 있고, 또 나아가 증證하지 못하고 점차로 증하므로 십증十證이 있듯이, 점차로 불과佛果를 이룸으로써 승이라 부르는 것이다. 여실도如實道를 타고乘 와서 정각正覺을 이룬다는 것이 그 뜻이다.… 하나를 움직이면 곧 일체가 움직여짐이 바로 이 뜻이다."고 풀이했다.

또 "법法이란 바로 내 몸과 마음이다. 계界란 몸과 마음을 모조리 포섭하고 상지相持가 끊겨 전후의 끝際이 없는 이 법의 마지막 끝(究竟邊際)을 의미한다. 도圖란 상像이다. 마치 코끼리를 모르는 사람에게 코끼리의 모양을 그려 보여주는 것과 같이 행자行者는 자기의 심신이 곧 법계불法界佛인 줄을 모르고 있으므로 그에게 법계불상法界佛像을 만들어 보여 주는 것이다."라고 해석했다.

법융의 제자로는 범체가 있다. 범체는 840년(문성왕 2)쯤 부석사에 머물면서 지증국사 도헌(824~882)을 가르쳤다.

순응은 766년(혜공왕 2) 중국에 들어갔으며, 질응과 융수 등도 각종 기록으로 미뤄 신림의 제자임을 짐작할 수 있다. 순응에 대해서 최치원은 900년(효공왕 4)에 쓴 해인사 '선안주원벽기善安住院壁記'에서 "조사 순응 대덕은 신림에게 공부하였고, 766년에 중국에 건너갔다."고 적고 있다.

따라서 순응은 의상으로부터 계산하면 부석적손의 4세에 해당한다.

그는 당에서 우두선(牛頭禪: 우두산의 법융을 초조로 하는 종파)을 익혀 전래했으며, 802년(애장왕 3) 해인사 창건에 착수했으나 완성을 보지 못하고 죽었다.

이정은 순응을 계승하여 해인사를 완공했다. 최치원이 지은 '이정화상찬讚' 등의 기록을 볼 때 선을 익힌 화엄승려로 보고 있다. 9세기 말과 10세기 초에는 현준과 정현이 해인사에 있었으며, 현준은 9세기 초 의상계에 속하면서도 의상의 동문인 법장을 흠모했던 뛰어난 화엄학 학승으로 추정되고 있다. 최치원의 여러 저서를 볼 때 연대적으로 계산해 보면 현준의 제자는 희랑이었을 가능성이 높다.

한편 당시 화엄학에 대해 의상 이외에도 원효, 표원, 연기, 범해 등이 나름대로의 계파를 형성하며 활동했다는 견해도 있다.

이들을 비非의상계로 보는 견해가 있는가 하면, 황룡사계로 보면서 의상의 부석사계가 60화엄을 중심으로 한 교학체계로 화엄관華嚴觀 수행을 병행하며 대중강경大衆講經의 형태로 화엄학을 펼친데 반해, 황룡사계는 80화엄을 중심으로 화엄경의 주석 등 경전 자체의 연구에 힘쓰면서 사경寫經의 형태로 대중화엄결사를 시도했다는 주장이 있다.

이들 중 황룡사 출신의 연기緣起는 지리산에서 화엄사華嚴寺를 창건했고, 754년에 화엄경을 사경하기도 했다. 지난 79년 발견된 신라 화엄석경에는 연기가 754년(경덕왕 13) 8월 아버님의 복을 빌고 중생들의 성불을 위해 창건했다는 기록이 있다.

현재 화엄사의 효대孝臺라고 불리는 곳에 국보 35호인, 사방에 머리로 석탑을 받치고 있는 네 마리의 사자와 그 중앙에 합장을 한 채 머리로 탑

화엄사 각황전(국보 제 67호)

을 받치고 서있는 승상僧像의 모습을 한 사사四獅삼층석탑이 있다. 이 승상은 연기의 어머니인 비구니의 모습이고, 석탑 바로 앞에 꿇어 앉아 앞의 석탑 속 비구니에게 차 공양을 올리는 모습의 승상은 연기 자신이라고 한다.

위의 승려들 이외에도 화엄종 승려로는 법장의 문하에서 수학한 후 692년(효소왕 1) 귀국하면서 의상에게 '화엄경탐현기'를 전해준 승전, 승전의 제자인 가귀와 범수, 740년(효성왕 4) 일본으로 건너가 일본 화엄종의 초조가 된 심상, 화엄을 18과로 나누어 분석한 표원, 성불成佛을 위성불位成佛, 행성불行成佛, 이성불理成佛의 셋으로 구별하여 설명한 견등, 화엄삼매도를 만든 명효 등이 있다.

그러나 신라 하대에 이르러 도의가 821년(헌덕왕 13) 선사상을 전래하기 시작한 이후 부석사계를 비롯한 화엄종 승려들의 이탈현상이 가속화

되는가 하면, 결언과 현준, 성기 등이 화엄결사를 주도하면서 화엄학의 활로를 찾기도 하였다.

신라 하대의 화엄교학은 현학적·이론적 측면이 강화되면서 기존 교종의 한계를 극복하기 위해 화엄교학 승려들이 선문으로 옮기는 사례도 있었다. 도의 이후 구산선문 중 성주산파의 개조가 된 무염, 동리산파 혜철, 도윤 등 많은 화엄승려들이 선문으로 들어갔다. 이러한 가운데 화엄결사가 일어나 화엄학의 활로를 찾는 움직임도 계속되었다.

신라 하대의 왕실은 여전히 화엄을 존중하였으며, 법융과 진수, 범체, 결언, 현량, 석징, 현준, 홍진, 승훈 등 여러 화엄대덕이 배출되었다. 9산 선문의 개산소 중에도 낳은 승려들이 화엄과 선을 병행하였다.

해인사는 중국 화엄종의 4조 징관의 화엄교학을 받아들여 나름대로의

전남 구례 화엄사에 있는 석경조각(보물 1040호)과 석경 탁본. 연기가 장육전(현재의 각황전)을 지으면서 석판에 화엄경을 새겼다고 한다.

화엄교학을 체계화해 선종으로의 이탈이 거의 없이 의상계의 새로운 주찰主刹로 등장했다. 해인사는 신라 말 왕실의 후원으로 그 규모가 커지면서 10세기 후삼국시대에는 태조 왕건과 후백제 견훤에 의한 세력침투가 이루어져 결국 남악파南岳派와 북악파北岳派라는 화엄학의 대립현상을 낳게 된다.

무억無憶, 무념無念, 막망莫忘이 총지문이다 | 정중 무상

정중 무상(淨衆 無相: 684~762)
속성은 김씨. 신라 왕족. 출가 후 당나라 처적에게 입문. 79세 때 좌탈. 제자로는 무주 선사와 마조 도일 등이 있다.

마음이 평등하면 일체법이 평등하다. 참된 성품을 깨닫는다면 불법 아닌 것이 없다. 이치를 깨달으면 탐착하는 마음이 일어나지 않는다. 참된 수행의 경계를 잃어버리는 일이 없으면 구할 것도 없다. 왜냐하면 반야바라밀의 여성如性은 본래 평능하고 경계가 없기 때문이다.

티베트어로 된 무상의 어록에 나오는 법어이다.

무상대사는 중국 사천성 정중사를 중심으로 인성引聲염불과 '무억(無憶: 일체를 기억하지 않는 것), 무념(無念: 일체의 망념이 없는 것), 막망(莫忘: 망각하지 않도록 하는 것)'이라는 3구의 선사상으로 중생교화에 큰 역할을 했다. 또 티베트에 최초로 선불교를 전파했다. 그는 우리나라 선문과도 깊은 관계를 맺고 있다. 중국 선불교의 법맥을 이은 마조 도일(馬祖 道一: 709~788)이 무상의 제자이고, 중국의 서당 지장西堂 智藏과 신라 구산선문의 도의, 홍척, 혜철 등 7개 선문이 마조에서 비롯된 점으로 미뤄 우리의 선문 계보도 그에게서부터 비롯됐다는 주장도 있다.

마조가 무상의 법제자라는 것은 중국 선학자 호적(胡適: 1892~1962)에 의해 처음 제기됐다. 국내에서는 민영규 교수가 추적연구를 통해 이를 확인했다. 그의 계보는 5조 홍인이 6조 혜능에게 불법을 전수해 돈오법문을 창립케 했고, 한편으로는 지선智詵에게도 법을 전하면서 시작된다. 그 후 지선의 법은 처적處寂과 무상으로 이어지고, 무상 밑에는 보당사의 무주와 한주 운정산 왕두타, 형주 명월산 융선사, 정중사의 신회, 무계, 마조, 서역의 가섭현자에게로 이어진다. 마조가 무상의 제자라는 기록은 종밀宗密의 '원각경대소초'에 잘 나와 있다.

돈황에서 발견된 '역대법보기'와 티베트 고사서인 '바세', 돈황본 자료에서 발견된 티베트어로 번역된 무상의 어록 등으로 무상의 존재와 역할은 한층 분명해지고 있다. 무상이란 이름도 처적이 법을 전하며 내린 것이라고 한다. 무상도 또한 화엄종의 초조인 두순, 홍주종의 초조인 마조와 함께 당시 민중들에게 신뢰와 존경의 표시로 '김 화상'으로 불렸다.

무상의 인성염불과 3구에 대해 역대법보기 무상전에는, "김 화상은 매년 12월과 정월 수계식을 할 때 먼저 인성염불을 한 뒤, 일성一聲의 숨을 다 내쉬어 목소리가 끊어지고 또 일체의 잡념이 끊어졌을 때 무억無憶·무념無念·막망莫忘을 설했다. 그리고 무억은 계戒요, 무념은 정定이며, 막망은 혜慧다. 이 3구는 곧 총지문(摠持門: 모든 이치를 갖춘 법문)이다."고 적고 있다.

이로 미뤄볼 때 인성염불은 무상의 4대 법손인 종밀이 그의 저서인 '원각경대소초'에서 언급한 일자염불처럼 처음에는 목소리를 크게 내어 길게 뽑고, 소리를 점차 약하게 하여 나중에는 소리가 없는 상태로 되게 하여 무념에 이르는 방식의 염불로 추정된다. 즉 '나~무~아~미~타~불'로 소리 내어 외우는 것이 아니라, 일성이란 표현으로 보아 '나~' 또는 '불~' 하고 소리를 내면서 숨이 다 내뱉어지도록 길게 발성하는 것으로 추정되고 있다.

인성염불은 능엄경에서 가장 수승한 수행법인 '이근원통(耳根圓通: 관음법문이라고도 함)'이라는 주장도 있다. 이근원통은 능엄경에서 제시하고 있는 25가지 수행법 중 관세음보살이 사용한 가장 뛰어난 방법이다. 이는 일근이 본원으로 돌아가면 육근이 해탈을 이루게 된다는 '일근기반원 육근성해탈一根旣返源 六根成解脫'의 능엄경 돈오사상이다. 여기서 일근은 이근耳根을 지칭한다. 돈오가 이근이고 이근이 돈오인 것이다. 인성염불이 내이성(內耳聲: 내면의 소리)과 외이성(外耳聲: 바깥의 소리)에 집중하는 이근원통이란 것은 소리에 초점을 맞추기 때문이다. 처음에는 소리에 집중觀하고 그 다음에는 아무 것도 설하는 것이 없는, 듣는 자가 들리는(反聞

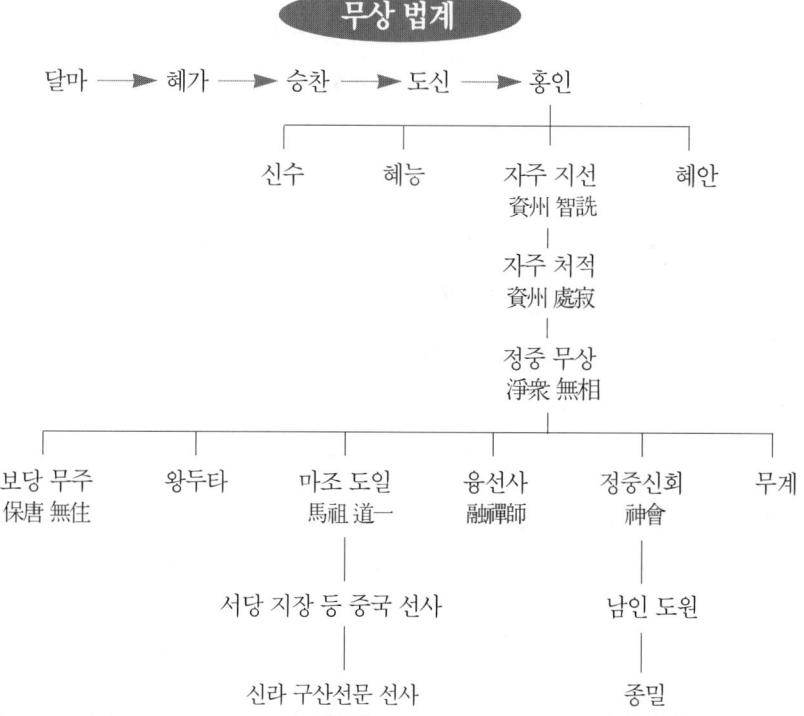

聞性) '무설시無說示'의 단계로 접어든다. 이 무설시의 경지는 바로 무상이 설한 무억·무념·망망의 경지라는 것이다.

그러나 이것은 서방정토 왕생을 목표로 하지 않는다는 점에서 염불적인 요소는 아니다. 따라서 무상이 철저한 돈오의 선풍을 강조했고, 신라의 선문이 무상의 제자인 마조의 선풍을 이어받은 데다 3구가 계·정·혜 3학이라는 것을 강조한 것으로 볼 때 인성염불을 염불선으로 보는 것은 잘못이라는 것이다.

3구에 대해서는 종밀이 무억은 외경外境을 기억하지 않는 것, 무념은 본래의 영고榮枯를 염려하지 않고 내심內心을 생각하지 않는 것, 막망은 항상 지혜와 상응하여 흐림과 그릇됨이 없고 자연 그대로 무기無寄함을 뜻한다고 해석했다. 이로 볼 때 3구 설법의 중심사상은 무념이며, 염불기(念不起: 한 생각이 일어나지 않는 것)를 근거로 삼고 있다고 할 수 있다. 무상은 이 3구의 설법이 달마로부터 곧바로 전수받은 것이라고 했다.

사실 중국 선종에서 무념설을 처음으로 주장한 사람은 혜능 제자인 하택 신회이다. 그는 무념을 남종선의 근거로 삼고, 염불기念不起의 새로운 3학을 주창했다. 그는 "염불기를 좌坐로 하고, 본성을 보아(깨달아) 산란됨이 없는 것이 선이다."라고 좌선을 정의하고 있다. 그러나 무상은 염念이 일어나지 않는 것이 계·정·혜이며 염불기를 무념과 동일시하고 있어 하택 신회와는 다소 다른 입장을 보이고 있다. 무상은 또 대승기신론의 심진여문心眞如門과 심생멸문心生滅門에 대해 무념, 즉 불성이 심진여문이며 유념有念, 즉 문자가 심생멸문이라면서 문자에 집착하는 것을 불효자 혹은 망상으로 비유했다. 무상은 이어 "무명의 머리가 나오면 반야의 머리가 없어진다. 무명의 머리가 없어지면 반야의 머리가 나온다."고

했다.

　이 같이 볼 때 무상의 설은 신회의 설보다 한층 더 발전된 개념으로, 무념의 적극적인 실천을 주장하고 있는 3학설이다. 또 하택과 무상의 제자인 무주(無住: 714~774)의 선사상을 연결시켜주고 있는 점에서 선사상사적 의의가 크다.

　무상의 선법을 계승한 무주는 무상의 선법에 새로운 해석을 더했다. 역대법보기 무주전에는 "일체 중생은 본래 청정한 것이다. 본래 원만하여 첨가할 수도, 감소시킬 수도 없다. 일념의 번뇌심이 다르므로 삼계에서 갖가지 몸과 거짓 이름을 받는다.… 상에 집착하면 바로 윤회에 떨어진다. 중생이 염念을 지니고 있기에 임시로 무념을 설한다."고 방편으로 무념을 설함을 밝힌 뒤, "…유념이 없을 것 같으면 무념은 존재하지 않는다. 무념이면 생멸도, 애愛도, 취사도, 높고 낮음도, 남녀도, 옳고 그름도 없다. 무념이면 바로 무념도 존재할 수 없다.… 바로 무념일 때 일체의 법은 모두 불법이니 보리를 떠난 것은 한 법도 있을 수 없다."고 말했다.

　'바세'라는 티베트 고서에 따르면 무상은 또한 티베트의 불교 전파에 결정적인 역할을 한 것으로 기록되어 있다. 일반적으로 티베트의 불교 전래는 손첸캄포 왕(581~648) 때로 보고 있으나, 실질적인 전래는 치손데첸 왕(742~797) 때부터라는 것이 통설이다.

　그러나 바세에 의하면 그 이전부터 무상의 정중종淨衆宗 계통의 선이 전해졌다는 사실이 밝혀졌다. 당시 티베트의 치데구첸 왕(704~754)은 아들을 위해 불법을 받아들이려고 산시 등 네 사람을 중국으로 파견했다.

　산시 일행이 1천 권의 경전을 받아 귀국할 때 길에서 호랑이와 함께 가는 김 화상을 만났다. 김 화상은 당신들의 왕은 이미 죽고 파불사건이 일어났으므로 장차 왕이 바깥의 도를 물을 때 불법을 소개하라고 일러주었다. 산시 일행이 본국으로 돌아가 보니 김 화상의 말이 사실이었다. 이에 경전을 암굴에 감추고 때를 기다리다 왕이 어른이 되어 법을 구하자 숨겨둔 경전을 가져와 금강경 등을 전하면서 불교를 도입했다고 기록되어 있다.

역대법보기와 송고승전, 바세 등에는 김 화상의 신이神異한 기록도 많다. 맹수들이 무상의 수행을 지켜주고, 산 계곡에서 5일간 꼼짝도 않고 좌선을 하는가 하면 티베트 사신 세르난에게 선정(止觀)을 가르쳤다는 것이다. 여하튼 무상은 티베트와 가까운 사천성 성도에 살면서 수행과 신통력으로 티베트에 불교를 전파하는 데 큰 역할을 한 선승이었다.

무념무수無念無修 | 원적 도의

원적 도의(元寂 道義)
생몰연대 미상. 남종선을 전한 신라 고승. 성은 왕王, 법호는 원적元寂. 현재 서울인 북한군에서 출생. 제자로는 염거, 체징 등이 있다.

무상의 법계는 우리나라 선종계보와 무관하지 않다는 주장이 제기되고 있다. 민영규 교수는 중국 호적의 연구업적을 근거로 달마 이후 5조 홍인으로 이어지는 중국 선불교는 지선, 처적을 거쳐 무상으로 이어지며, 무싱 아래 징중 신회, 마조 도일 등을 서져 서당 지장 이후 신라의 도의, 무염, 범일 등으로 법계가 이어진다고 주장하고 있다. 즉 무상을 우리나라 선맥의 중추역할을 한 인물로 보고 있다.

그러나 정성본 교수는 우리나라 선맥에 절대적 영향을 미친 마조는 무상과 법형제일 뿐이며, 무상의 법은 정중 신회, 남인 도원, 규봉 종밀로 이어지며 중국선종에 지대한 영향을 끼친 것으로 보고 있다.

아직 무상에 대한 연구는 더 이뤄져야 하겠지만, 신라 구법승들이 6조 혜능의 보탑과 무상의 영당에 참배한 사실 등을 미뤄볼 때 무상의 인성염불과 선사상은 어떤 형태로든 신라불교에 큰 영향을 미친 것으로 보인다.

도의는 중국 혜능의 남종선(또는 南禪宗, 南頓禪)을 신라에 최초로 소개했다. 그는 선덕왕대(780~784) 전후에 활동했다. 현재 대한불교조계종 종조로 추앙되고 있다. 도의의 귀국 후 5~6년부터 당에 들어간 홍척, 혜철 등 선승들이 대부분 마조계馬祖系의 선법을 이어받고 귀국, 선문을 개창하면서 신라 선종과 나말여초의 구산선문이 형성되었다.

그러나 우리나라 최초의 선법 전래는 달마 이후 남돈南頓과 북점北漸으로 분파되기 전인 4조 도신(580~651)에게 법을 받아 귀국해 동산종을 전한 신라승 법랑과 신수의 북종선을 전한 신행(704~779)이 있었다. 그렇지만 당시의 교학불교 분위기와 돈오점수頓悟漸修를 주장하는 남종선의 발전으로 수용되지 못했다. 이 신행계보는 나중에 준범, 혜은을 거쳐 도헌에 이르러 희양산문을 이루게 된다.

따라서 진정한 신라의 선 도입은 헌덕왕(809~826) 이후라 할 수 있다. 이때는 점수점오漸修漸悟를 주장하는 북종선이 쇠퇴하고 남종선이 주류를 이루고 있었는 데다 마조계의 구법승들이 줄줄이 귀국했기 때문이다.

도의는 선덕왕 5년(784) 사신과 함께 당으로 들어가 광부의 보단사寶壇寺에서 구족계를 받고 육조 혜능의 사당에 참배했다. 그 후 강서 홍주의 개원사에 가서 서당 지장(735~814)을 만나 의심을 풀고 도의라는 법명을 받았다. 이때 서당은 "마치 돌 가운데 아름다운 옥을 취하고, 조개 가운데 진주를 줍는 것과 같도다. 진실로 법을 전하는데 이 사람이 아니고 누구이리오."라고 했다. 이어 백장산百丈山 회해(749~814)를 찾아가니 "강서(마조 도일)의 선맥이 몽땅 동국(우리나라)으로 돌아가는구나!"라고 탄복했다.

이처럼 도의는 선덕왕 5년 입당해 마조의 수제자인 서당과 백장의 법을 전해받은 후 37년만인 헌덕왕 13년(821) 귀국, 처음으로 남종선을 설하였다. 도의는 귀국 후 설악산 진전사에 은거하면서 제자를 양성한다. 그의 선법은 염거, 체징에게 전해지면서 장흥 보림사에서 가지산문을 열었다.

도의의 선사상은 육조 혜능, 남악 회양, 마조 도일로 전승되는 홍주종洪州宗 계통이다. 도의의 선사상을 알기 위해서는 마조의 선풍을 어느 정도 이해할 필요가 있다. 마조의 선사상은 평상심시도平常心是道, 임운자재任運自在 등으로 설명된다. 분별이나 차별, 집착이 없는 본래의 마음인 평상심이 도라는 것이다. 도는 본래 자연 그대로의 움직임에 내맡기어(任運) 살아가는 것을 말한다. 그렇다고 단순히 모든 것을 놓고 있는 것을 의미하는 것은 아니다.

도의의 선사상은 이러한 마조의 선사상과 진정국사 천책天頙의 '선문보장록'을 통해 엿볼 수 있다. 선문보장록의 해동칠대록에는 당시의 화엄승인 지원 승통智遠 僧統과 도의간의 문답이 실려 있다.

두 번째 문답에서 지원은 "교리에서 신信, 해解, 수修, 증證을 실행한다는 것은 어떤 것이 정당한 것이며, 어떤 불과佛果를 성취할 수 있습니까?"라고 물었다.

이에 도의는 "무념無念, 무수無修의 이성理性이 신·해·수·증할 뿐이다. 조종祖宗이 법을 보이지만 부처와 중생도 얻을 수 없으며, 도성道性이 곧바로 드러날 뿐이다. 그러므로 5교 이외에 특별한 조사의 심인법心印法을 전했을 따름이다. 그러므로 부처의 형상을 나타낸 것은 조사의 정리正理의 기틀로 풀기 어렵다. 때문에 시방十方의 몸을 빌려 나타낼 뿐이다. 비록 다년간 불경을 읽더라도 심인법心印法을 깨닫고자 한다면 겁劫(한없이 길고 긴 시간)을 다해도 얻기 어려울 뿐이다."고 답하고 있다.

이에 지원이 일어나 절하며 말하기를 "평소 잠시 불장의 엄한 교훈을 들었을 뿐이라 불심인법佛心印法을 엿볼 수 없습니다."라고 말했다.

도의의 대답에 나오는 이 무념설은 하택 신회(684~758)가 주장한 남종선의 기본사상이다. 무심이나 무수무증無修無證은 마조계의 선사상을 대변한다. 그의 이 무념설은 마조의 스승인 무상의 정중종과도 유사함을 갖고 있다고 볼 수 있다. 무념이란 일체의 분별과 집착이 끊어져 망념이 일어나지 않는 본래의 청정심淸淨心을 말한다. 따라서 도의의 답은 조사심인법祖師心印法을 강조한 것이다.

이 문답은 직지인심直指人心의 조사선을 나타낸다. 경전은 수행의 잘못된 병을 고치는 약일 뿐이며, 병이 나으면 약인 경전까지 버려야 한다는 것이다.

그러나 이 같은 도의의 선사상은 당시 왕실이나 귀족세력에 화엄 등의 교학불교가 여전히 주류를 이루고 있는 데다, 당시 입당구법 선사들의 사상이 '마어魔語'라는 비난을 받는 사회적 분위기 때문에 제대로 수용되지 못했다.

지증대사적조탑 비문에는 "도의 스님은 서장 지장으로부터 심인을 받고 돌아와 처음으로 선법을 베풀었다. 스님은 원숭이같이 속 좁은 이들의 급한 마음을 바로 잡고 감싸주었지만, 저들은 뱁새가 자기 날개를 자랑하며 붕새가 남쪽 바다로 나는 높은 뜻을 비난하듯 하였다. 이들은 인습적인 염불 따위에 젖어 스님의 말을 마귀의 말이라고 비방했다."라고 당시의 상황을 적고 있다.

조계종의 종조 | 도의와 가지산파

　도의는 설악산 진전사(강원도 양양군 강현면 둔전리)에 은둔하면서 제자들에게 법을 전한다. 전제왕권의 몰락과 6두품 세력이 등장한 신라 하대 헌강왕 이후에 드디어 선사상이 일어난다. 도의의 불운과 선법전래 관계는 전남 장흥군 가지산迦智山 보림사에 있는 체징體澄의 비인 보조선사창성탑비普照禪師彰聖塔碑에 잘 나타나 있다. 이 비명은 도의의 시절 인연이 닿지 않는 것을 양무제가 달마와의 인연을 놓친 것에 비유한다. 도의는 산림에 숨어 법을 염거에게 전했다고 적고 있다.

　그의 법은 염거(廉居: ?~844)를 거쳐 체징(體澄: 803~880)대에 이른바 구산선문의 일파인 가지산파를 형성하게 된다. 도의는 혜능, 남악, 마조, 서당, 백장 등의 사상을 전수받고 신라로 귀국, 그의 제자인 염거와 체징 시대에 가지산 보림사를 창건하게 되는 발판을 마련했다.

　현 조계종 종헌 제2장 6조는 "본종本宗은 신라 헌덕왕 5년에 조계 혜능 선사의 승법손 서당 지장 선사에게 심인을 받은 도의국사를 종조로 하고…"라고 명시, 도의가 현 조계종 종조임을 선언하고 있다.

　도의의 선사상을 전수받은 염거는 태어난 시기가 밝혀지지 않았으나, 신라 46대 문성왕 6년 강원도 설악산 배성사(倍聖寺: 億聖寺라고도 함)에서 입적한 것으로 전한다.

　현재 서울 탑골공원 안에 있는 염거선사탑명에 "그는 설악산에서 전조심 벽사교傳祖心 闢邪敎했다."고 전하고 있다. 교를 버리고 선을 제시했다는 것인지, 북종선을 버리고 남종선을 취한다는 뜻인지 확실치 않지만, 교에 대한 반격의 의미로 추정되고 있다. 또 '조선불교통사'에 "한 마음 깨끗이 닦아 삼계를 구한다. 나의 생명은 참 생명이 아니고 내가 받은 몸은 참 몸이 아니다."라는 염거의 말이 보인다. 체징에게 법을 전하면서 그의 선사상이 널리 퍼진다.

우리나라 남종선의 3조인 체징은 신라 40대 애장왕 5년 웅진(공주)의 김씨가문에서 태어났다. 가세가 기울자 24세 때(827) 출가, 가량협산 보원사에서 구족계를 받았다. 그 뒤 설악산 배성사 염거로부터 법을 전해 받은 후 43대 희강왕 2년(837) 동문인 정육, 허회 등과 입당, 35주를 편력했다. 스승의 가르침 이외에 더 배울 것이 없음을 깨닫고 귀국, 고향에서 교화하다 47대 헌안왕 3년(859) 무주(현 광주)의 황벽란야로 옮겼다. 헌안왕이 그의 소문을 듣고 불렀으나 병 때문에 갈 수 없다고 하자 윤지(綸旨: 임금의 말씀)를 내려 원표 대덕의 옛 거주처인 가지산사(현 전남 장흥 보림사)로 옮겨 모셨다.

가지산파 형성에 결정적인 공헌을 한 그는 49대 헌강왕 6년(880)에 입

가지산문의 종찰인 보림사의 보조선사체징창성탑(보물 157호)

적했다. 전례에 따라 시호를 보조, 탑호를 창성, 사찰의 편액을 보림寶林이라 했다. 그의 제자로는 영혜英惠, 청환淸奐, 의차義車 등 800여 명이 있었다고 한다. 이들의 활동은 알려지지 않고 있다.

체징의 또 다른 제자로는 형미(逈微: 864~917)가 있다. 그는 무주(현 광주)인으로 선조가 한족이라고 전해진다. 보림사의 체징을 만나고 891년 중국으로 가서 가지산 선풍과는 다른 청원계靑原系의 운거 도응에게 법을 받고 905년(효공왕 9) 42세 때 귀국한다. 전남 강진군 성전면 월하리 월출산 동남쪽의 무위갑사(무위사) 주지로 8년간 머물다 입적했다. 당시 전남 나주를 정복한 왕건과 인연을 맺어 철원으로 갔다가 궁예의 미움을 받아 피살됐다는 설도 있다. 세자로는 한준, 화백 등이 있다.

또 진공(眞空: 885~937)도 가지산문이었다. 계림 김씨인 그는 874년(경문왕 4) 출가, 설악산의 도의 영탑을 찾아가 제자의 의儀를 다하고 스승 없이 스스로 깨쳤다(도의의 법손인 선융善融으로부터 깨달음을 얻었다는 설도 있음). 당시 대장군 김탕 등이 소백산 비로암을 중수하여 그를 머물게 했다. 고려 태조 20년(937) 서울에 올라가 왕의 삼국통일을 축하하고 고향으로 돌아와 입적했다. 제자로는 현양, 행조 등 400여 명이 있었다.

그 후 가지산문은 약 80년간 산문을 떠나지 않고 전통을 지키다가 고려중기 원응국사圓應國師 학일(學一: 1052~1144)에 의해 다시 기지개를 켠다. 그는 1062년(문종 16) 11세 때 진장에게 출가, 2년 후 구족계를 받은 뒤 향수 혜함에게 나아가 선지를 깨닫고 경·율·론을 공부했다. 중국에 들러 화엄·천태사상도 함께 익혔다.

삼매의 힘을 얻어 가뭄에 비를 내리게 하고 화재를 진압했다고 한다. 숙종 때는 왕자 복세 징엄(당시 9세)이 갑자기 숨이 끊어지자 대반야경을 염하여 소생시켰다고 한다. 그는 당시 의천이 천태종을 열었을 때 많은 납자들이 천태종으로 옮겨갈 때도 조사들의 도를 지키기 위해 적을 옮기지 않았다.

　이밖에 가지산문 출신으로는 이규보 등 유명한 문인들과 교제하면서 많은 시작을 남긴 혜문(?~1235)이 보제사에서 법회를 열었고, 그의 제자 담이가 1226년 용담사에서 가지산문 총림회를 개최했다. 가지산파는 학일이 머물렀던 운문사에서 일연에 의해 크게 일어난다.

융선교화融禪敎化 · 홍척과 실상산파 | 증각 홍척

증각 홍척(證覺 洪陟)
생몰연대 모름. 도의보다 5~6년 뒤에 도의와 마찬가지로 마조계인 서당西堂의 법을 이어받고 흥덕왕 초(826)에 귀국, 남악南岳인 지리산 실상사實相寺에서 신라 최초의 선문을 개창. 이름은 홍척 또는 홍직洪直. 시호는 증각證覺.

    홍척은 유학시기는 늦었지만 남종선 사찰을 최초로 창건했다. 최치원은 그를 도의와 쌍벽을 이룬다는 의미로 '북산의北山義 남악척南岳陟'으로 불렀다. 홍척은 여러 가지 점에서 도의와 비교된다. 북악의 도의는 기존 불교사상계의 비난으로 숨어서 법을 전한 반면, 남악 홍척은 왕실과의 통로 개설로 공개적으로 산문을 개창할 수 있었던 것이 두 파의 차이점이다.
    도의의 선사상은 당시의 민심과는 다소 거리가 있어 인정을 받지 못했다. 그러나 홍척은 42대 흥덕왕興德王과 선강宣康태자가 홍척의 제자가 됐다는 기록이 '경덕전등록'에 있는 등 왕실과의 관계로 공인을 받을 수 있는 발판을 갖고 있었다. 물론 흥덕왕과 선강태자가 홍척의 제자라는 기록은 신라기록에는 없기 때문에 신중하게 다뤄야 할 문제라는 지적도 있다.
    또 홍척과 도의는 서로 현실을 수용하면서 선을 행하는 융선融禪이냐, 선의 순수함만을 강조하는 순선純禪이냐 라는 면에서 사상적 차이를 갖고 있었다. 도의는 교와 선이 근본적으로 일치할 수 없는 면을 강조하며 무념무수無念無修에 이르는 길을 중시한 반면, 홍척은 교학과 선을 숭배하는 사상(崇神思想)을 받아들이면서 마음을 바꾸는 교화법을 택했다.

홍척의 탑인 적조지탑비寂照之塔碑에는 "밀전을 드러내 보이기를, 아침에는 범부이고 저녁에는 성인임이 변화가 무성한 것이 아니다. 흥기하여 그 종지를 시험하건대 닦아도 닦음이 없고 깨달아도 깨달음이 없도다. 그 고요할 때는 산처럼 섰고 그 움직일 때는 그 골짜기에 메아리 응하듯 하도다. 인위적인 것이 없이 자연스럽게 얻는 이익이 싸우지 않고 이기는 것, 이것이 모두 동인(東人: 신라)이 사는 신령스런 지역이니라(顯示密傳 朝凡暮聖 變非蔚也 興且勃焉試較其宗趣 則修乎修沒修 證乎證沒證 其靜也 山立 其動也 谷應 無爲之益 不爭而勝 於是乎 東人方寸地靈矣)."라고 기록하고 있다.

개산조인 홍척선사를 기리는 증각대사응료탑
(보물 38호, 남원 실상사)

그는 교敎와 상통하고 민간신앙과의 조화를 통해 조사의 선풍을 선양하려 했다. 이 같은 융통성 때문에 당시 화엄학을 배운 수철에게 법을 전할 수 있었다.

실상사 극락전 인근에 그의 탑과 비인 증각대사응료탑證覺大師凝蓼塔과 탑비가 서 있다. 이 탑비는 용의 머리가 아닌 거북의 머리모양을 하고 있는 등 경주의 태종무열왕릉비와 같은 계열이다.

기록에 의하면 홍척은 신라 흥덕왕과 선강태자를 귀속시킨 뒤

편운片雲, 수철秀徹 등 1천여 명의 제자를 두었다고 한다. 그의 법은 수철 (817~893)에게 이어졌다. 수철은 헌강왕 8년 진골 가문에서 태어나 연허 율사 밑에서 머리를 깎았다. 천종에게 경을 배웠으며, 현재의 경주인 동원경 복천사에서 윤법으로부터 계를 받았다.

그 후 수철은 선법을 배운 뒤 867년 경문왕의 청으로 교와 선의 같은 점과 다른 점에 관한 문답을 하고, 헌강왕의 칙勅으로 양산 심원사에 머물다가 남원 실상사로 가서 홍척의 법계를 이었다. 그는 종풍을 선양하다가 77세로 입적했다.

입적 후 시호를 수철, 탑호를 능가보월楞伽寶月이라 하였다. 실상사에 그의 탑과 비가 시 있다. 그의 비명이 수철화상능가보월탑(보물 33호)인 점을 볼 때 능가경의 사상과도 관계가 있었던 것 같다. 이 탑비의 글을 보면 홍척은 스승인 서당 지장의 가풍을 중시했으며, 수철은 선과 교의 일치를 추구하며 교화했던 일면을 알 수 있다. 탑비에 "참선에서 꽃술을 드날리고 화엄에서 향기를 모으셨다.… 여러 장소章疏를 남김없이 보시니 이는 나면서부터 뜻을 아는 이로서 부처님이 천명한 가르침을 날로 높여 가신 것이다."고 기록, 참선과 화엄을 겸하고 있음을 알 수 있다.

능가보월탑은 수철화상의 부도탑이다. 이 탑이 세워진 시기는 10세기 초로 보고 있고, 탑비는 신라 효공왕 때(897~912) 최초로 건립된 것으로 보인다. '강희 53년 갑오 4월일 중건'이라는 글자가 새겨진 것으로 보아 이 절이 불탄 이후 중건되기 시작한 조선 숙종 40년(1714)에 다시 세워진 것으로 추정된다. 글씨는 구양순체의 약자체로 새겨져 있다. 비문은 그의 출생에서부터 수계, 득도, 교화, 입적과 탑을 만들기까지의 경위를 기록해 놓았다. 비문의 손상이 심하여 현재 판독하기가 어렵다.

수철은 또한 우리나라의 정기를 일본 쪽으로 보내지 않겠다는 호국일념으로 4천여 근의 철로 현재 실상사 약사전에 있는 철조여래좌상 (보물 41호)을 조성했다고 전해진다. 그의 제자로는 식광触光, 관휴 款休, 수일邃日, 유해 踰海 등이 있었다고 전한다. 식광은 수철국사의 비명을 지은 것으로 보아 문장력이 뛰어났던 것으로 추정되나 그의 생애는 자세히 알 수 없다.

실상산파는 수철 이후 고려시대까지 명맥을 유지한 것으로 알려져 있으나, 사찰이 조선 세조 때 불타버려 그 역사는 제대로 전해 내려오지 않고 있다.

말 없는 말, 법 없는 법 · 혜철과 동리산파 | 적인 혜철

적인 혜철(寂忍 慧徹: 784~861)
혜철惠哲이라고도 함. 신라 원성왕 1년(785) 경주 박씨 가문에서 태어나 유교와 도교의 집안 분위기에서 자람. 10여 세 때 출가. 영주 부석사에서 화엄학을 익히고 22세에 비구계를 받음. 도의와 홍척에 이어 중국의 서당 지장에게서 수학한 뒤 귀국, 동리산문桐裏山門을 개창했다.

혜철은 선을 참뜻을 알기 위해 많은 구도역정을 거쳤다. 그는 현실을 감안, 교教와 융통할 수 있는 방안을 찾으면서 선을 전파했다.

부석사에 있을 때 의상의 10대 제자들에게 화엄학의 근본사상을 물었지만 의문을 풀지 못했다. 그래서 스스로 진리를 찾으면서 화엄사상을 체득했다. 그의 사상은 순수한 선 사상만을 고집한 것이 아니라 모든 교학을 알고 난 후 선禪에 들어갔다는 평가를 받는다.

혜철은 헌강왕 6년(814) 중국으로 건너가 서당 지장을 만나 심인心印을 받았다. 전남 곡성 태안사에 있는 '적인선사조륜청정탑비문寂忍禪師照輪淸淨塔碑文'에 그의 선 사상과 서당 지장과의 만남을 묘사한 대목이 나온다.

"혼자 생각컨대 부처란 본래 있지 않은 것인데도 억지로 이름을 붙인 것이다. 나는 본래 내가 없는 것이므로 일찍이 어떤 물건도 있은 적이 없다. 자성을 발견하여 깨달음이 곧 깨달음이다. 본래 법을 깨달은 공은 공空이 아니다. 그러므로 묵묵한 마음이 곧 진심眞心이고 적적한 지혜가 곧 진혜眞慧인 것이다.… 외국인으로 중국 땅에 멀다않고 와서 법화(진리로써 교화함)를 청하였다. 뒷날 '설 없는 설과 법 없는 법'이 해동에 전해졌다."

이 기록은 혜철의 선사상 요지가 무설지설無說之說, 무법지법無法之法이라는 것을 말해준다.

혜철은 또 스승인 서당 지장이 입적하자 중국의 명산대찰을 순례한 뒤, 서주의 부사사에 정착하여 3년 동안 대장경을 열람한 후 839년 귀국했다. 그는 귀국 후 전남 광주에서 선을 퍼뜨렸다. 또한 전남 곡성군 죽곡면 원달리의 동리산桐裏山에 태안사를 짓고 대중교화에 전념했다.

현재 태안사의 비문에는 당시 만백성과 군왕이 그의 귀국을 반기는 상황을 묘사하고 있다.

"산중에 사람이 없더니 오늘에야 돌아오도다. 천원川元에서 보물을 얻음이라. 불타의 지혜와 달마의 선법을 모두 갖추게 되었다(山谷無人 今日珠還 川原得寶 能仁妙旨 達摩圓宗)."

그의 선 보급은 도의와는 다른 면이 있었다. 즉 선이 교와 융통할 수 있는 방안을 모색한 것으로 보인다. 그의 비에 다음과 같은 구절이 있는 것을 보면, 그 차이점을 다소 짐작할 수 있다.

"서천의 부사사浮沙寺에 도착하여 대장경을 열람하며 진리를 찾기를 낮밤에 관계없이 전념하고 정밀히 하여 일각의 시간도 폐함이 없었다. 잠자지도 않고 방석에 앉지도 않으며 연구하기를 삼년 동안 하고 나서야 문장의 뜻이 깊어져, 궁리되지 않은 것이 없고 숨겨진 이치가 통달되지 않은 것이 없었다. 혹은 묵묵히 장구章句를 사색하여 하나하나가 마음 속에 간직되어 있었다(到西州浮沙寺 披尋大藏經 日夕專精晷刻無廢 不枕不席 至于三年 文無奧而 未窮理無隱而不達 或默思章句 歷歷在心焉)."

861년 그가 입적하자 왕은 적인寂忍이라는 시호를 내렸다. 872년 그를 기린 적인선사조륜청정탑 (보물 273호)이 세워졌다.

문도로는 풍수도참설로 유명한 도선과 도선의 법형제인 여如선사, 광자(廣慈: 864~926) 등이 있다. 도선의 제자로는 기적琪寂, 경보(慶甫: 868~947) 등 수백 명이 있다.

경보는 경문왕 8년(868) 전남 영암의 김씨 집안에서 태어나 부인사에서 출가, 18세 때 계를 받고 성주산의 무염과 사굴산의 범일 등을 찾아다니며 법을 물었다. 그 뒤 진평왕 6년(892)에 입당하여 무주 소산에 있는 조동종 선사인 광인匡仁의 인가를 받고 귀국, 후백제 견훤의 추앙을 받으며 종풍을 떨쳤다. 광인은 "동방 사람으로서 눈으로 대화할 수 있었던 사람은 오직 그대뿐이다."며 선법을 전했다. 경보 행적의 특징은 동리산문 선승들이 태조 왕건과 친밀한 관계를 유지한 것과는 달리 견훤과의 관계가 남달랐다는 점이다.

고려 정종 4년(949년, 948년이라는 설도 있음) 80세로 입적하니 시호를 동진洞眞, 탑호를 보운寶雲이라 하였다. 입적할 때 "옷차림을 바로 하고 음식을 똑같이 하며 선열禪悅로써 맛을 삼아라."는 임종게를 남기고, 탑과 비석을 세우지 말 것을 당부했다.

혜철, 도선, 경보는 모두 화엄종 사찰에서 득도한 후 선종의 법을 이었으므로 후세에 동리산사와 화엄강사華嚴講寺는 서로 불가분의 관계가 됐다는 주장도 있다. 경보의 제자로는 천통泉通, 현가玄可 등이 있으나 법을 전해받은 제자라는 것 이외에는 행적을 알 수 없다.

도선의 법형제인 여如선사는 혜철의 법제자이며, 광자선사인 윤다允多의 스승이라는 것 이외에는 알려진 것이 없다. 여선사의 제자인 광자선사 윤다는 경사인(京師人, 경주 사람)이며, 신라 경문왕 4년(864)에 태어나 8세 때 출가하였다. 당나라에 다녀왔다는 기록은 없으며, 다만 요동까지 다녀온 뒤 동리산의 혜철에게 귀의해 선풍을 떨쳤다고 전한다.

윤다에 관한 몇 가지의 일화가 전해 내려온다. 윤다가 고려 태조 왕건의 부름에 응하여 동리산으로 돌아가 머물고 있을 때 산적이 갑자기 절에 들어왔다. 그는 초연하게 움직이지 않고 좌선을 하고 있는데, 산적이 선방까지 들어와서는 그와 눈이 마주치자 스스로 죄를 뉘우치고 예배한 후 달아났다고 한다.

윤다는 왕건의 각별한 관심을 받았다 한다. 광자대사비명에 나오는 그와 왕건의 선문답은 두 사람간의 관계를 잘 말해준다. 왕건이 묻고 윤다가 답한다.

"옛 스님이 말씀하시길 마음이 곧 부처라 했는데 이 마음은 어떤 상태로 존재합니까?"

"열반의 경지에 이른 사람은 부처에도, 마음에도 머물지 않습니다."

"부처는 어떤 경지를 거쳐야 이 열반의 세계로 이르게 됩니까?"

"부처에게 거쳐야 하는 과정은 없으며, 마음 또한 그대로일 뿐, 거쳐야 할 과정은 없습니다."

"짐이 나라의 도움을 받아 난리를 구원하고 포악함을 벌주었습니다. 어떻게 하면 백성을 보호하겠습니까?"

"오늘의 질문을 잊지 않으신다면 국가는 매우 다행이고 백성에게도 매우 다행입니다."

"어떻게 덕을 행해야 중생을 따르게 하며 교화하겠습니까?"

"신臣 승僧은 저 자신도 구원할 줄 모르는데 어찌 감히 다른 사람의 묶인 마음을 풀어주겠습니까?"

그는 신라 경덕왕 2년(742) 동리산파의 개조인 혜철이 머물렀던 태안사에 132칸의 당우를 짓는 등 중창불사를 해 동리산파의 중심사찰로 삼았다. 현재 태안사의 일주문을 들어서면 그의 유적인 광자대사탑(보물 274호)과 비가 있다. 그는 동리산에서 수도를 계속하던 중 82세가 되던 해 향을 피우고 염불을 하다가 입적했다. 문도로는 정민貞珉이 있다.

무설無說이 나의 종지宗旨이다 | 무염과 성주산파

대낭혜 무염(大朗慧 無染: 799~888)
경주김씨 가문에서 출생한 무열왕의 8대손이다. 12세 때 오색사(강원도 양양군 오색리)의 법성 선사에게 출가, 능가경을 익힘. 821년 당나라 마조 도일의 제자인 마곡 보철麻谷 寶澈의 법맥을 이어받음. 89세 때 입적. 시호는 대낭혜大朗慧, 탑호는 백월보광白月保光. 그를 이은 성주산문의 고승으로는 원장, 영원, 현영, 승량, 자인, 심광, 대통, 여엄 등이 있다.

무염은 당대 우리나라의 선을 크게 일으킨 선승 중 한 사람이다. 특히 무설토론無舌土論의 선풍을 휘날리면서 구산선문 중 가장 번창한 선문을 이루었다.

충남 보령시 성주면 성주리 숭암산 밑의 옛 성주사지聖住寺址에 있는 무염국사비낭혜화상백월보광탑비는 그의 행적을 잘 기록하고 있다. 이 비도 최치원이 지었다.

그는 오색사에 머물다 부석사의 석등 대덕을 찾아가 화엄학을 배우고, 그의 권유에 따라 배를 타고 당나라로 들어가려 했다. 도중에 심한 풍랑을 만나 배가 전복되자 판자를 타고 도반인 도량과 함께 보름간을 표류하다 현재의 흑산도에 도착해 목숨을 건졌다.

그는 821년 다시 입당하여 중국의 대흥성 남산에 있는 지상사로 가던 중 어느 흑색노인으로부터 "제물諸物을 취하려 하나 누가 그 속에서 당신의 마음을 알아낼까?"라고 하는 말을 듣고는 크게 깨달았다. 이어 낙양의 불광사로 가서 마조의 사嗣이며 향산香山 백락천白樂天의 도우인 불심

여만佛心 如滿을 만나 대화를 나눈다. 이때 여만은 "내가 사람을 많이 보아왔으나 이같이 희귀한 신라인은 처음이다. 후일 중국에 선이 끊기는 날에는 신라에 가서 선법을 물어야 되겠다."라고 말했다 전한다.

그는 다시 마조의 법을 이은 마곡산의 보철을 찾아 보철의 인가를 받았다. 보철이 죽은 후에는 추위와 더위를 가리지 않고 유랑을 하면서 아픈 사람을 간호, 동방대보살이라는 칭송을 받았다. 문성왕의 부름을 받고 845년 귀국, 왕자 흔昕의 간청으로 공주 성주사에서 성주산파를 개창하고 불법을 널리 폈다.

그의 선사상은 '조당집' 권17의 무염장과 '선문보장록' 상권에 수록된 유설무설토설有舌無舌土說, 최치원이 지은 그의 비분 등을 통해 어느 정도 알 수 있다.

무염국사가 개창한 성주사지에 있는 낭혜화상백월보광탑비(국보 8호)

무염과 어떤 스님과의 선문답 형식을 띠고 있는 조당집의 무염어록에는 유설무설토설에 대해 이렇게 적고 있다.

"무설토無舌土에는 스승도 제자도 없는 데, 어찌 서천 28조에서 당대의 6조에 이르기까지 법의 등불을 전하여 서로 비추어 지금까지 끊어지지 않았습니까?"

"모든 세상에 유포된 것은 올바른 정법正傳이 아니다."

"한 조사에 두 가지 땅二土이 있습니까."

"그렇다. 그러므로 앙산이 말하길 양구兩口에 한결같이 무설이니, 이것이 곧 나의 종지이다."

"한 조사에게 두 땅이 있는 것으로 보는 뜻은 무엇입니까?"

"선법을 바로 전하는 근기根機는 법을 구하지 않기 때문에 스승 역시 가르칠 필요가 없으니 이것이 무설토이다. 사실에 응하여 법을 구하는 사람은 거짓 이름과 언설을 빌려서 설명하니 이를 유설토라 한다."

여기서 말하는 유설有舌은 혀가 있어 말이 있는 것이고, 유설토有舌土는 어떤 사물이나 진실을 말을 통해 알 수 있게 하는 현상세계를 말한다. 반면 무설無舌은 혀가 없기에 말이 없는 것이다. 무설토는 일체의 언어가 끊어진, 소리 이전의 본래 세계를 상징한다. 유설토를 교문敎門, 무설토를 선문禪門으로 보기도 한다. 양구는 유설토와 무설토 두 가지를 말한다.

이 무설토와 유설토에 대해 학자들 간에 다소 이견이 있다. 정성본 동국대 교수는 최치원의 비문에 이 설에 대한 언급이 전혀 없고, 조당집의 대화가 선문보장록에서는 선만을 강조하는 대화로 과장되게 개작된 데다 앙산 혜적(813~891)에 의해 주장됐으므로 그의 독창적인 선사상으로 간주하는 것은 무리라고 본다. 정 교수는 또 무염의 비문에 있는 "어떤 사람은 교敎와 선禪을 같지 않다고 하나 나는 아직 그 다른 종지宗旨를 보질 못했다."라는 구절도 이를 뒷받침한다고 제시하고 있다.

반면 최현각 교수 등은 무염의 유설무설토설은 시대적으로 15세 정도 차이가 나고 만난 적이 없는 앙산과는 관계없는 것, 즉 무설토의 중요성을 강조하는 무염의 사상으로 봐야 한다는 입장이다.

무염의 비문에 따르면 그는 또한 손님을 대함에 있어서 신분의 높낮이를 구별하지 않았으며, 스스로 낮추는 것을 기본으로 삼았다고 적고 있다. 또 "산이 나를 위하느라 더렵혀졌는데, 어찌 내가 몸을 편하게 하겠느냐."라며 식수를 길어 나르거나 나무를 싫어시는 일도 몸소 실천, 선농병행禪農並行의 실천행과 평등관을 보였다. 무염의 타고난 인격과 선지식으로서의 덕스러움, 청빈하고 규율을 지키는 생활 등의 단면을 살펴볼 수 있다.

무염이 개창한 성주산파는 그의 제자인 승량僧亮, 승광僧光, 순예詢乂, 원장, 대통, 자인, 현휘, 여엄, 대도 등 2천여 명에게 계승됐다.

그의 제자 중 대통(大通: 816~883)은 헌강왕 8년 박씨 가문에서 태어나 출가한 후 31세 때 성인 대덕에게 계를 받고 단엄사에 머물렀다. 무염 밑에 있다가 문성왕 8년(856) 입당, 앙산 혜적 문하에서 동산법문을 전해 받고 경문왕 6년(866) 귀국해 위앙종을 전했다.

성주산문의 3조인 법경대사 현휘(玄暉: 875~941)는 남원의 이씨가문에서 태어나 906년 입당, 구봉산 도건의 심인을 얻은 뒤 고려 태조 7년(924) 귀국했다. 태조가 국사로 모셔 중원부 개천산 정토사(현재의 충북 중원군 동량면 정토사터)에 머물게 했고, 그곳에서 법을 크게 떨치다 63세 때 입적했다. 그의 비문에는 성주산문의 법계를 마조 도일-마곡 보철-무염-심광-현휘로 적고 있다. 또 그는 선을 닦으면서 항상 화두를 놓지 않았으며, 문수의 지혜에 계합하여 항상 무위의 경지無爲境에 있었다고 한다.

태조 왕건과 종교와 정치의 경계를 놓고 다음과 같은 대화를 나눈다.

"수행의 쓰임에 멀고 가까운 차이가 있습니까?"

"한 방울의 물이라도 바위에 떨어지면 곧 바다로 흘러가는 것과 마찬가지임을 알아야 합니다."

"말을 알아듣고 서로 믿으면 먼저 아는 사람과 다를 바 없으니 어린 아이가 어떻게 사물을 관조하는 마음을 낼 수 있습니까?"

"아이가 먹기를 거부하고 입을 다물면 유모인들 어쩌겠습니까. 대저 금이 산속에 감춰져 있으면 그 산을 보물산이라 하고, 구슬이 물속에 잠겨 있으면 그 물을 구슬천이라고 합니다. 진리도 이와 같으니 그 뜻을 어찌 말로 다 할 수 있겠습니까."

무염의 제자인 여엄(麗嚴: 862~930)은 화엄을 공부하다가 무염 밑에 들어갔으며, 무염이 죽은 뒤에는 입당하여 조동종을 전해와 소백산에서 법을 떨쳤다. 그는 성주산문의 2세이자 무염의 수제자인 심광과 동문이었다. 무염은 당에서 석두계 동산 양개의 제자인 운거 도웅의 법을 받았다. 그는 수미산문 개산조 이엄, 가지산문의 형미, 경유와 더불어 많은 칭송을 받았다. 우리나라 선종 1세대들이 마조계의 법맥을 이었다면, 여엄 등 2세대들은 석두계의 법을 잇고 있음이 주목된다. 그러나 몇몇 잘 알려진 제자를 제외하고는 그 이후의 법계가 잘 알려지지 않고 있다.

무염과 그의 제자들이 머물렀던 성주사는 조선 중엽까지 유지되다 임진왜란 때 소실됐다. 절터는 1만590평이고, 960여 칸의 건물이 있었다고 전한다. 지난 68년, 74년, 91년 동국대와 충남대의 발굴조사로 9칸의 삼천불전과 금당지 등 일부 건물터를 확인했다.

스승의 선법을 선양하다 | 봉림산문 현욱과 사자산문 도윤

현욱(玄昱: 789~869)
봉림산문鳳林山門의 개창조로 당의 마조계인 장경章敬 화상의 법을 받아 신라 선종을 발전시켰다.

현욱은 다른 선사들과 같이 이심전심의 선禪사상을 들여왔지만 착실하게 선을 전파하여 민애왕, 신무왕, 문성왕 등 많은 국왕들에게 존경을 받았다.

그는 원성왕 3년(787) 5월 5일 신라 귀족 출신인 김씨 가문에서 태어났다. 어릴 때부터 물을 길러 고기를 살리고 모래로 탑을 쌓는 놀이를 즐겼다고 한다. 21세 때 출가해 구족계를 받은 후 37세 때(824) 입당, 태원부 역거사의 장경 화상 밑에서 심법을 전해 받고 50세 때인 837년 귀국했다. 귀국 후에는 제자인 김희종과 함께 지리산 실상사, 혜목산慧目山 고달원 등에서 민애왕과 신무왕, 문성왕, 헌안왕 등의 귀의를 받고 왕궁에 초빙되어 법을 설하는 등 선풍을 떨쳤다.

893년 10월 고달원에서 문도들을 모아놓고 "법연이 다하니 그대들은 마땅히 무차無遮법회를 열어 백암(百巖: 그의 스승 장경화상을 말함)이 전수한 은혜에 보답하는 것이 나의 뜻이다."라고 한 뒤 열반에 들었다. 시호를 원감국사라 했다. 그의 법은 제자 진경 심희(眞鏡 審希: 855~923)가 이었다.

심희의 속성은 김씨이며, 9세에 출가하여 원감국사 현욱에게 도를 배우고 19세 때 구족계를 받았다. 14세 때 77세의 스승으로부터 법을 전해 받았다. 스승이 입적한 뒤 설악산 명주의 탁산사에 머물다가 김해 서쪽에 선림禪林이 있음을 듣고 현재의 창원시 봉림동에 봉림사를 중창했다.

봉림사터의 탑과 비는 서울 등지로 옮겨지고 이곳에는 봉림사터의 표석만 남아 있다. 그는 54대 경문왕의 초청으로 제자 80명과 함께 입궐하여 왕과 대중이 무변 허공의 가없는 이치를 깨치게 하였다고 한다. 923년 봉림사에서 입적했다.

심희의 제자로는 자적慈寂: 882~939), 경질景質, 융제融諦 등 500여 명이 있었다고 한다. 자적의 제자인 작인綽麟과 승담承湛, 융제의 제자 찬유(璨幽: 869~985)가 봉림산파를 크게 민창시겼다.

융제는 진경으로부터 법을 받은 후 현재의 팔공산과 상주 삼랑사에서 종풍을 떨쳤다. 경주 출신인 찬유는 13세 때 상주의 삼랑사 융제에게 찾아가 탁발하고, 그의 지시로 융제의 스승인 심희로부터 삼각산 장의사에서 계를 받았다. 심희의 권유로 입당(진성여왕 5년, 6년설도 있음)하여 서주舒州의 법손인 투자산 대동 선사의 인가를 받고 귀국, 고려 태조와 혜종, 정종, 광종의 추앙을 받으면서 종풍을 휘날리다가 광종 9년 혜목산에서 50세를 일기로 입적했다. 시호를 원종, 탑호를 혜진이라 하였다. 문하에는 흔홍과 행근, 훈보, 전인, 금경, 훈선, 준해 등 500여 명이 있었다고 한다. 그 이후의 법계는 알려지지 않고 있다. 혜목산 고달사에 있던 그의 비는 현재 경복궁에 있다.

사자산문獅子山門 개창조인 도윤(道允: 797~868, 道均이라고도 함)은 중국 마조의 3대 제자인 백장, 서당, 남전 중 남전 보원南泉 普願의 인가를 받고

847년(문성왕 9년) 귀국하여 계당산 쌍봉사(전라남도 화순군 이양면 증리)에서 종풍을 떨치다가 경문왕 8년 봉은사에서 게송을 읊은 뒤 입적했다.

조당집에 따르면 그는 18세 때 출가해 조정의 사신과 함께 입당했다. 입적 후에는 그의 법문이 뛰어나 오색의 상서로운 빛이 도윤의 입으로부터 나와 하늘에 가득하게 퍼졌다고 한다. 이런 의미로 상기만천祥氣漫天 철감澈鑑국사라는 시호가 내려졌다.

쌍봉사에는 우리나라 석조 부도탑의 백미인 철감선사탑(국보 57호)과 비(보물 170호)가 있다. 제자 절중의 비에는 도윤이 동산東山의 법을 이었다는 글이 있다. 동산은 4조 도신과 5조 홍인이 주석한 산으로, 도신의 법통을 지칭하는 말이다. 대부분의 선문이 6조 혜능을 강조하고 있는 것

철감 도윤을 기리는 쌍봉사 철감선사 부도(국보 57호). 통일신라 부도의 백미로 꼽힌다.

과는 달리 4조의 법통을 앞세운 점이 이색적이다. 도윤은 868년 4월 다음과 같은 게송을 읊고는 입적했다.

생명은 끝이 있어 나는 모름지기 멀리 가노라.
너희들이 편히 쉰다면 운곡은 영원히 빛나리라.
生也有涯 吾須遠邁 汝等安栖 雲谷永輝

도윤의 제자로는 징효澄曉대사 절중(折中 : 826~901)이 있다. 그는 강원도 영월군 사자산 흥녕선원에서 선법을 확립시켰다. 강원도 원주군의 사자산 법흥사에 있는 징효대사보인지답에 따르면 그는 7세 때 승려가 걸식하는 것을 보고 출가했다고 적고 있다.

황해도 봉산 출신인 그는 7세 때 출가해 오관산사 진전의 제자가 되었고, 15세 때 부석사로 가서 화엄학을 연구했다. 19세 때 장곡사에서 계를 받은 뒤 백담사로 가서 도윤 화상과 만나 사자산문을 전수하였다. 901년 3월(나이 74세, 법랍 56세) 문인들을 불러 "삼계가 모두 텅 비었으니, 만년토록 다 고요하리로다. 내 장차 떠나려 하니 너희들은 힘써 정진하라. 부디 선문을 수호하고 종지宗旨를 무너뜨리지 말고 불조의 은혜를 갚도록 하라."고 한 뒤 앉은 채로 입적했다.

그의 비문에는 중요한 수행도반으로 보이는 도담 선사와 처음 만나 선기가 넘쳐흐르는 선문답을 나눈 대목이 있어 눈길을 끈다. 도담이 묻고 절중이 답한다.

"늦게서야 서로 만났으니 그 동안 얼마나 되었는가?"
"(자기 앞의 물병을 가리키며) 병이 곧 병이 아닐 때는 어떻습니까?"

"너의 이름이 무엇인가?"

"절중입니다."

"절중이 아닐 때는 누구인가?"

"절중이 아닐 때는 이 같이 묻는 사람도 없었습니다."

"이름 밑에 허사虛事가 없으니 이제 절중은 어찌할 수 없구나."

그의 문도로는 종홍宗弘, 정지靖智 등 전법제자와 여종, 홍가, 이정, 지공 등 1천여 명이 배출돼 사자산문의 명성을 떨쳤다고 한다. 그의 문도 중 개성 용암산 오룡사에 있던 법경 대사는 18세 때 통도사 영종 율사에게 계를 받은 뒤 입당구법하고, 효공왕 11년에 귀국하여 나주의 어느 산골에서 견훤의 난을 피하고 있던 중 고려 태조의 방문을 받고 종풍을 날리다가 태조 4년 51세의 나이로 입적했다. 이후의 법계는 알려지지 않고 있다.

본래심本來心을 강조한 동방의 보살 | 사굴산문 범일

통효 범일(通曉 梵日: 810~889)
강릉에서 출생. 경주 김씨. 이름을 품일品日로 전하는 기록이 있다. 강릉의 명부도독을 지낸 김술원의 손자. 15세에 출가, 20세 때 구족계를 받음. 831년(흥덕왕 6년) 2월 왕자 김의종金義琮과 입당, 마조 도일의 제자인 염관 제안鹽官 濟安 문하에서 6년을 머물렀다. 석두 희천의 제자 약산 유엄에게 인가를 받았다.

범일국사가 개창한 사굴산문은 구산선문 중 그 법등이 후대까지 이어져 한국불교 발전의 주축이 된 산문이다.

범일은 도의가 당에서 돌아오고 나서 10년 뒤 입당, 역시 마조의 제자인 염관 제안(?~842)의 심법을 전해 받고 15년간 수행한 뒤 귀국, 관동지방에서 산문을 열고 선풍을 일으켰다. 그에 관한 기록은 '조당집', '선문보장록', '삼국유사' 등에 기록되어 있다. 이들 책에는 그가 본래마음本來心을 중시한 선사상禪思想의 일면이 잘 나타나 있다. 그가 신라 왕자 김의종과 함께 당나라에 도착해 제안과 나눈 대화가 조당집에 실려 있다.

"어디서 왔는가?"

"동국東國에서 왔습니다."

"수로로 왔는가, 육로로 왔는가?"

"두 가지 길을 모두 밟지 않고 왔습니다."

"두 길을 밟지 않았다면 그대는 어떻게 여기에 이르렀는가?"

"해와 달에게 동과 서가 무슨 장애가 되겠습니까?"

"진실로 동방의 보살이로다."

수로나 육로 등의 차별의 세계를 뛰어넘는 선기禪器를 드러내자 제안이 범일을 찬탄하고 있는 것이다. 이어 범일은 다시 선문답을 나눈다.

"어떻게 해야 부처를 이룰 수 있습니까?"

"도의 본체는 닦지 않아도 그대로 도이다. 다만 내 마음이 도를 더럽힌 부분을 닦으라. 부처라는 견해, 보살이라는 견해를 짓지 마라. 평상심平常心이 곧 도이니라."

범일은 이 말에 활연히 깨닫고 6년 동안 선사를 정성껏 모셨다. 범일은 여기서 부처와 보살이라는 견해, 인위적인 노력, 차별심 등을 떠난 평상의 마음을 가질 것을 가르치는 마조의 교설을 충실히 계승하고 있음을 볼 수 있다.

조당집에는 이와 함께 범일이 제안의 법을 받고 약산 유엄(751~834)을 찾아가 선문답으로 약산을 탄복시킨 내용이 있다.

"어디서 왔는가?"

"강서성(염관 선사가 주석하는 곳)에서 왔습니다."

"무엇하러 왔는가?"

"화상을 찾아뵈러 왔습니다."

"여기는 길이 없는데 어떻게 찾아왔는가?"

"화상께서 한 걸음만 더 나아가시면 저는 뵙지도 못할 것입니다."

"대단히 기특하구나, 기특해. 밖에서 들어온 맑은 바람이 사람을 얼어 죽이는구나."

범일은 당시 중국에서 산 속에 떨어진 과일과 개울물로 살면서 선정을 닦고 산신의 옹호를 받았다고 한다. 문성왕 9년(847)에 귀국, 현재의 강원도 명주군 구정면 학산리 사굴산에서 강원도 명주도독 김공의 청으로 굴산사를 창건했다. 그곳에 그의 것으로 추정되는 부도탑(보물 제58호)과 당간지주(보물 제86호)가 남아있다. 범일이 그곳에서 법을 펼 때 어떤 스님과 나눈 어록이 전하고 있다.

"어떤 것이 조사의 의지입니까?"

"육대六代를 내려와도 일찍이 잃은 적이 없는 것이다."

"어떤 것이 납승이 힘써야 할 일입니까?"

"불계佛階를 밟지 말고 또한 남을 따라서 깨달으려고 하지 말라."

그는 자기의 본래 마음을 깨달을 것을 강조한다. 또한 범일에 의해 주장됐다는 진귀조사설眞歸祖師說도 논쟁이 되고 있다. 선문보장록에는 진성여왕이 선교의 뜻을 묻자 "석가가 득도한 뒤 그 법이 아직 극에 이르지 못함을 알고 오랫동안 돌아다닌 끝에 진귀조사를 만나 비로소 현묘한 종지를 전해 받았다."라고 범일이 대답했다는 내용을 싣고 있다. 선의 원류는 석가가 아니라 진귀조사라는 의미이다. 선문보장록에는 또 달마가 혜가에게 법을 전할 때도 이와 비슷한 이야기를 했다는 기록이 있다.

그러나 석가가 조사로부터 심인을 받았다는 이 말은 그 사실여부를 떠나 조사선의 정통성을 강조하고, 선불교를 이 땅에 퍼뜨리기 위한 하나의 방편으로 봐야 한다는 것이 지배적인 견해이다.

범일은 어머니가 해를 받아드는 태몽을 꾼 뒤 13개월 만에 태어났으며, 날 때부터 머리에는 부처님 머리모양으로 나발이 있고, 정수리에는 구슬이 있는 특이한 모습을 띠고 있었다고 한다.

중국 유학 후 사굴산문을 열고 이름이 알려지자 경문왕, 헌강왕, 정강왕 등이 초청했으나 끝내 응하지 않고 정진과 종풍선양에 전념했다. 진성여왕 3년(889) 4월 말 문도들에게 "내 장차 타계에 돌아가니 정에 이끌려 슬퍼하지 말고 오직 스스로 마음을 닦아서 내 종지宗旨를 타락시키지 말라."고 한 뒤 다음날 오른쪽으로 누워 발을 포개고 입적했다. 시호는 통효대사通曉大師, 탑명은 연휘延徽라고 하였다.

범일은 또한 성주산의 무염과 함께 혜능이 예언했던 동방의 두 보살이라고 밝혀지고 있다. 물론 이 두 보살이 중국의 조주와 앙산이라는 추측도 있으나, 최치원은 그의 사산비명에서 이 둘이 혜능이 말한 동방의 두 보살임을 밝히고 있다.

범일의 사굴산문은 진감 혜소와 보조 지눌을 거치면서 한국불교계의 가장 대표적 문풍을 유지하게 된다. 사굴산문은 범일의 입적 후에도 전국적으로 그 세력이 확장됐다. 고려시대의 지눌 이후에도 한국불교의 커다란 맥을 형성하게 된다. 이 사굴산문은 외세에 의지하지 않고 자립, 결사結社에 강했으며 특권층에 대한 관심이 별로 없는 것이 특징이다.

나중에 조계종의 구산통일가풍은 가지산계와 사굴산계가 주축으로 이뤄진다. 삼척의 삼화사, 강릉 신복사, 영주 보현사, 양양 낙산사, 평창 월정사 등은 범일과 그의 문도들이 머물면서 주민들에게 많은 영향을 끼친 절이다. 지금도 해마다 열리고 있는 강릉 단오제의 유래도 이 지방에 남아 있는 범일국사의 설화에서 비롯됐다고 한다.

범일의 사상은 삼국유사에 기록된 신의信義, 낭공(朗空: 831~916), 행적(行寂: 831~916), 낭원(朗圓: 854~931), 개청(開淸: 854~920) 등 많은 제자에게로 이어져 고려시대의 혜소(慧炤, 慧照라고도 함)에 이르러 새로운 융성기를 맞게 된다.

신의는 당대의 두타행으로 이름난 오대산 월정사 오성五聖 중의 한 사람이다. 그는 명리를 싫어하여 행적을 감추면서 지냈다.

낭공은 범일에게 법을 전해 받고 당에 가서 무상, 혜능, 신수 등의 영탑을 참배하고 많은 선지식을 만나며 수행했다. 스승의 입적 소식을 듣고 귀국해 신종, 주선, 임간 등 500여 명의 제자를 두는 등 범일의 선풍을 크게 날린 인물이다. 교학에도 능했다.

행적은 개청과 더불어 사굴산문 2세대의 대표적 인물이다. 최씨이며 강태공의 먼 후손이라고 하므로 선조가 중국인으로 보인다. 범일에게 있다가 입당해 정중 무상, 6조 혜능 등의 영당에 참배하는 등 운수행각雲水行脚(자유롭게 돌아다니며 수행하는 것)을 즐겼다.

낭원의 전기는 강릉시 성산면 보광리 보현사에 있는 낭원대사오진비朗圓大師悟眞碑에 잘 나타나 있다. 그는 어려서 유교경전을 배우고 벼슬에 나갈 것을 권고받았으나 거절하고 출가, 강주사에서 구족계를 받고 나서 장경을 읽고 있는데 멀리서 들려오는 옥피리 소리를 듣고 금강삼매의 진리를 얻었다고 한다. 어느 날 한 노인이 "굴산사에 불법에 통달한 신인이 있다."는 말을 듣고 범일을 찾아가 수행했다. 범일이 입적한 후 산에서 나와 많은 제자와 신도를 제도한 뒤 96세를 일기로 보현사 법당에서 열반에 들었다.

그의 제자로는 신경神鏡, 총정聰靜, 월정越晶, 환언奐言, 혜여惠如, 명연明然, 홍림弘琳 등 많은 고승들이 있다. 당시 사굴산 소속 사찰은 북쪽은 물론 진주, 순천, 예천 등지까지 분포하고 있었다.

그 후 150여 년이 지난 고려 예종(1105~1122)대에 혜소가 나타나 문풍을 떨치게 된다. 그는 법상종의 중흥자인 죽산 칠장사의 정현 혜소와는 다른, 경기도 개성시 만월동 광명사 출신의 희소曦炤 또는 희조曦照로 불리는 성사이다.

고려 왕건 당시에 왕실의 도움으로 개창된 광명사는 일연, 혼구, 나옹 등이 머물렀던 곳이다. 혜소가 이 절의 주지였다는 것은 그가 당시 대단한 위치에 있었음을 시사한다. 국사까지 지냈으나 행적은 잘 알려져 있지 않다.

이자현의 춘천 청평산 문수원기에 따르면 이자현이 이웃 동네의 화악사에 있던 혜소를 찾아가 선을 묻고 배웠다고 기록하고 있다. 원감국사 충지가 지은 혜소국사 제문에는 혜소가 순천 계족산 정혜사를 창건하여 선풍을 날렸다고 적혀있는 점으로 미뤄 당시 영향력이 대단했던 인물로 추정할 수 있다.

일부 학자들은 이인로의 파한집 기록을 근거로 당시 벼슬을 버리고 거사居士불교를 행한 이자현을 혜소의 문인으로 보는 측도 있다. 그러나 이자현이 전통적인 선법보다 자신의 독자적인 선의 풍격을 찾았으므로 혜소의 문인으로 보는 것은 지나치다는 주장도 있다.

또한 '속전등록'에 보이는 그가 송나라의 정인 선사를 찾았다는 기록 등으로 추정할 때 혜소는 광종 이후 단절된 임제종의 선지禪旨를 가장 먼저 수법受法한 인물로 봐야한다는 의견도 있다.

혜소의 선풍은 고려 왕족으로 군위의 법주사 주지를 지낸 광지(?~1158)와 대감국사 탄연(坦然: 1070~1159), 영보英甫, 조응祖膺, 자엄資嚴 등이 그 맥을 잇게 된다.

밀양 출신으로 명경과에 합격하고 숙종의 초청으로 세자를 가르치던 탄연은 18세 되던 해에 궁중을 몰래 빠져나와 출가, 광명사의 혜소에게 법을 전해 받고 여러 곳의 주지를 지낸다. 뱀이 많기로 이름난 보리연사에 있을 때는 그가 법회를 연 후 뱀이 사라졌다고 한다. 1132년 대선사가 된 뒤부터 큰 일이 있을 때마다 왕의 자문에 응하여 왕사를 지내기도 했다.

한때 사위의송(四威儀頌: 사위의는 행주좌와行住坐臥의 네 가지 위의威儀로 일상의 모든 행동이 부처의 계율에 들어맞는 행동)과 깨달음의 말인 상당어구上堂語句를 적어 송나라의 광리사 개심에게 보냈더니 개심이 이 글을 보고 극찬하며 인가를 내려 임제의 황룡파 계보인 중국법계(혜남-조심-유청-개심-고려 탄연)도 갖게 되었다.

말년에는 경남 산청의 단속사에 놀아와 많은 제자들을 길러냈다. 1159년 제자들을 불러놓고 "내가 가는 곳은 내가 벌써 잘 알고 있으니 너희들은 세속의 본을 떠서 49재 등 일체의 재齋를 지내지 말고 오직 부지런히 정진하라."고 한 뒤 합장을 하고 입적했다.

그는 서거정이 "동국의 필법은 김생이 제일이고 요극일, 탄연, 영업이 다음 간다."고 평할 만큼 왕희지필법의 서예에 뛰어났다. 청평사 문수원 중수비, 예천 복룡사비 등을 썼다. 단속사에 그의 비가 있다.

예천의 용문사 중수비문에 보면 혜소의 문도로 영보가 30년간 이 절에 있었고, 그 뒤를 이어 조응이 용문사 주지가 되어 용문사를 중창했다는 기록이 있다. 그 뒤에는 자엄이 그의 유업을 계승하였다. 당시 용문사는 선문총림회가 열리고 담선회談禪會가 행해지는 등 선문의 중요사찰이었다.

혜소국사를 중심으로 한 일파가 지나간 후 곧이어 송광사 불일佛日 보조국사普照國師가 등장한다.

토착선을 진작시키다 | 희양산파 도헌과 긍양, 수미산파 이엄

지증 도헌(智證 道憲: 824~882)
헌덕왕 16년 경주 김씨 가문에서 출생. 자는 지선智詵. 9세 때 아버지를 여의고 부석사에서 출가, 17세 때 구족계를 받음. 현계산 안락사에서 59세 때 입적했다.

정진 긍양(靜眞 兢讓: 878~956)
성은 왕씨. 공주 출신. 남혈원南穴院 여해如解의 제자이며 서혈원 양부揚孚의 법을 이음. 도당 유학. 79세 때 봉암사에서 입적했다.

경북 문경의 희양산파曦陽山派 개산조인 도헌은 중국 4조 도신의 법을 전해 와 한국 최초의 선맥이 된 법랑과 신행信行, 준범遵範, 혜은惠隱 등의 법계를 이었다. 신라 선종 대부분이 6조 혜능, 마조 도일 등의 남종선을 제창한 것과는 달리 한국에서 발전한 선이라는 점에서 다른 선문과 구별된다.

도헌은 그의 명성을 듣고 찾아오는 후학들이 많았으나 억지로 스승 되기를 바라지 않았다. 자꾸 거절하자 하루는 나무꾼이 선사 앞에 나타나 "먼저 깨달음은 나중 깨달음을 깨우치기 위함인데 어찌 빈 육신만 아끼고 있는가."라고 질책하고 사라졌다. 선사는 정신이 번쩍 들어 그때부터 머물고 있는 계람산 수석사(현 상주 용흥사로 추정)로 찾아오는 납자들을 지도했다고 한다.

현계산 안락사에서 8년간 머물 때 경문왕의 여동생인 단의장 공주의 시주를 받고, 자신의 속가 재산으로 안락사를 일으켰다. 문경 희양산의 봉암용곡에 선궁禪宮을 만들어 제자들을 양성했다. 그 후 신도인 심충의 설득에 따라 봉암사를 짓고 불법을 펴게 된다. 선궁을 만들어 민간 토속신앙을 흡수한 것은 당시의 도교와 유교 등 전통사상과 조화를 이루며 불법을 전파하기 위해서였다.

그의 선사상은 우리나라 고유의 전통 선禪사상을 토착화하는데 기여한 측면에서 중요한 의미를 지니고 있다. 봉암사에는 그를 기리는 지증대사적조탑智證大師寂照塔과 비가 있다. 지증대사적조탑비를 통해 유, 불, 선 등 모든 종교를 아우르고, 풍수사상과 밀교 등 토속신앙을 배척하지 않은 그의 선사상을 알 수 있다.

그는 헌강왕의 통치에 협력했으며, 한국적 선을 시도했다. 또 구법을 위해 중국에 가지 않았으며, 민심 수습에 앞장서면서 당시 승통僧統인 훈필訓弼과 대통大統인 현량玄亮 등과 교류했다. 불상을 만들어 불법의 대중화를 도모하고, 절 소유의 논밭을 많이 만들었다. 사전寺田 형성은 당시의 빈곤해결책으로 보는 시각도 있는 한편, 신라에서 고려로 넘어가면서 불교가 세속화되는 현상의 예로 보는 시각도 있다.

그는 입적하기 전 서라벌의 선원사에 며칠간 머무르는 동안 헌강왕

봉암사에 세워져 있는 도헌스님을 기리는
지증대사적조탑(보물 138호)

과 다음과 같은 대화를 나눈다. 왕이 달 밝은 월지궁을 거닐면서 "마음이 무엇입니까?" 하고 묻자 "그것은 오직 그것일 뿐, 더 할 말이 없습니다."라고 했다. 그 뒤 왕 곁에 머물라는 청을 물리치고 제자들과 함께 산으로 돌아가 수도에 힘썼다.

그는 외국에는 다녀오지 않았으나 중국의 선사상을 한국인에게 알맞은 선법으로 승화시켜 선양했다는 평가를 받고 있다. 그의 법계는 성견性蠲, 민휴敏休, 양부楊孚, 계휘繼徽 등을 거쳐 긍양 등으로 이어진다. 그러나 이 같은 그의 법계는 비문에 따라 여러 가지 주장이 제기되고 있어 논란이 되고 있다.

도헌이 희양산파의 개산조이지만, 하나의 산문이 형성된 것은 긍양兢讓에 의해서이다. 긍양은 9세 때 공주의 여해 선사에게 출가한 뒤 계룡산 보원정사에 가서 계를 받고 서혈원西穴院 양부 선사를 찾아갔다. 그러나 그는 무엇인가 부족한 점을 느껴 방황을 하게 된다.

900년 중국으로 들어가 선지식을 찾아 헤매던 중 곡산의 도연道緣 화상을 만난다. 그가 여기서 청원계였던 석상 경제石霜 慶諸의 법손인 도연과의 대화 중에 "무엇이 석상의 종지宗旨냐?" 고 물었을 때, 도연이 "대대로 일찍이 계승되지 않았다."라는 대답에 크게 깨달았다.

긍양이 이어 게문을 지어 올리자 도연은 이 게문을 읽고 경탄하면서 다음과 같은 삼생송三生頌을 짓는다.

대사는 용맹을 기름이 훌륭하여 (도를 닦음에) 남에게 양보하지 않고 토끼털을 잡아 이치를 분석하네.

大師養勇有餘 當人不讓 搦兎毫而析理

이들 대화는 정진대사원오탑비에 나온다. 긍양은 경순왕 원년인 927년 귀국했다.

어느 날 도헌이 있던 곳에 이르니 신인이 나타나 그에게 "이곳을 버리고 어디로 가느냐?"라고 꾸짖는 소리를 듣고, 폐허인 그곳 봉암사를 새로 단장한 뒤 선풍을 드날렸다. 개성에 들러 태조를 만났을 때 태조가 "현장 법사가 서역을 다녀온 후 불경을 번역, 출간했는데 오늘날 병화로 모두 흩어지고 말았으니 경전을 개성과 경주에 나누어 보관하고 많은 경전을 번역·출간함이 어떠냐?"고 물었다. 이에 긍양은 "실로 공덕을 쌓음이 있으면 무상보리를 이룸에 걸림이 없다고 합니다."라고 응답했다.

그가 능가경과 화엄경을 중시한 것으로 보아 이때의 선사상은 선만 강조하는 입장이 아니었음을 짐작할 수 있다. 긍양의 법계에 관해서 희양산 봉암사에 있는 도헌의 지증대사적조탑비와 긍양의 정진대사원오탑비의 기록이 다른 등 다소 혼란스럽다. 지증대사비에는 긍양의 법계가 4조 도신 - 법랑 - 신행 - 준범 - 혜은 - 도헌 - 양부 - 긍양으로 돼있고 정진대사비에는 혜능 - 남악 회양 - 마조 도일 - 창주 신감 - 정현 혜소 - 도헌 - 양부 - 긍양으로 새겨져 있다. 이에 대해 학자들 가운데는 긍양을 도헌의 법계로 보는 경우와 지리산의 쌍계사법계로 인정하는 경우로 엇갈리고 있다.

그러나 이 같은 긍양의 법계 혼동은 국내에서 북종선 계통의 양부로부터 법을 받았다가 입당하여 남종선 계통의 곡산 도연에게서도 법을 받았으므로 남종계와 북종계가 중복되는 데서 오는 것이라 하겠다. 긍양이 귀국할 당시 국내는 남종선 일색이었고 자신도 남종선으로 개종한 상태였지만, 자신이 국내에서 전해받은 도헌 - 양부의 법계를 버릴 수 없고,

북종선계로 행세할 수도 없었기 때문에 이 양자를 절충한 법계가 곧 정진대사비라고 보고 있다.

이러한 점을 감안할 때 긍양이 희양산 선풍을 일으켰던 것은 도헌의 옛 가풍을 재건한 것이 아니고, 혜능과 마조의 법계를 이은 남종선 법계로 대체시켜 하나의 독립된 산문을 개창했다고 봐야한다는 입장을 취하고 있다.

그의 비문에는 "제자들을 가르칠 때 늘 말씀이 간결했으며 뜻은 아득하고 깊었다."고 했다. 어떤 제자의 질문에 답하는 내용이 나와 있다.

"좌우를 떠나지 않고 항상 곁에 있으면서도 알지 못하는 것은 무엇 때문입니까?"

"나도 알 수 없구나."

"피차 서로 알지 못할 때는 어떻습니까?"

"동서東西가 멀지 않구나."

긍양의 법을 전해 받은 제자로는 형초가 있다. 긍양이 죽은 지 200년쯤 지난 뒤 고려 명종 때쯤 동순 선사가 있었고, 그의 으뜸 제자로 영일(현 포항) 청하 보경사의 원진圓眞 국사가 있었다.

원진국사는 법명은 승형이고 속성은 신씨이다. 부모를 일찍 여의고 숙부 밑에서 자라다가 12세 때 희양산으로 출가, 다음 해 금산사 계단에서 계를 받았다. 명종 27년 조계산 보조에게 가서 법을 받았다. 금강산 유점사 주지를 지내고, 고려 고종 7년 다시 보경사 주지를 지낼 때 넷째 왕자의 머리를 깎게 했다. 이 사람이 후일 승적을 사굴산으로 정하여 조계산 진명의 제자가 된 경지鏡智 왕사이다. 고려 고종 8년 팔공산 염불암에서 향년 51세로 입적하니 원진국사라 시호하였다.

이엄(利嚴: 869~936)의 수미산파須彌山派는 그가 머문 곳이 황해도 해주의 수미산 광조사廣照寺에 있었기 때문에 붙여진 이름이다. 구산선문 가운데 오직 이엄만이 중국 청원계의 동산洞山 계통을 이어 받았다.

경주의 김씨 가문으로 소태(현재의 서산군 태안)에서 태어난 그는 12세 때 출가하여 헌강왕 12년(886) 도견道堅 율사에게 계를 받았다. 896년 입당하여 운거 도응道膺(청원-석두-약산-운암-동산-운거)과 6년간 수행하면서 법을 전해받고 효공왕 15년(911) 귀국하여 조동종을 전했다. 나주의 승광사에 4년간 머물다가 난을 피해 영동군의 남영각사에 거처를 옮기자 귀의자가 많았다.

당시는 신라가 망하고 고려가 건립되는 전환기였지만, 이엄은 태조와의 문답에서 바른 길이 무엇인지에 대해 죽음을 무릅쓰고 다음과 같이 충언을 한다.

"대개 도는 마음에 있고 일에 있지 않다. 법은 자신을 말미암은 것이지 남을 말미암아 이루어지는 것이 아니다.… 제왕은 사해로 집을 삼고 만백성으로 자식을 삼아 죄 없는 사람을 죽이지 않아야 한다. 어찌 죄 있는 무리를 처단하겠는가. 그러므로 모든 선행을 받들어 행하는 것이 바로 넓게 구제하는 것이다(夫道在心不在事 法由己不由人… 王者以四海爲家萬民爲子 不殺無辜之輩 焉論有罪之徒 所以諸善奉行 是爲弘濟)."

이엄은 그 후 수미산 광조사에서 불법을 전하다가 936년 1월 대중에게 "올해는 법연法緣이 다 되는 해이니 물을 것이 있으면 물어라."며 문답을 나눈 뒤 67세의 나이로 입적했다.

시호는 진철眞澈, 탑호는 보월승공寶月乘空으로 내려졌다. 기록이 없어 이엄 이후는 알 수 없다. 다만 문하에는 처광處光, 도인道忍, 정능貞能, 광숭廣崇, 현조 등 수백 인이 있었다고 한다. 고려 말까지 문풍을 유지했다고 전한다.

원상圓相의 선법 | 위앙종의 순지

순지(順之)
통일신라시대 평안도 대동강의 박씨 집안에서 출생. 오관산으로 출가해 속리산에서 구족계를 받음. 신라 헌강왕 2년(858) 중국으로 가서 앙산의 법을 이었다. 생몰연대는 알 수 없지만 65세 때 입적했다고 함. 고려시대 정각靜覺국사 지겸(志謙: 1007~1072)이 '종문원상집宗門圓相集'에서 순지의 원상을 인용해 유행시켰다.

순지順之는 당나라의 명승인 앙산 혜적(807~883)의 법을 계승했다. 오관산 서운사를 창건하고 다양한 보양의 원상圓相으로 불법을 펼쳐 선풍을 날렸다. 오관산 서운사의 현재 위치는 황수영 박사가 순지의 비문을 발견한 경기도 개풍군 영남면 반정리 평촌이라는 주장과 황해도라는 주장이 있다.

순지는 당의 마조 문하로 백장 회해의 법사인 황벽 희운과 위산 영우, 앙산 혜적으로 이어진 위앙종의 원상선법圓相禪法을 전승하고, 그것을 자유롭게 변화시킨 한국적 위앙종지를 정립했다. 그의 종풍과 선사상은 신라 때 세워진 순지의 비문을 근거로 '조당집'에서 많은 분량을 할애하고 있다.

순지의 원상선법은 본래 혜충국사나 마조에서 시작됐으며, 앙산에 의해 위앙종의 종풍으로 확립됐다. 이 원상은 깨달음의 상징이다. 원상은 공空사상에서 발전된 것으로 보인다. 원상은 원만함과 다함이 없는 세계를 상징한다.

앙산은 이러한 원상의 선문답을 개성있게 발전시켰고, 순지는 위앙종의 원상을 한층 더 구체적이고 다양하게 전개했다. 순지는 이 원상을 수행자에 따라 다양한 모양으로 제시하며 불법을 전파했다.

조당집에는 순지가 여덟 가지 원상을 네 번 대립시킨 사대팔상四對八相과 네 가지 원상을 두 번 대립시킨 양대사상兩對四相, 다섯 개의 원상을 네 번 대립시킨 사대오상四對五相을 제시하며 선법을 설명하고 있다.

사대팔상 중 열반을 의지해 불성을 다스리는 모양인 원(○: 所依涅槃相)으로 마음을 질문하는 사람이 있으면 소가 인초忍草(설산에 나는 풀, 소가 먹으면 양질의 우유가 된다고 함)를 먹는 모양, 혹은 불성을 보고 깨달아 성불한 모양인 동그란 원상 안에 소를 나타내는 우자를 그려 넣은 모양(牛食忍草相)을 제시해 상대한다.

이 같은 방식으로 원상 안에 절을 나타내는 만(卍: 因果圓滿相, 원인과 결과가 원만한 모양)자를 그려 넣은 모양, 원상에 임금왕(王: 漸證實際相, 실제 즉 진리를 점차로 실증하는 모양)자를 그려 넣은 모양 등을 대립시켜 불성을 깨닫도록 제시한 것이 사대팔상이다. 여덟 개의 원상을 네 번 대립시킨 것이다.

양대사상은 진실되지 못한 것, 방편법문인 교학의 입장이라 할 수 있는 허虛를 보내고 진실의 경지인 실實을 깨닫도록 제시한 원상의 변형이다. 첫째는 딴 사람의 말에 의존해 생각과 견해를 일으키는 상인 소 우牛자 아래 사람 인人자를 넣은 원(想解遺教相)을 제시하면, 근본을 알아 근원으로 돌아가는 상인 인人자를 넣은 원상(識本還源相)으로 상대한다. 이에 대해 "무슨 까닭에 머리 위에 우牛자만 없애 버리고 원상 가운데 인人자를 없애지 않았는가?" 하는 물음에 순지는 "원상 가운데 인자는 이지理智를 나타내고 머리 위의 우자는 남이라는 견해를 나타낸다.… 이러한 생각과 견해가 나타나지 않아야 근원으로 돌아갈 수 있다."고 응답한다. 이런 방식으로 네 개의 원상을 두 번 대립시킨 것이 양대사상이다.

사대오상은 이미 보배로운 그릇을 이룬 모양인 불佛자를 넣은 원상으로 질문하면, 깊은 뜻을 인가한 모양인 둥근 원상 가운데 토土자를 적은 모양으로 응답하는 등으로 다섯 가지 상을 네 번 대립시킨 것이다.

그러나 이 같은 원상으로 표현한 선법은 독특한 면은 있으나 너무 인위적인 측면 때문에 일반 법어만큼 감명을 주지 못한 때문인지 제대로 전승되지 못했다.

순지의 사상은 또한 세 가지의 성불론인 삼편성불론三遍成佛論과 이 이론을 자각적인 차원에서 좀더 구체적으로 깨달음의 방법과 중생교화의 실천적인 입장을 제시한 삼편돈점실제三遍頓漸實際에 잘 나타나 있다.

삼편성불론의 첫째는 증이성불證理成佛로 자기 마음 속 근원의 이치를 단박에 깨달아 성불하는 것, 즉 자기의 마음을 돌이켜 만법의 근원인 이치를 깨닫는 돈오의 입장을 말하는 것이다. 순지는 이를 "이치를 증득證得하여 성불한다는 것은 선지식의 말에 회광반조廻光返照하여 자기의 마음 속 근원에 본래 한 물건도 없음을 활연豁然히 깨닫는 것을 말한다."고 풀고 있다. 둘째의 행만성불行滿成佛은 이치로 단박에 깨닫게 되었지만 다시 보현의 행을 점차 닦아 수행과 지혜, 자비를 원만하게 두루 갖춰서 성불하는 것을 말한다. 셋째의 시현성불示顯成佛은 이치를 깨닫고 수행을 원만히 한 뒤 중생을 교화하기 위해 세상에 나타나는 것을 말한다. 순지는 시현성불을 석가가 세상에 출현하여 성불하는 모습을 나타낸 것이라 하였다.

삼편돈점실제의 첫째는 진리를 단박에 깨달아 증득하는 돈증실제편頓

證實際遍이다. 순지는 조당집에서 진리를 단박에 깨닫는 것을 문수의 지혜로, 그 깨달음의 힘으로 보살행을 펼쳐 중생을 교화하는 것을 보현의 행원으로, 깨닫게 된 자리를 법신인 비로자나 부처로 상징하고 있다.

둘째의 회점증실제편廻漸證實際遍은 근기가 천차만별인 중생이 교학을 점차 공부함으로써 보살 등 삼승(三乘: 승문, 연각, 보살)의 가르침을 깨치는 것을 말한다. 셋째의 점증실제편漸證實際遍은 점차적인 단계로 진리를 얻는 것, 즉 중생의 업에 따라 윤회하다가 단계적이고 점차적인 가르침을 듣고 수행하여 완전한 부처님의 지혜로 진리를 체득하는 것을 말하고 있다.

그의 법은 오관산 서운사의 원주인 증현, 영광 등이 이었다고 한다.

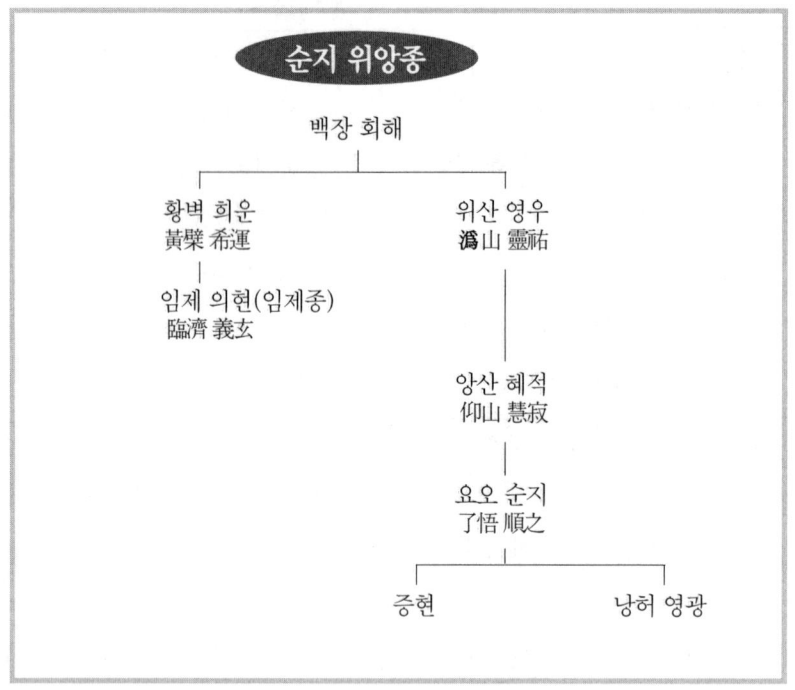

평상심과 범패의 선승 | 쌍계사와 진감

> **진감 혜소(眞鑑 慧昭: 774~850)**
> 금마현(익산) 최창원의 아들로 태어남. 선조는 한족. 애장왕 5년(804) 31세 때 세공선歲貢船편으로 사신과 함께 당의 창주에 있는 마조 도일의 제자 신감神鑑 선사에게 출가. 흥덕왕 5년(830) 26년간의 유학생활을 마치고 57세 때 귀국. 문성왕 12년 정월 옥천사(현 쌍계사)에서 입적했다.

"… 옛날 검은 옷의 호걸이라고 들었는데, 오늘 보니 누더기를 걸친 영웅이구려. 하늘에 가득 찬 자비의 위력에 온 나라가 기쁘게 의지하니 과인은 장차 계림의 땅에 영묘한 길상吉祥의 집을 이루리라."

신라의 흥덕왕이 혜소의 귀국을 칙서로 위로한 내용의 일부이다. 혜소는 구산의 개창조는 아니지만, 남종선을 이어받은 또 다른 선의 선구자이다. 염불과 범패梵唄의 대성자로도 알려진 인물이다.

그의 행적은 최치원이 쓴 지리산 쌍계사의 진감선사대공탑비에 잘 나타나 있다. 혜소가 세공선을 타고 중국으로 가서 신감에게 인사를 올리자 "슬프게 이별한 지 오래되지 않았는데 기쁘게 서로 다시 만나는구려."라며 출가를 허락했다. 당시 스님들이 혜소를 보고 "동방의 성인을 여기서 다시 뵙는구나."라고 하는 칭송을 할 정도로 고매한 인품의 소유자였다. 얼굴이 검어 '흑두타黑頭陀'라는 별명을 갖고 있었다.

숭산의 소림사 유리단에서 구족계를 받고 고국 승려인 도의를 만나 서로 대화를 나누었다. 도의의 귀국 후 종남산에서 3년간 선을 닦고 짚신을 삼아 사람들에게 보시하고, 다시 3년 동안 두타행(頭陀行: 번뇌의 티끌을 털고 의식주에 탐착하지 않고 청정하게 불도를 수행하는 것)을 한 뒤 57세 때 귀국, 상주의 장백사에서 의문醫門을 열어 병자를 치료했다. 진주를 거쳐 지리산에서 삼법三法 화상이 창건한 옛 절터에 다시 절을 짓고 선문을 열었다.

838년 민애왕이 즉위하여 국서를 내리고 축원을 청하자 선사는 부지런히 선정을 닦을 것을 권했다. 이에 왕은 크게 뉘우치고 '색과 공이 둘 다 없는 것이고 정혜는 다 둥근 것(色空雙泯 定慧俱圓)'이라는 선사의 가르침에 감명을 받았다며 널리 법을 굴리라는 뜻으로 혜소 대신 해조慧照라는 호를 내렸다고 한다.

혜소는 특별한 선법을 제창하기보다는 선의 일반화에 힘썼다. 즉 스승인 신감의 영향을 받아 열반경을 중심으로 하는 불성평등의 선사상을 수용, 평상심이 곧 도라는 생활선을 폈다. 그는 떨어진 옷을 기워 입고 험한 음식으로 소박하게 생활하며 선을 닦았다. 또 의술과 범패로 백성들과 부대끼며 살았다. 향을 피우나 그 냄새를 모르고, 식사를 하지만 그 맛을 모를 정도로 검소해 많은 사람들이 모여 들었다고 한다.

혜소는 또한 불교음악인 범패를 널리 보급, 종교 음악의 방향을 제시했다. 범패는 상쾌하면서도 애조를 띤다. 이러한 범패는 자신의 어려운 경계를 해소시키는 능력이 있어 각종 재앙과 정신적인 어려움을 달래는 방편으로 사용되었다. 신라시대에는 이 범패가 열반에 들게 하는 하나의 방법으로 사용되었다. 범패는 염불종, 정토종이 독립해 있을 때도 있었던 것 같다. 이를 근거로 일부 학자들은 신라말기 진감국사 때는 선종이 염불사상을 흡수했던 것으로 보기도 한다.

이 범패의식은 당음唐音, 즉 당풍의 범패를 취하고 있다. 또한 염불의

식의 전통을 발전시킨 것으로 조선 초에 더욱 유행했다. 세종대왕은 부처님이 영산에서 설법하는 영산회상靈山會上을 친히 지어 조정의 정악正樂으로 삼기도 했다.

그러나 범패는 조선 중기쯤 불교정신과는 다르게 변했다. 혜소에 의해 경북 남장사와 동화사를 거쳐 쌍계사에서 시작된 범패는 고성과 기교가 많은 경기, 충청, 전라도의 윗녘소리와 힘 있고 우렁찬 영남의 아랫녘소리로 나뉘어 구전되었다.

조선 영조 24년(1748)에 지은 가지산 보림사(전남 장흥) 대휘 화상의 범음종보梵音宗譜는 범패를 체계화시키는 작업에 크게 기여했다. 여기에 진감국사의 옥음금성玉音金聲의 범패가 신라, 고려를 거쳐 소선소에 와서 국융國融을 배출하는 등 일국을 풍미했다는 평가를 받고 있다. 그 후 범패는 국융, 응준, 혜운, 천휘, 연청, 상환, 운호, 운계, 혜감 등 전라도 승려들에 의해 전승되었다.

혜소는 77세 때 자신의 비를 세우지 말 것을 부탁한 뒤 입적했다. 그는 "만법이 공하니 우리가 장차 행해야 할 것이로다. 마음 하나가 근본이니 너희 무리들은 힘쓸지어다."라는 말을 남기고 열반했다.

그러나 그가 죽은 지 3년 후 문도들이 스승의 사적이 없어질 것을 우려해 비를 세웠다. 수백 명의 제자 중 대표적인 인물이 법량이나 그의 행적은 잘 알려지지 않고 있다.

또 진감국사대공탑비에는 차에 관한 기록도 있어 상계사가 차의 명소로 유명해졌다. 비문에는 "… 중국차를 바치는 사람이 있으면 곧 땔나무로 돌솥에 불을 지펴 가루로 만들지 않고 끓이면서, '나는 이것이 무슨 맛인지 알 수 없고 다만 배를 적실 뿐'이라고 하였다. 참된 것을 지키고

습속을 따르지 않음이 모두 이와 같았다."라고 기록되어 있다. 형식에 구애받지 않고 검소하고 자유스럽게 차생활을 한 진감의 삶을 엿볼 수 있는 대목이다.

지덕증익地德增益의 선승 | 선각 도선

선각 도선(先覺 道詵: 827~898)
전남 영암 김씨 집안에서 출생(태종 무열왕의 서손庶孫이라는 설도 있음). 자는 옥룡, 옥룡존자. 15세 때 화엄사로 출가, 문수 · 보현보살의 철학을 깨우침. 898년 3월 세수 72세, 법랍 57세로 옥룡사에서 입적했다.

선승인 도선은 국가이익과 민생안정을 근본으로 삼는 우리 고유의 풍수체계를 확립한 고승이다.

화엄사에서 불법을 배우던 그는 20세 때 "대장부가 불법을 공부하여 마땅히 교법敎法의 집착을 떠나서 스스로 적정寂靜의 열반을 얻어야지, 어찌 구차하게 글자에만 매달려 있겠는가."라고 말한 뒤 화엄사를 떠나 동리산 태안사 혜철의 제자가 되었다.

그의 교학과 선사상은 기록이 없어 자세히 알 수 없다. 단지 최유청이 비문을 지은 '백계산옥룡사선각국사비'를 통해 짐작할 뿐이다. 이 비에 따르면 도선은 태안사에서 23세 때 스승 혜철로부터 '말 없는 말과 법 없는 법(無說之說 無法之法)'을 깨달은 후 구족계를 받은 것으로 되어 있다. 그러나 일부 학자들은 이 비문이 도선이 죽은 후 262년이 지난 다음 세워졌다는 점을 들어 그가 혜철의 법을 이은 것인지에 대해 의문을 제기한다.

도선이 깨달았다는 '말이 없는 말과 법이 없는 법'은 달마 이후 육조 혜능으로부터 내려오는 돈오頓悟의 선지禪旨를 의미한다.

그는 깨달은 후 동리산을 떠나 운봉산 위의 동굴과 태백산의 바위 앞에 움막을 짓고 좌선하는 등 수행을 계속하면서 미호사, 도선사, 삼국사, 운암사에서 선법을 전하였다.

신라의 헌강왕(875~886)이 그의 학덕을 듣고 맞이하자 그는 현묘한 선법으로 임금의 마음을 활짝 열리게 했다고 한다. 그는 국왕 주변에서 불법을 펴다가 왕의 만류를 뿌리치고 백계산 옥룡사(전남 광양군 옥룡면 추산리)로 되돌아와 어느 날 제자들을 불러 모았다. 그리고는 "나는 이제 가려한다. 인연 따라 왔다가 인연이 다하면 가는 것이 불변의 이치인데 어찌 이곳에 오래 머무를 수 있겠는가."라고 말한 뒤 그 자리에서 눈을 감고 입적했다. 사람들은 그가 35년간 머물렀던 옥룡사 북쪽 언덕에 탑을 세웠다. 왕은 그의 입적소식을 듣고는 요공了空선사라는 시호를 내리고 탑호를 증성혜등證聖慧燈이라 하였다.

어느 이인異人으로부터 풍수지리설을 전수받은 도선은 우리나라 풍수의 조종으로 추앙받고 있다. 도선의 풍수설은 사람이 거주하는 집이나 절을 주로 다루는 양택陽宅풍수이다. 그의 풍수설은 지리적 조건이 불리한 곳에 탑이나 절을 지어 지덕地德을 보충하는 것이다. 그 힘으로 국가의 기운을 보존하고 쇠운衰運을 막으며 대통大通을 열었다. 그의 풍수설에는 산천비보山川裨補와 지덕地德을 통한 이익증진사상이 담겨있다.

그러나 후대로 내려와 무덤자리를 보는 중국의 음택陰宅풍수가 성행하면서 사대주의자들이 도선을 중국풍수의 전래자로 바꿔놓았다. 옥룡사 선각국사탑비에는 도선이 옥룡사에 오기 전 지리산 구령암자에 머물 때 한 이인으로부터 풍수설을 익혔다고 적혀 있다.

이인의 말에 따라 남해의 사도촌이라는 물가에 가보니 모래로 우리나라 강산을 입체적으로 나타낸 지도가 있었다. 한동안 이곳과 화엄사를 오가며 이 지도를 기억하고 음양오행술을 깨쳐 지리술을 익혔다. 그 후 지세를 살피러 다니다가 송악의 왕릉王隆 집에 이르러 지세와 방위가 맞도록 집짓는 법을 가르쳐 준 뒤 태조 왕건의 탄생을 예언했다고 새겨져 있다. 현재 전남 구례의 화엄사 입구에서 약간 떨어진 곳에 사도리가 있다.

그러나 '도선전' 등에는 도선이 유·불·도 3교에 통달하고 천도天道와 음양, 산수算數의 기인인 당나라 일행 선사로부터 풍수설을 전수받은 것으로 적고 있다. 그러나 도선은 당에 간 적이 없고, 이들 책에는 신라 고승인 도선을 끝까지 고려승이라고 적고 있는 데다 도선이 태어나기(827) 100년 전에 죽은 일행(683~727)을 사제지간으로 묘사하는 등 사대주의 풍수가들의 위작일 가능성이 높다.

도선은 우리 산천의 기맥을 잘 활용해 맺힌 기운은 풀고 약한 기운을 북돋우는, 몸과 땅이 하나인 신토불이身土不二의 지덕사상地德思想을 펼쳤다는 평가를 받는다.

도선의 풍수사상은 당시 신라 말기의 시대적 흐름에 따라 밀교적 호국안민의 법용法用으로 제시된 비보사상이라는 주장도 있다. 반면, 고려왕실이 그의 풍수설을 과장해 정치적으로 이용하는 바람에 도선을 신승神僧으로 취급했으므로 법계가 분명한 선승으로만 평가받아야 한다는 주장도 있다.

가야산 의용義龍이 화엄을 전파하다 | 희랑과 관혜

> **희랑(希朗)**
> 희랑希朗은 진성여왕 3년(889) 경상도 거창군 성기聖其에서 출생. 속성은 주朱씨이며 15세 때 해인사로 출가했다. 그는 부석사 화엄계보의 적손이며 해인사를 창건한 순응順應과 이정利貞 그리고 결언決言을 이은 현준賢俊의 제자로 추정된다.

　신라 말 가야산 해인사에는 희랑希朗과 관혜觀惠라는 두 화엄종장華嚴宗匠이 있었다. 해인사가 신라 하대 왕실의 도움으로 재정적·정치적으로 커지는 과정에서 후삼국 세력의 정치권력이 관여함에 따라 희랑은 태조 왕건의 귀의를 받고, 관혜는 후백제 견훤의 귀의를 받게 된다.
　이로써 희랑의 문도들은 북악北岳 부석사를 중심으로 활동하고, 관혜는 남악南岳 화엄사를 근거로 활동한다. 그들의 주장도 차이가 많아 양파 간의 대립과 논쟁이 치열하였다. 균여는 그의 저서에서 남·북악의 대립을 물과 불의 관계로 비유하고 있다. 이들의 대립은 앞선 시대부터 존재해온 의상계와 연기계의 대립, 의상계와 법장계의 대립 때문이라는 견해도 있다. 그러나 정치적 입장의 차이에서 비롯된 대립으로 보는 해석이 가장 합리적인 것으로 받아들여지고 있다.
　의상계의 적손으로 볼 수 있는 결언과 현준은 의상의 스승인 중국 지엄의 은혜에 보답하기 위해 '종남산 엄화상儼和尙 보은결사'라는 결사를 조직, 헌강왕 등 왕실과의 관계를 맺으면서 화엄을 발전시켜 나갔다.

해인사에 보관되어 있는 목조희랑조사상(보물 999호)

후삼국시대로 접어들면서 가야산 일대는 삼국을 연결하는 교통의 요충이 되었다. 따라서 고려 왕건의 종단정책과 후백제 견훤의 횡단정책이 서로 맞부딪치는 전략 요충지로서 이들의 싸움에 휩쓸릴 수밖에 없었다. 왕건과 견훤은 신라 왕실의 각별한 후원으로 대가람을 이루고, 당시 화엄종의 중심 사찰로 막대한 재력과 사원을 방어할 수 있는 승군을 보유하고 있던 해인사를 자기편으로 끌어들이려 했다. 이 과정에서 화엄학승들도 정치적 후원세력의 영향에 따라 남악파와 북악파로 갈라선 것으로 보고 있다.

이 같은 이유로 관혜는 해인사에 있다가 견훤이 장악하고 있던 남악 지리산의 화엄사로 가서 종지를 떨침으로써 남악파의 종주가 되고, 후백제 견훤의 복전(福田: 부처나 비구 등 공양을 받을 만한 법력이 있는 자에게 공양을 하면 복이 되는 것이 농부가 밭에 씨를 뿌려 수확하는 것과 같음을 이르는 것)이 되었다. 반면 희랑은 해인사에 있으면서 북악파의 종주로서 명성을 얻게 되었다.

그리고 이들의 대립이 깊어진 것은 서로의 종취宗趣가 다르기 때문이나, 백제 유민들의 해묵은 감정을 부추기고 나선 견훤의 정치적 책략과

이에 맞선 왕건의 전략에서 생긴 지역적 감정대립 때문이라는 견해도 있다. 따라서 남·북악의 대립은 정치적 이유로 넓게는 의상계의 내분으로, 좁게는 해인사내의 분파로 이해할 수 있다.

이들이 대립관계에 있었다는 사실은 각종 기록을 통해 알 수 있지만, 남악과 북악의 화엄사상 자체에 어떠한 차이가 있었는지는 정확히 알 수 없다. 다만 균여가 정정했다는 '선공초삼십여의기'와 '법계도기총수록'에 인용되어 전하는 '남악관공기' 등을 비교하여 남·북악의 화엄교학을 규명하려는 견해가 있다.

남악사상은 성기(性起: 연기에 의해 만들어진 사상事相이 부단히 하나(一)로 돌아가는 것)를 나타내지 않는 것은 아니나 연기(緣起: 하나가 원인이 되어 삼라만상을 이루는 것)에 더 비중을 두었고, 북악사상은 연기가 나타나 있지 않는 대신 성기가 나타나 있고 육상(六相: 법계연기의 모습을 구체적으로 설명하는 총상, 별상 등 여섯 가지 상)의 전체와 부분, 부분과 부분이 일체가 되어 원만하게 융합되는 원융한 면이 강조됐다고 추측할 수 있는 정도이다.

그러나 남·북악을 대표하는 이들의 개인적인 행적은 기록 부족으로 잘 알려져 있지 않다. 특히 남악의 관혜는 단지 그 이름만 알려져 있을 뿐 다른 문헌이나 자료에는 그 행적이 나오는 데가 없는 실정이다.

해인사 사전寺傳에 나타난 최치원의 기록으로 미뤄볼 때 왕실과 밀접한 관련을 맺고, 태조 왕건을 도와 견훤의 군대를 물리치는 데 큰 역할을 한 희랑은 현준의 제자로 보여진다는 것이 불교학자들의 분석이다. 당시 현준 등과 깊은 친교를 맺고 있던 최치원은 자신보다 32세쯤 아래인 희랑의 해인사 중건과 화엄교학 강론을 지켜보면서 희랑을 찬양하는 시를 여러 편 지어보내기도 한다.

용당龍堂의 묘설妙說이 용궁龍宮에 들어갔으나
용맹勇猛이 용종龍種의 공功을 능히 전했네.
용국龍國의 용신龍神이 응당 환희하였고
용산龍山의 의용義龍이 웅장雄壯을 익표益表하도다.

최치원은 대對를 이루는 능란한 시작을 통해 인도에서 전파된 화엄경이 희랑에 의해 설해지면서 중생들에게 커다란 이익을 주고 있음을 찬탄하고 있다. 즉 용상대덕(석가모니)의 묘설인 화엄경이 인도에서 용궁 속에 보관되다가 용종龍種 출신인 용수보살이 다시 찾아낸 공으로 세상에 널리 전하였으며, 이 같은 화엄이 용을 숭배하는 신라에 전해지면서 용의 기상을 지닌 해인사 희랑 화상이 화엄경의 장엄한 뜻을 널리 전하고 있음을 노래하고 있다.

희랑의 흔적은 해인사에 남아 있는, 우리나라 최고最古이며 걸작으로 평가받는 목조희랑조사상이 대표적이다.

문명대 교수는 그의 논문에서 희랑조사상이 분명한 이 작품은 신라 하대의 현실적 사실주의의 전통과 새로 대두된 신흥기법을 받아 제작한, 우리나라 사실조각의 극치를 보여주는 걸작품이라고 격찬했다. 사람 몸을 거의 정확하게 인체 비율대로 조각하고 고요하게 앉아 있는 노스님의 탈속한 도인의 풍모를 생생하게 표현하고 있다는 것이다. 희랑 조사가 직접 자신의 모습을 조각했다고도 전하는 이 목조상은 조사의 생전에 조성된 것이 분명하다. 현미경 촬영 등의 방법을 동원했지만 나무의 종류는 밝혀내지 못했다.

가슴부분에 큰 구멍이 뚫려 있는 특이한 모습과 관련, 해인사 주지로

있을 때 너무 걱정이 많아 가슴이 뚫어졌다는 전설과 그가 전생에 '흉허
胸虛 세계'에서 살다 왔기 때문이라는 전설만 있을 뿐 아직 정확한 주장을
펴는 학자는 없다.

고려시대

중생에게는 이미 여래의 지혜가 갖춰져 있다/ 균여
돈오점수頓悟漸修/ 보조 지눌
간화일문看話一門/ 진각 혜심
정념正念은 망실忘失함이 없다/ 몽여 · 혼원 · 천영
설함에는 본래 설함이 없다/ 원감 충지
나는 마음도 아니요 부처도 아니다/ 자정~고봉
교관쌍수敎觀雙修의 천태종사/ 대각 의천
이 마음이 부처를 짓고 이 마음이 곧 부처다/ 원묘 요세
생계불멸 불계부증生界不滅 佛界不增/ 보각 일연
단절위기의 선불교 법맥 전승한 한국불교 중흥조/ 태고 보우
생각의 기멸이 다한 가운데 화두가 또렷해야 한다/ 나옹 혜근
무심선無心禪 주창한 '직지심경' 저자/ 백운 경한

중생에게는 이미 여래의 지혜가 갖춰져 있다 | 균여

> 균여(均如: 923~973)
> 황해도 황주 둔대엽촌에서 출생했으며, 속성은 변邊씨. 아버지는 환성煥姓, 어머니는 점명占命. 아버지가 전수한 화엄경 원만게를 잘 외웠다고 한다. 종형인 선균을 따라 15세 때 부흥사 식현 화상에게 출가했다가 영통사 의순에게 화엄을 배웠다. 저서로는 '수현방제기' 10권, '삼보장기' 등 다수가 있다.

　균여는 당시 논쟁이 빚어지고 있던 남악 관혜와 북악 희랑 두 파의 모순과 대립을 지양하여 북악을 중심으로 화엄종을 통합했다. 뿐만 아니라 의상의 화엄사상을 연구 · 전승하고 많은 저술을 남겨 중국 및 신라의 화엄사상 내용을 후대인들이 살펴볼 수 있게 했다. 11수의 향가를 지어 화엄을 서민들에게 전하는 실천불교도 소홀히 하지 않았다.

　균여가 죽은 뒤 200년이 지나 혁연정赫連挺이 쓴 균여전均如傳에 따르면 균여는 어머니 점명의 나이 60세 때 태어났으며, 용모가 추해 길에 버려졌으나 갑자기 새 두 마리가 날아와 아기의 몸을 감싸자 이 광경을 본 부모가 부끄럽게 생각하고 다시 집으로 데려가 길렀다.

　균여가 살았던 시대는 사상적으로는 누구나 마음을 깨치면 부처가 될 수 있다고 하는 '직지인심直指人心 견성성불見性成佛'의 선법이 전래되어 교와 선이 대립 · 융합되던 사상적 과도기였다. 정치적으로는 통일신라가 무너지고 고려왕조가 탄생, 중앙집권체제를 확립해 나가던 때였다. 이러한 혼란기에 균여는 광종의 중앙집권적 왕권확립의 뜻에 따라 승과

제도 시행을 관장했고, 많은 승려들이 화엄에서 선문으로 길을 바꾸는 와중에도 일관되게 화엄사상만을 연구했다.

균여는 당시 남·북악의 대립을 북악의 융회融會불교 입장에서 남악의 사상까지 융합하고, 법상종의 세력까지 흡수하기 위해 성상융회性相融會사상을 주창했다. 광종의 신임을 얻었던 그의 주창은 왕권의 지지기반 확보와도 관계가 깊었다.

균여의 성상융회사상은 공空을 뜻하는 성性과 색色을 뜻하는 상相을 원만하게 융합시키는 이론이다. 화엄사상 속에 유식사상을 융합하여 교종 내의 대립을 해소시키기 위해 주창한 통합사상이라 할 수 있다. 그가 지은 대부분의 저술에 '원통圓通'이라는 명칭이 붙어있는 것도 이 때문이다.

그의 성(性: 華嚴)·상(相: 瑜伽) 융회사상은 광종에 의해 채택되어 고려 초기 통치 이데올로기로 적용됐다는 시각도 있다. 그러나 그보다는 오히려 화엄 고유의 두 관점인, 지엄 이후의 중국화엄과 의상 이후의 한국화엄의 본성性과 표상相을 주(周: 橫盡)와 측(側: 竪盡)의 기호를 통해 화회和會를 시도함으로써 중도의 가르침을 실천하고자 했다고 할 수 있다.

여기서 성은 본래성, 정체성, 존재의 근원적 모습이다. 궁극적 진리인 진제眞諦, 무위적인 공空 원리인 성기性起로 설명될 수도 있다. 상은 인식되는 삼라만상, 현상적 겉모습, 방편적 진리인 속제俗諦, 유위적인 색色의 원리인 연기緣起로 설명될 수 있다. 인도불교가 공空과 유有로, 중국불교는 이(理: 眞如)와 사(事: 生滅)로 세계를 설명한다면, 한국불교는 이들과 함께 성性과 상相으로 설명을 하고, 여기에다 균여는 주周와 측側으로 이들을 아우른다.

균여는 그의 '석화엄지귀장원통초'라는 책에서 주측周側의 주는 가로(수평)를 의미하는 횡진법계橫盡法界를 말하며, 측은 세로(수직)라는 뜻인 수진법계竪盡法界라고 밝히고 있다. 균여는 주측의 개념을 통해 본성과 표상의 융회, 미진微塵과 시방十方의 원융, 성과 속의 무애, 수평과 수직을 회통시키고 있는 것이다.

그러면서 균여는 의상의 화엄은 일체를 하나로 파악하는 횡진법계로, 중국 법장의 화엄은 일체 중에서 그 각각의 의미를 달리 파악하는 수진법계로 정리하면서, 차별과 차별의 사사무애(事事無碍: 현상계의 개별 현상간 걸림 없는 융통)보다는 원리와 원리의 이이무애(理理無碍: 보편적 원리(심성)간 걸림 없는 융통)에 역점을 두어 사실상 의상의 화엄을 전승하고 있다. 횡진법계의 세계관을 말하는 의상은 일즉다一卽多의 전개를 중심으로 다즉일多卽一의 통합을 모색하는 반면, 법장은 일체가 곧 하나(十中一)에서 차별이 시작되고 하나가 곧 일체(一中十)에서 차별이 끝난다고 본다. 그러나 균여는 의상과 같이 하나가 곧 일체(一卽多)에서 차별이 시작되고 일체가 곧 하나(多卽一)에서 차별이 끝난다고 해석하면서도 중도의 원리에서 법장과 의상의 사상을 화회和會시키고 있다. 그의 이러한 사상은 '법계도원통기'에 나타난 의상의 법계도에 대한 균여의 해석을 통해서도 그 단면을 볼 수 있다.

의상의 법계도는 살펴본 바와 같이 흰 종이 위에 검은 한문으로 된 글자를 붉은 선으로 연결해 놓았다. 그는 이를 기세간(器世間: 사는 장소), 중생세간(衆生世間: 중생의 세계), 지정각세간(智正覺世間: 깨달은 부처의 세계)으로 부른다.

이 법계도의 세 가지 구성요소는 상호의존관계가 있다는 것이다. 만약 붉은 선을 지워버리면 백지의 개념과 상호연결돼 있는 검은 글자군群의 의미가 없어져 버리고, 검은 글자를 지워버리면 백지와 붉은 선도 그 존재이유를 상실한다. 또한 흰 백지가 없다면 검은 글씨와 붉은 선이 그려질 수 없으므로 그 존재이유가 사라진다.

이 논리는 기세간, 중생세간, 지정각세간에 있어서도 마찬가지다. 기세간이 없으면 그곳에 살 중생도 없게 되며, 중생을 제도할 부처도 없게 된다. 중생이 없으면 중생이 사는 기세간도 없어지며, 부처도 없어진다. 다시 말해 중생이 있기 때문에 중생이 사는 기세간이 있고, 중생을 구제할 부처도 있다는 것이다.

따라서 중생은 그 중생의 몸 속에 기세간과 부처를 본래 갖추고 있다는 것이다. 균여는 이 같은 설명을 "보살은 보살 신중身中에 여래의 지혜를 구유具有하고 있음을 스스로 안다."고 단적으로 표현하고 있다. 즉 개개물물이 서로 의존하면서도 혼융되지 않고, 그러면서도 자기특성을 잃지 않듯이 법계도의 흰 종이와 검은 글씨와 붉은 선은 서로 뗄 수 없는 상호의존관계에 있으면서도 자기 특성을 잃지 않고 간직하고 있다. 이것이 화엄철학의 극치라는 것이다.

균여는 또한 화엄사상의 실천도 성속무애의 입장에서 토착신앙을 융합하며 불교를 대중화했다. 서민을 위해 향찰로 불경을 풀이하고 11수의 향가를 지었던 것이다. 그의 보현십원가普賢十願歌에는 성상융회사상을 바탕으로 한 성속·귀천 융합사상이 잘 나타나 있다.

고대 국문학 연구의 귀중한 자료로 평가되는 이 11수의 향가는 균여가 화엄경의 입법계품에 나오는 보현보살의 열 가지 서원을 하나 더 붙여 화엄진리를 알기 쉽게 하기 위해 지은 것이다. 보현보살의 열 가지 서원은 예경제불가(禮敬諸佛歌: 모든 부처님을 공경하고 예배하겠다)에서부터 보개회향가(普皆廻向歌: 자신이 닦은 모든 공덕을 중생에게 돌려줘 미혹한 사람이 없게 하겠다)까지로, 보현행원을 열심히 행하겠다는 내용으로 이뤄져 있다. 이 향가는 당시 마을 담장에 쓰여지기도 하고, 이 노래를 불러 난치병이 씻은 듯 낫기도 했다고 한다.

그는 또 '석화엄교분기원통초' 등 10부 65권이라는 방대한 저서를 남겼으나 대부분은 없어지고 5부 18권이 현존하고 있다. 이들 저서는 지엄과 법장의 중국 화엄을 비롯해 신라의 화엄 내용을 알게 하는데 큰 공헌을 했다. 그는 중생구제 방편으로 신기한 법력도 자주 보였다고 한다.

균여전에는 광종 부인의 옥문玉門에 창질이 생겨 백약이 무효이고 의원들에게 보일 수도 없어 균여의 스승인 의순 화상을 청해 법약法藥으로 치유하려 했으나 의순 화상까지 병을 얻게 되었다고 한다. 이에 약관 27세의 균여가 향을 올리고 발원하자 깨끗이 나았다고 기록되어 있다.

균여의 화엄사상은 고려 중기 의천에 의해 크게 배척당하다가 조계종이 일어나면서 다시 관심을 불러일으켰고, 고려와 조선을 지나 현재까지 교학불교에서 각광받고 있다.

균여와 같은 시대의 화엄승으로는 탄문(900~975)이 있다. 그 후 낙진, 징엄, 종린(1127~1179) 등을 거쳐 조선시대의 도안, 지안, 긍선 등으로 이어지면서 화엄교학은 계속 전개되었다.

돈오점수頓悟漸修 | 보조 지눌

> 보조 지눌(普照 知訥: 1158~1210)
> 현재의 황해도 서흥군 동주에서 국자감 학정學正인 정광우의 아들로 태어나 8세 때 출가. 명종 12년(1182) 승과에 합격. 사굴산문 종휘 선사의 제자. 33세 때인 명종 20년(1190) 팔공산 은해사 거조암에서 정혜결사를 시작. 43세 때 수선사(현 송광사)에서 조계의 선풍을 진작시킴. 53세 때인 희종 6년(1210) 3월 20일 좌탈. 저서로는 '정혜결사문', '수심결', '간화결의문', '진심직설' 등 다수가 있다.

사굴산계인 보조국사 지눌은 정혜결사定慧結社를 통해 조계산 수선사를 세우고 선禪의 종지를 크게 선양한 한국불교의 중흥조이다. 그의 행적은 조계산 송광사 불일보조국사비명 등에 잘 나타나 있다. 그가 살았던 시대는 무신의 난과 무신세습정치시대로 승려의 기강이 문란하고, 선교가 갈등을 일으키는 불안한 시국이었다.

지눌은 초기에는 고려불교의 타락상을 바로잡으려는 열정을 가지고 깨침을 향한 치열한 정진에 몰두했고, 깨달음 이후에는 정법을 펴기 위해 적극 노력했다. 그의 실천적 수행은 육조단경과 화엄경 여래출현품, 대혜어록 등 경전이나 어록과 계합하는 과정을 거쳐 더욱 무르익었다.

그는 승려시험 합격 후 어느 날 육조단경을 보다가 "진여자성眞如自性이 생각을 일으키므로 비록 보고 듣고 깨닫고 안다 할지라도 만상萬像에 물들지 않는다. 따라서 진여자성은 언제나 자유자재하다."라는 대목에서 크게 깨닫고 정진에 힘썼다.

지눌스님이 정혜결사를 처음 시작한 영천 은해사 거조암의 영산전(국보 14호)

　28세 때는 경북 예천의 학가산 보문사에서 대장경을 열람하던 중 이통현의 화엄경론에 나오는 "한 티끌 속에 대천세계大千世界가 포함되어 있다. 여래의 지혜도 이와 같아서 중생들의 마음에 두루 갖추어져 있지만, 어리석은 범부들은 이를 깨닫지 못하고 있다."라는 말을 접하고 지혜가 더욱 밝아졌다고 한다.

　이때 지눌은 경전을 머리에 이고 어찌할 바를 몰랐으며, 자기도 모르게 감격의 눈물을 흘렸다고 고백하고 있다. 그는 또한 초심자들의 수행을 돕기 위해 화엄론을 읽은 자신의 체험을 토대로 세 가지의 입문이론을 제시했다.

　비문에서도 이때의 상황을 "이통현(李通玄: 당나라)의 화엄론을 읽고 더욱 신심을 내었다. 더듬고 파헤쳐 그윽한 뜻을 찾고… 깨닫고 보니 이전에 알고 있던 경전의 말씀이 더욱 분명해졌다.… 학인들을 지도하기 위해 집착에서 벗어나 해탈의 길을 열어주려 하였다."라고 적고 있다.

지눌은 그 후 33세 되던 해에 득재 등 동료 10여 명과 함께 팔공산 거조암에서 선정과 지혜를 닦는 정혜결사를 단행, 당시 고려 불교계의 수행풍토에 큰 변혁을 불러 일으켰다. 정혜결사문에는 당시의 마음가짐과 결사의 동기가 잘 나타나 있다.

그는 정혜결사의 이념으로 "명리를 버리고 산림에 은둔하자.… 진인달사眞人達士들이 세상을 결決하게 살다간 고매한 행동을 본받자."라 하고, 수행의 동기에 대해서는 "땅에 넘어진 사람은 땅을 짚고 일어서야 하며… 미혹함과 깨달음이 비록 다르긴 하지만, 모두 한마음에서 비롯된 것이기 때문에 마음을 여의고서는 부처를 구할 수 없다."라고 적는 등 계戒·정定·혜慧의 수행정신을 밝히고 있다.

그는 41세 때 선객 몇 사람과 함께 지리산 상무주암에서 대혜(大慧: 1088~1163) 보각선사 어록 탐독과 정진을 통해 득도의 새로운 전기를 맞게 된다. 지눌은 비문에서 당시 크게 깨달은 체험을 "선정은 고요한 곳에도, 시끄러운 곳에도, 인연이 따르는 곳에도, 생각하고 분별하는 곳에도 있지 않다. 이 모든 곳을 떠나, 버리고 참구하지도 말아야 한다. 만일 갑자기 눈이 열리면 비로소 그것이 모두 집안일임을 알 수 있다."라고 하고, "나는 여기서 가만히 그 뜻을 깨닫게 되어 저절로 이전에 어떤 무엇이 걸려 있는 듯한 가슴이 시원하게 탁 트이며 마치 오랜 체증이 내려간 듯 당장에 평안하고 즐거워졌다."고 기록하고 있다.

지눌은 지리산에서의 깨달음 이후인 43세부터 입적할 때까지 11년 동안 전남 순천의 송광사로 거처를 옮겨 남은 생애 동안 자비행에 전심전력을 다했다. 거조사의 정혜결사도 이곳으로 옮기고 수선사修禪寺로 개칭, 한국불교의 새 지평을 여는 작업에 매진하였다. 본래 수선사는 길상사였으나 정혜결사의 정신을 본받는다는 의미로 정혜사로 정하려 했다. 그러나 인근에 정혜사라는 절이 있어 조정의 뜻에 따라 수선사로 개칭했다.

희종 임금은 산 이름이 송광산이던 것을 혜능의 선사상을 계승한 근본 도량이라는 의미로 조계산으로 바꾸었다. 수선사의 선풍은 정과 혜를 고루 닦으며 선과 교를 함께 하는 것으로, 이러한 선풍은 오늘날까지 계속되고 있다.

비문에는 지눌 당시의 송광사 생활에 대해 "국사는 오직 도를 스스로 행할 뿐 남의 칭찬이나 비방에 마음을 움직이지 않았다.… 그 쉴 줄 모르는 인정은 사랑스러운 아들을 대하는 어머니와 같았다.… 소와 같이 여유 있는 모습과 범처럼 날카로운 지혜의 안목으로 사물을 판단하였고, 혼자 있을 때도 삼가고 경계하여 몸가짐이 게으르지 않았다."고 적는 등 그의 행동과 인품의 일단을 기록하고 있다.

그는 법랍 36세 세수 53세가 되던 1210년 3월 27일 밤 목욕을 한 뒤 다음과 같은 게

불일 보조국사의 감로탑, 고려 희종때(1213년)세워졌다.

송을 읊었다.

이 눈은 조상의 눈이 아니요
이 코는 조상의 코가 아니다.
이 입은 어머니가 낳아준 입이 아니요
이 혀도 어머니가 낳아준 혀가 아니다.

그리고는 대중의 질문에 이치에 맞는 말로 대답하였다. 비문에는 또 대중과의 문답 내용이 담겨 있다.

"옛날에는 유마거사가 병을 보이셨고, 오늘은 조계이 목우자(牧牛了: 지눌의 호)가 병을 보이시니 이는 같습니까, 다릅니까?"라고 묻자 "너는 같고 다름을 배웠구나."라며 주장자를 내려친 뒤 "천 가지 만 가지가 모두 이 속에 있다."는 말을 남기고는 평상에 걸터앉아 조용히 입적했다.

지눌의 선사상은 심성론心性論, 돈오점수頓悟漸修와 정혜쌍수定慧雙修, 간화선을 통한 선과 교의 원만한 어우러짐으로 특징 지을 수 있다.

그는 '진심직설眞心直說'이란 저서에서 참된 마음인 진심에 대해 "교에서는 이를 심지心地라고 부르니 온갖 선善을 내기 때문이요, 보리菩提라고 하니 깨달음을 본체로 하기 때문이요,… 여래如來라고 하니 온 곳이 없기 때문이며,… 진여眞如라고 하니 생멸生滅이 없기 때문이요,… 원각圓覺이라고 하였으니 어둠을 부수어 홀로 비추기 때문이다."고 밝히고 있다.

거짓된 마음인 망심에 대해서는 "망심은 대상을 대하면 앎이 있음을 알아서… 그 대상에 대해 탐욕과 분노와 우치愚癡의 삼독三毒을 일으키면 그것이 망념임을 알 수 있다.… 그러므로 옳고 그름을 대립시키는 것이 망심임을 알 것이다. 진심은 앎이 없이 알아서 공평하고 원만히 비추므로 초목과 다르고, 미워하거나 사랑하는 마음을 내지 않기 때문에 망심과 다르다."고 설파했다.

돈오점수와 관련, 지눌은 그의 저서인 수심결에서 "돈오란 범부가 미혹했을 때 사대육신을 몸이라 하고 망상을 마음이라 하며, 통틀어 '나'라고 인식하면서 부처를 찾아 헤매다가 갑자기 한 생각에 빛을 돌이켜 제 본성을 보면 이것이 곧 진아로, 모든 부처와 털끝만큼도 다르지 않음을 홀연히 깨닫기 때문에 돈頓이라고 한다."고 정의하고, "이는 마치 대신大臣이 꿈속에서 감옥에 갇혀 형틀을 쓰고 고초를 겪다가 어떤 사람이 불러 깨우면 홀연히 꿈에서 깨어나 자기 자신이 본래 집에 있고 안락함과 부귀가 다른 동료 대신과 조금도 다르지 않음을 보는 것과 마찬가지"라고 비유하고 있다.

또 "점차 닦음(점수)이란 본래의 성품(性)이 부처와 다르지 않았음을 깨달았으나 오랫동안의 습기를 갑자기 버리기는 어려우므로 깨달음을 토대로 계속 닦아 차츰 공空이 이루어져 성인이 되는 것"이라면서 "이는 어린 아이가 태어났을 때 모두 갖춘 것으로 보이지만, 그 모든 기관이 아직 충실하지 못하기 때문에 긴 세월이 지난 뒤에 비로소 제대로 된 사람이 되는 것과 같다."고 밝히고 있다.

그러면서 "돈오를 거치지 않은 점수는 바른 수행이 될 수 없다."면서 돈오가 먼저이고 그 이후 점수임을 분명히 하고 있다. 이어 돈오점수를 다음과 같이 결론 맺는다.

"도에 들어가는 문은 돈오와 점수 두 문에 지나지 않는다. 비록 돈오돈수는 최상근기를 가진 사람이 들어가는 문이라고 하지만 과거를 미뤄보면 이미 여러 생生 동안 깨달음에 의해 닦아 차츰 익혀오다가 금생에 이르러 듣는 즉시 깨달아 한꺼번에 모두 마친 것이니, 실로 말하면 그것도 먼저 깨닫고 뒤에 닦는 근기이다. 그렇다면 이 돈오, 점수의 두 문은 모든 성인이 말미암은 길로 과거의 모든 성인은 먼저 깨닫고 뒤에 닦았으며 그 닦음에 의해 증득한 것이다. 그러므로 신통변화는 깨달음에 의해 닦아 점차 익히면 나타나는 것이지 깨달은 때 곧 나타나는 것은 아니다."

또한 정과 혜를 함께 닦아야 한다는 그의 정혜쌍수론은 깨달음 이후의 닦음의 내용과 성격을 밝히는 것이다. 여기서 정定이란 산란한 마음을 한 곳에 집중하여 조용하게 하는 것으로 마음의 공적空寂한 본체를 말하며, 혜慧는 사물을 사물대로 보는 것, 마음을 아는 작용을 말한다.

따라서 정혜쌍수는 마음의 본체와 작용은 분리할 수 없는 데다, 닦음에 있어서 정에만 치우치면 혼침昏沈하기 쉽고, 혜에만 치우치면 산란해지기 쉽기 때문에 정과 혜를 함께 닦으라는 것이다. 그러고 나서 이타행의 실천을 강조하고 있다.

지눌은 또 간화결의론이라는 저서에서 화두선話頭禪을 우리나라에 처음으로 소개하고 있다. 화두선은 강한 의심을 불러일으키는 조사들의 말인 화두(1천7백 개 공안이 있음)를 들어 처음부터 일체 말의 길(語路)에 집착하거나 헤아려 구분하지 말고, 한 마음으로 참구하여 타파해 깨달음을 얻는 수행방법을 말한다. 간화결의론은 이러한 화두선으로 진여문에 들어갈 수 있으며, 진여가 무엇인지를 분명히 하고 있다.

그는 "일체의 진리가 근본부터 말을 떠나고 모습(相)을 단절하며, 이름 지을 수 있는 실상도 떠나고 마음에서 인연을 따라 일어나는 모습도 떠나 필경 평등하여 부서지거나 무너질 수 없다. 오직 한 마음(一心)일 뿐이니, 그래서 진여眞如라고 부른다."고 밝히고 있다.

그는 간화결의론에서 이치나 말로 따지는 어구인 사구死句와 마음의 문을 여는 깨달음의 어구인 활구活句에 대해 "사구는 지식으로 인한 이로理路의 경로가 필요한 것이며, 활구는 어느 것이나 경로徑路를 끊고 바로 비춰 응하는 공부니 이것이 곧 지해사구知解死句와 경절활구徑截活句의 갈림길이다."고 말했다.

그는 화두참구법에 대해, "개에게 불성이 있습니까? 라는 물음에 조주스님이 '무無'라고 했다. 단지 이것을 붙잡아 깨달으려 하되 왼쪽으로도, 오른쪽으로도 되지 않는다. 있다거나 없다는 생각으로 알려하지 말고 참으로 없다는 뜻인가 헤아리려 하지 말며, 도리를 알려고도 하지 말고 생각으로 헤아리려하지 말며, (선사가) 눈썹을 치켜뜨고 눈을 깜박이는 곳을 향해 헤아리지 말며, 말로써 살 방도를 찾지 말고… 문자를 인용하여 증거로 삼지도 말고, 모른다고 하여 깨닫기를 기다리지 말라. 모름지기 곧바로 마음 쓸 바 없게 할지니, 마음 둘 곳이 없을 때에도 공空에 떨어질까 두려워하지 마라. 그 안이야 말로 오히려 좋은 곳이니 늙은 쥐가 갑자기 쇠뿔 안으로 들어가 곧 죽는 것을 보리라."고 명쾌하게 설하고 있다.

지눌은 이 책에서 참선하는 데 일어나는 10종병을 경계하고 있다. 10종병은 첫째로 화두를 알려는 것, 둘째는 마음이다, 불성이다 하여 더 알 것이 없다는 우견愚見, 셋째는 어로語路, 즉 말의 길을 따라 살아가려는 계책, 넷째는 글자를 끌어들여 드러내고 증명 받으려는 생각, 다섯째는 화두를 들어 알아 맞추려는 생각, 여섯째는 모든 것을 털고 무사한 것만 지키고 있는 것, 일곱째는 있다거나 없다는 알음알이를 짓는 것, 여덟째는 절대를 안다는 생각을 짓는 것, 아홉째는 도리를 안다고 생각하는 견해, 열 번째는 어리석고 미혹한 마음을 갖고 깨달음을 조급하게 기다리는 견해 등이다.

지눌의 이 같은 선사상은 일본에도 영향을 끼쳤다. 일본 중세의 유명한 화엄 거장인 담연湛然의 저서 '화엄연의초찬석華嚴演義鈔纂釋'에 간화결의문과 원돈성불론이 인용되어 있고, 비슷한 시기에 원종圓種 스님은 지눌의 '화엄론절요'를 읽은 후 구두점을 붙이고 발문에 자신의 깨달음을 적고 있다.

선불교에 있어서 돈과 점의 수행방법은 오래 전부터 논쟁이 되어왔다. 이 논쟁은 4세기 중국 불교학자들에 의해 시작된 이래 8세기 혜능과 신수의 남돈南頓·북점北漸의 대립, 781년 티베트 왕정의 마하연 스님과 카마라실라(740~795)간의 돈점에 관한 설전, 규봉 종밀(780~841)의 마조계 돈오돈수 비판과 하택 신회의 돈오점수 현양 등으로 이어졌다.

그 후 한국 땅에서 지눌에 의해 제창된 돈오점수의 수행지침이 확고한 자리를 지켜오다 20세기 성철스님에 의해 다시 그 논쟁이 재연되었다. 성철스님은 1981년 펴낸 선문정로에서 하택 신회, 규봉 종밀, 보조 지눌에 의해 주장되는 돈오점수는 선과는 상반된 교의 수행방법으로 이단사설이며, 그를 따르는 자는 모두 지해종도知解宗徒라는 비판을 가했다.

성철이 말하는 진정한 돈오돈수의 돈오는 일상생활 중이나 꿈을 꾸거나 숙면 중에도 공안참구가 항상 한결같고, 제8식 아뢰야식의 미세한 망념까지 영원히 끊어진 경지를 말하며, 이 같은 확철대오는 더 이상의 수행을 필요로 하지 않는다는 것을 의미한다. 따라서 지눌이 말하는 돈오는 알음알이로 이해한 것이라 할 수 있는 해오解悟이며, 해오는 곧 지해知

解이며, 지해는 바로 교敎이므로 돈오점수는 선이 아니라 교라는 것이다. 따라서 돈오점수는 정확히 말해 해오점수解悟漸修로 고쳐 불러야 한다는 것이다.

그 근거로 지눌도 수심결, 결사문 등 초기 저술에는 선교를 혼돈하여 교 쪽에서 주장할 수 있는 사상으로서의 돈오점수를 달마선종이라 하였다가, 만년에 지은 간화결의론에서는 돈오점수가 선종에서 말하는 본래의 궁극적인 깨달음인 증오證悟와는 거리가 멀다는 것을 깨닫고 올바른 선종으로 되돌아왔음을 인정했다고 강조하고 있다.

이에 대해 지눌의 돈오점수를 지지하는 학자들은 지눌이 말하는 돈오점수의 돈오는 결코 이해된 지식이 아니라 한 생각에 빛을 돌이켜 스스로의 본성을 보는 것으로 부처의 깨달음과 조금도 다르지 않음을 반박하고 있다.

또한 지눌은 간화선을 제일 먼저 도입했듯이 화두참구의 수행방법을 인정하고 있었으며, 돈오점수를 주창한 것은 최상승근기보다 중·하위 근기의 중생을 교육하기 위해서라는 것이다. 깨달음 이후의 수행이라는 것도 깨달음은 정해진 목표나 단계가 있는 것이 아니라 끊임없는 자기부정의 저 편에 존재하는 영원한 닦음과 자비의 구도행이 점漸의 수행이라는 것이다.

이러한 돈오돈수설의 주장은 내면적으로 신수보다는 혜능, 마조, 임제 등의 선법이 정통이라는 법통관과도 이념적으로 맞물려 있다고 보는 시각도 있는 등 논쟁은 계속되고 있다.

그러나 지눌의 돈오점수설은 불교사회의 타락과 선교의 갈등시대에 불교인의 삶의 폭을 넓혀 주었고, 성철스님의 돈오돈수설은 선도 아니고 교도 아닌 혼란의 시대에 깨침에 대한 정신자세를 바로잡아 주었다는 점에서 의의가 있다고 할 수 있다.

또한 지눌과 관련, 현 조계종의 종조와 법계 문제를 놓고 많은 견해들이 엇갈리고 있다. 일단 수선사 시대의 그의 법계는 송광사를 빛낸 15국사로 이어진다.

간화일문看話一門 | 진각 혜심

진각 혜심 (眞覺 慧諶: 1178~1234)

전남 화순에서 출생. 속성은 최씨, 호는 무의자無衣者. 24세 때 사미시에 합격. 25세 때 모친상을 당한 후 지눌에게 출가, 조계산 수선사 2세가 됨. 저서로는 '진각국사어록', '무의자시집', '선문염송집' 등이 있다.

바다의 일천의 파도 일어도	如海湧千波
그 많은 파도가 끝내 바다이고	波波全是海
한 점의 거울 밝히면	如一點鏡燈
시방의 사물이 모두 모인다.	十方相集會
석가가 앞 시대에 있는 것도 아니오	釋迦不前
미륵이 뒷 시대에 있는 것도 아니다.	彌勒不後
…	
겨자씨 안에 수미산이 들어가고	芥子納須彌
터럭 끄트머리에도 끝 없는 찰해가 담긴다.	毛端含刹海
두꺼비가 도솔천에 오르고	瑕蟆上梵天
매미가 물고기를 잡아 삼킨다.	螂蚜吞魚蟹
낙타 꼬리에 겨울 오이가 열리고	駝尾釣冬瓜
나무 뿌리에 채소를 심는다.	林脚種生菜

　도는 시공을 떠나 오직 마음에 있음을 밝힌 진각국사眞覺國師 혜심의 게송이다.

혜심은 지눌에 이어 간화선을 더욱 발전시켰을 뿐 아니라 무신정권 하에서 우리나라 선종을 뿌리내리게 한 인물이다.

하루는 지눌이 찢어진 한 켤레의 짚신을 보고는 "신발이 이 모양일 때 신을 신은 사람은 어느 곳에 있을 것인가?"라고 묻자 혜심은, "그때에 어떻게 만나지 않을 수 있겠습니까?"라고 답해 지눌을 기쁘게 했다. 훗날 지눌은 그에게 심인을 전하고 수선사의 법석을 이어줄 것을 권고했으나, 혜심은 이를 마다하고 지리산 단속사로 들어가 수 년간 정진하였다. 33세 때인 고려 희종 6년(1210) 지눌이 입적하자 문도들과 임금의 청에 따라 할 수 없이 수선사 2세 법주가 되었다. 이때부터 조정의 지원으로 수선사를 확장하고 선풍을 진작시켰다.

혜심이 살았던 시대는 원의 외침과 무신정권의 집권, 대몽항쟁 등 피비린내 나는 권력투쟁이 이어졌다. 이 과정에서 교종사원과 문벌귀족의 결탁, 왕실의 권위가 몰락하면서 명종 4년(1174) 승려 2천여 명이 이의방을 죽이려고 쳐들어가다 격퇴되는 등 교종 승려들의 무신정권에 대한 항쟁이 이어지고, 무신정권은 자연히 선종을 지지하게 된다.

이로 인해 혜심은 자연스럽게 중앙정부와 밀접한 관계를 유지하면서 최씨정권을 찬양하고, 강종과 측근 관료 등 세속인을 문하로 두었다. 최우 또한 혜심에게 차, 향, 약, 법복 등 일상용품을 수시로 보내고, 뒷날 그의 두 아들을 혜심에게 출가시키기도 하였다. 혜심은 고려 고종 3년 대선사라는 승직을 갖는 등 최씨정권과의 교분을 발판으로 수선사를 중심으로 지눌의 선사상을 크게 발전시켰다.

혜심의 선사상은 지눌처럼 선교의 합일이 아닌, 간화선만을 수행의 핵심으로 본 것이 특이하다. 그는 수행의 요체를 지눌과 마찬가지로 지止와

관觀, 정定과 혜慧라고 보았다. 모든 분별을 쉬는 것을 지, 모든 법이 공空함을 비추어 보는 것을 관, 경계에 대하여 움직임이 없는 것을 정, 성품을 보아 미혹하지 않음을 혜라고 보았다. 그러나 억지로 마음을 써서(用心) 지관하는 것은 옳지 않으며, 힘의 제지를 통하여 정(不動)과 혜(不迷)를 닦아서는 안 됨을 강조했다. 또한 혜심은 화두만을 참구하는 간화일문看話一門을 강조하고 이것이 가장 빠른 길이며, 지·관·정·혜도 이 속에 포함된다고 했다.

그가 정혜쌍수를 수행의 요체로 본 것은 지눌과 같은 견해이지만, 지·관·정·혜가 간화일문에 포함된다고 한 것은 독특한 주장이며, 지눌의 선사상을 더욱 발전시킨 것이란 평가를 받고 있다.

혜심은 또 경을 외우고 논하거나 선을 말하여 감명을 준다 해도 자기 본분사에 아무런 도움을 주지 못하므로 이를 삼가야 한다고 말하고, 간화일문만을 강조하고 있다. 이처럼 간화선의 중요성을 말하면서 간화참구 때는 공안을 갖지 않고 참구하는 수묵치선守默痴禪과 문자만을 통한 이론인 심문광혜尋文狂慧, 즉 묵조默照와 의통義通을 경계하면서 "망상을 버리고자 하면 간화만한 것이 없다."며 간화를 통해 망상을 없앨 수 있음을 일깨우고 있다.

따라서 제대로 참구해 바로 깨달음을 얻는 실참실오實參實悟의 간화선 수행이 최상임을 강조한다. 여기서 실참실오란 과거 좌선을 통해 얻은 것이나 경전, 어록, 종사들의 법어 등을 통해 얻은 것을 모두 버리고 오직 간화에만 열중하는 것이다.

이 같은 그의 선사상은 '개에게는 불성이 없다.'라는 화두에서 주의해야 할 점을 설명한 '구자무불성화간병론狗子無佛性話揀病論'을 통해 간화선이 무자공안無字公案과 불가분의 관계가 있음을 보여준다.

여기에서 공안참구 때 언어言語, 적묵寂默 등의 10가지 병을 주의하라고 밝히고 있다. 그는 이 무자공안을 최초로 유행시켜 나중에 태고 보우, 나옹 혜근, 백운 경한, 벽송 지엄, 부휴 선수 등을 거쳐 오늘날에 이르기까지 수많은 선사들이 활용하는 공안이 되게 했다.

그는 또 선가의 법어와 어록, 화두 등을 집대성한 '선문염송집禪門拈頌集' 30권을 편찬, 선사들의 수행 발자취를 살펴볼 수 있게 하는 등 간화선의 발전에 크게 기여했다. '무의자無衣者시집'을 지어 주옥같은 시를 많이 남기기도 하였다. '인월대隣月臺'라는 시에서 다음과 같이 노래했다.

우뚝 솟은 바위벽 몇 길인지 알랴마는	巖叢屹屹知幾尋
드높은 누대는 하늘 끝에 닿았구나.	上有高臺接天際
북두北斗로 은하수를 길어 달이는 한밤의 차	斗酌星河煮夜茶
차 연기 싸늘히 달 속 계수나무 감싸네.	茶煙冷鎖月中桂

스님은 1234년 57세 되던 해에 그 동안 쇠락했던 몸이 다소 좋아지자 화산華山 월등사月燈寺로 옮겨 요양을 하고 있는데 제자인 마곡麻谷이 찾아왔다. 스님은 제자를 보자마자,

"이 늙은이가 오늘은 통증이 심하구나."

고 말했다. 이에 마곡이 스승의 안색을 살피면서,

"무엇이 있어 스님께서 이렇게 고통을 받게 하는 것입니까?"

하고 물었다. 스님은 게로써 답했다.

뭇 고통이 이르지 않는 곳에 따로 한 세계가 있나니
그 곳이 어디냐고 묻는다면 크게 고요한 열반문이라 하리라.

衆苦不到處　別有一乾坤　且問是何處　大寂涅槃門

이어 주먹을 세워 보이면서,
"주먹이 곧 해탈선이니 너희들은 믿느냐, 안 믿느냐?"
고 말하고는 다시 손바닥을 펴고서,
"합하면 한 뭉치를 이루나니 펴고 합함이 자유롭고 하나와 많음이 걸림 없도다. 비록 이러하나 주먹은 곧 본분설화本分說話가 아니니 어떤 것이 본분설화인고?"
라고 했다.
스님은 이어 주먹으로 창문을 한 번 두드리고 크게 웃었다.
그해 6월 26일 제자들을 불러 모아 뒷일을 부탁하고 마곡과 대화를 나눈다.
"오늘은 이 늙은이가 매우 바쁘다."
"무슨 말씀인지 모르겠습니다."
"이 늙은이가 매우 바쁘니라."

이 말을 마지막으로 스님은 가부좌를 한 채 미소를 짓고는 열반에 들었다. 세수 57세, 법랍 32세였다.

정념正念은 망실忘失함이 없다 | 몽여·혼원·천영

> **몽여(夢如: ?~1252)**
> 청진국사淸眞國師 몽여는 진각 혜심에 이어 조계산 수선사의 3대 방장으로 추대되었다. 그의 비는 전하지 않고 있어 4대 진명국사의 비문이나 동문선 등에 남아있는 단편적인 기록으로 생애의 일부를 살펴볼 수 있을 따름이다.

몽여가 태어난 시기는 알려지지 않고 있으며, 당시 문인으로 명성이 높았던 백운거사 이규보(1241~1168)와 돈독한 관계를 유지했다. 몽여는 어느 날, 한 폭은 죽순이 돋아나 있는 설죽雪竹이고 다른 한 폭은 두 떨기의 풍죽風竹인, 홍진의 묵죽화墨竹畵 두 폭을 구해 이규보에게 보여주었다. 이규보가 이것을 보고 지은 찬贊이 동문선에 남아 있다. 이 글 중 '풍죽 두 떨기에 부치다' 라는 글은 풍죽을 통해 몽여와 나눈 선禪생활의 일부를 노래하고 있다.

"풍죽 두 떨기가 한 그루는 동動하고 한 그루는 정靜하도다. 큰 바람이 불어옴에 만물이 한 가지로 받거늘 어찌 한 대숲 안에서만 동함이 있겠는가. 한 떨기는 바람을 인因하여 마치 키질을 하듯 나부낌에 피곤해 하고, 한 떨기는 자약(自若: 기상이 태연한 모양)하여 스스로 빼어나 씩씩하게 곧은 모습이다."

몽여는 조계산 수선사 방장을 비롯해 선원사와 정혜사 주지를 지내면서 선풍을 크게 떨치고, 스승인 진각국사의 선문염송집을 보충하여 간행하기도 했다. 고려 고종 39년 임자년 8월 수선사나 산내암자인 청진암에서 입적했을 것으로 보고 있다.

몽여 다음으로 수선사의 4세 법주가 된 인물은 진명국사眞明國師 혼원(混元: 1190~1271)이다. 황해도 태생인 그는 13세 때 사굴산문의 개창조인 범일의 먼 후손이며 그의 외삼촌인 종헌 선사에게로 출가해 사굴산총림의 수석이 되었다. 전라도 쌍봉사 청우 선사 밑에서 3년간 머물렀으며, 수선사 2세인 혜심을 만난 뒤 혜심의 제자인 청진국사 몽여에게 가서 조계선의 진수를 얻었다.

당시 집권자인 최우는 그의 도행을 흠모해 강화도의 선원사 법주로 추대하는 등 여러모로 보살폈다. 고려 고종 37년 청진국사가 입적하자 조계산 4세 법주로 임명받아 수선사에서 선풍을 크게 떨쳤다. 그는 단속사 주지를 잠깐 지내고 수행에만 전념하다 자운사로 돌아와 머물렀다.

혼원은 1271년 12월 초하루 방장실에서 "오늘 아침은 섣달 초하루라, 살펴보고 살펴보라. 마지막 날이 이르러도 정념은 망실함이 없나니."라는 게송을 읊었다. 초열흘 새벽에는 시자가 문안을 드리자 "새가 허공 속에서 날아와 마음 속을 향해 들어와서 머문다."는 불안 선사의 게송을 읊고, 평상시처럼 이야기를 나눈 뒤 임금에게 올리는 글을 써 시자에게 맡겼다.

그리고는 신시申時가 되자 단정히 앉아 두 손을 조용히 모으고 열반에 들었다. 7일 동안 그대로 모셔두었는데 안색은 평시와 다름 없고 팔다리의 움직임도 자연스러웠으며 이상한 향기가 방안에 가득하였다 한다.

그의 뒤를 이어 원오국사圓悟國師 천영(天英: 1215~1286)이 수선사의 5

세 법주가 됐다. 천영은 전남 고흥(남원이라는 설도 있음)에서 태어나 15세 때 조계산 수선사 2세인 혜심에게 출가, 22세 때 승려시험에 합격했다. 스님은 또 수선사 4세인 진명국사에게 불법의 요체를 배웠으며, 다른 법주들과 마찬가지로 최우의 보살핌을 받으면서 단속사 주지, 선원사 주지 등을 지냈다.

42세 때인 고려 고종 43년 진명국사의 추천으로 조계산 수선사 5세로 임명되었다. 그 해 9월 강화도에서 배편으로 내려와 보조국사 때부터 내려오는 조계의 선을 널리 폈다. 충렬왕과는 특별한 관계를 유지하였다.

충렬왕 12년(1286) 2월 12일 불대사에서 "이 늙은이가 고향에 돌아가고자 하니 너희들은 잘 살아라."고 한 뒤 임금에게 올리는 글을 쓰고 법의를 갈아 입은 다음 작은 참선상에 앉아 한 납자와 문답을 나누었다.

마지막 문답에서 스님은 "… 태어남이란 마치 바지를 입음이요, 죽음이란 마치 치마를 벗음이니 어떤 것이 입고 벗는 사람인고?"라고 한 뒤, 한참 있다가 다시 "목우자(보조 지눌을 말함)께서 이르신 것을 보지 못했는가? 천 가지 만 가지가 모두 이 속에 있느니."라고 하고는 조용히 열반에 들었다. 스님의 문도로는 수선사 6세가 되는 원감국사 충지, 굉묵, 신화, 신정 등 다수가 있다.

설함에는 본래 설함이 없다 | 원감 충지

원감 충지 (圓鑑 冲止: 1226~1293)
이름은 법환法桓. 뒤에 충지로 개명. 속성은 위魏씨. 전남 장흥군 정안定安의 사대부 집안에서 태어나 유교경전을 섭렵하고 17세 때 사미시에, 19세 때 예부시禮部試에 합격. 영가永嘉서기를 지내고 사신으로 일본을 다녀옴. 항몽전쟁기에 관직을 지내다가 29세에 출가. 수선사 5세 원오국사 천영에게 계를 받고 41세 때 경남 김해의 신어산 감로사 주지가 됨.

    원감국사 충지는 원나라 간섭기라는 어려운 시대상황에서 민중들과 아픔을 함께 한 선사였다.
    그는 47세 때 전남 순천시 서면 계족산 정혜사에서 대장경 정리 등 13년간 불사에 바쁜 나날을 보내다 59세 때 주지직을 사퇴하고 지리산 상주무암으로 가서 참선에 몰두하였다.
    그러나 충렬왕 12년 스승인 원오국사가 입적하자 61세 때인 1286년 수선사의 6세 법주가 되어 열반 때까지 약 7년 동안 불교계의 최고 지도자로서 대몽항전의 전란으로 도탄에 빠진 백성들을 제도하는 등 국운회복에 온 힘을 다 바쳤다. 그는 당시 몽고에 사전寺田이 몰수되자 직접 복토전표復土田表를 올려 이를 돌려받기까지 했다.
    승속僧俗이 둘이 아닌 그의 선사상은 일본 강점기 때 최남선이 일본에서 '해동조계 제6세 원감국사 가송'을 구해 와 자료를 보충해 간행한 책에 어느 정도 나와 있다. 그의 주옥같은 시가를 보면 보조선을 더욱 빛낸 것을 알 수 있고, 수선사 2세인 진각 혜심의 시문을 계승했다고 해도 과

언이 아니다. '석춘음惜春吟'이라는 그의 시는 자연을 통해 자신의 간절한 심정을 표현함으로써 불교사상과 탈속한 선사로서의 풍모, 시인의 관조를 함께 보여준다.

봄바람 너무도 무정하구나	春風大無情
버리고 가면서 나를 돌아보지도 않네	棄去不我顧
수양버들은 실만 가지고 있지	垂楊徒有絲
가는 봄 매어둘 줄도 모르네	曾不解繫駐
가는 봄 원망하는 복사꽃 붉은 뺨	紅桃怨春歸
아침이슬에 눈물방울만 맺힌다	朝來空泣露
산새 또한 애처롭게 울어대며	山鳥亦哀呼
사람에게 무엇인가 하소연하려는 듯 하구나	似欲向人訴
간절한 이 마음 글로 쓸 수도 없어	幽懷無人寫
좁다란 신발 갈아신고 뜰밭에 나가본다	細履繞園圃
모든 꽃 이미 다 쓸어버리고	群芳掃己盡
푸른 잎이 어느 새 숲을 채웠네	綠葉滿林樹
가는 봄이야 가는 대로 둘 수밖에 없지만	春歸也任歸
쇠잔해가는 몸 재촉하는 듯 어찌해야 하오	爭奈催衰暮
사람이 우주공간에 산다는 것이	人生宇宙間
어찌 잠시 여인숙에 머무는 것과 다르리	何異暫覊寓
버려두어라 슬퍼할 일 없다	置之不用悲
오고감이 천운의 변수 있느니라	代謝固有數
이 조화 따라 다하고 마는 것이니	聊乘化歸盡
우선 자연의 질서에 맡겨버리자.	姑以信天賦

61세라는 늙은 나이로 수선사를 맡은 충지는 원이 일본정벌을 위해 곡물과 노비를 수탈하는 횡포를 부리자 산승의 신분을 떠나 냉혹하게 현실을 비판하고, 이의 시정을 위해 혼신을 바쳤다. 더욱이 원나라 장수가 탐라정복을 위해 수선사의 토지마저 빼앗자 직접 원제인 세조에게 "이 수선정사는 보조성사께서 창건하셨으니 이는 우리나라의 선불장이라 참선하는 무리가 수천을 넘고,… 이 전토를 주시어… 복을 만드는 도량으로 삼으소서." 라는 청전표請田表를 올려 잃었던 토지를 되돌려 받았다. 뿐만 아니라 충지의 인품에 감복한 원나라 황제로부터 크게 대접받고 예물까지 받았다.

1280년 원이 일본정벌을 위해 전함을 만들 때 영남지방의 비참한 생활상을 보고는 "팔이 있어도 다 묶인 셈이고 채찍을 맞을 등줄기마저 없다.… 마소의 등도 온전한 놈 없고 백성들의 어깨도 쉴 틈이 없다.… 농사꾼 몰아다 수병水兵을 삼고,… 처자식은 땅을 치며 울고 부모는 하늘을 향해 울부짖는다.… 고을의 반은 도망가 빈 집이고 마을 마을이 모두 황폐해진 전답…"이라고 절규하고 있다.

1283년에는 농사가 시작되는 4월인데도 인명과 재산이 희생되는 현실을 보고는 "농사철이란 그리 많은 기간이 아닌데… 동정東征의 일을 심히 급히 서두르니 농사일은 누가 다시 생각하나.… 동리가 텅 비도록 백성들을 저 바닷가로 멀리 몰아갔다. 밤낮으로 산 나무 베어 배 만들기에 힘은 벌써 지쳤다. 조그만 땅조차 개간 못하니 백성의 생명 어디에 의탁하나. 백성에겐 묵은 곡식도 없으니 태반은 굶주림에 벌써 울고 있다. 더욱이 농사일 때를 놓쳤으니 남김없이 죽어가는 꼴 보아야 하네. 슬프다. 나는 무엇하고 있나. 부질없이 눈물만 주르르 흐른다."라며 당시의 참상과 애달픔을 토로하고 있다.

그는 한때 고려와 원의 군사가 일본을 정벌한 뒤 올 태평성대를 노래한 정동송征東頌을 짓기도 했으나, 이는 친원으로 돌아선 것이 아니다. 원의 간섭에서 당장 벗어날 수 없는 현실에 입각한 실리적 차원의 염원으로 봐야 한다는 것이다. 그는 어려운 기간 동안 다른 관리들처럼 강화도로 피신해 안전하게 지낸 것이 아니라, 끝까지 육지에 남아 민중들과 호흡을 같이했다.

68세가 되던 해 1월 10일 새벽 임종을 예견하고는 불자를 들어 대중에게 이르길 "설함에 본래 설함이 없느니라."라고 말하고는 입을 다물었다. 문인이 굳이 임종게를 청하자 다음과 같은 게송을 남긴다.

> 지나온 햇수 육십 팔이라
> 오늘 아침에야 만사가 끝났도다
> 고향으로 돌아가는 길 평탄하니
> 길 앞은 분명하여 잃지 않겠다
> 수중엔 겨우 지팡이 하나
> 그래도 기뻐 도중에는 다리 안 아프리.
> 閱過行年六十八　及到今朝萬事畢
> 故鄕歸路坦然平　路頭分明曾未失
> 手中纔有一枝筇　且喜途中脚不倦

이때 만호萬浩 장로가 묻기를,
"고향으로 돌아가는 길이 평탄하시니 그 길은 어디에 있습니까?"

하니 스님이 답하길,

"착안着眼하여 보아라."

고 답했다. 장로가 다시 물었다.

"착안하여 보란 말씀은 무엇을 이르신 것이기에 오고 가지 아니 하여 갈 때에도 가지 않는 것입니까?"

이에 스님은,

"알면 되었느니라. 알면 되었느니라."

라고 말하고는 열반에 들었다.

나는 마음도 아니요 부처도 아니다 | 자정~고봉

자정~고봉
충지 이후부터는 비문이 남아 있지 않은 스님들이 많아 수선사 법주들의 행적을 자세히 알 수 없다. 단지 단편적인 기록들을 보아 가늠해 볼 수 있을 따름이다.

수선사의 7세는 자정국사慈靜國師 묘광妙光이다. 6세인 원감국사 충지와 함께 5세인 원오국사의 제자이다. 자정국사가 수선사 7세 법주가 된 것은 충지가 입적한 고려 충렬왕 9년(1293년)이다. 입적은 충선왕이나 충숙왕 초기로 보여진다.

수선사 8세 법주는 자각慈覺국사 도영道英이다. 2세인 진각국사 혜심의 비문에 의하면 열 살 때 원오국사에게 가서 머리를 깎고 구족계를 받았으며, 학문에 뛰어났다고 적고 있다. 충렬왕 후반기와 충선왕 대에 활동했고, 충숙왕 때 입적한 것으로 보고 있다.

수선사 9세 법주는 담당湛堂국사로 알려져 있다. 그에 관해서는 금나라와 관련된 전설이 유난히 많다. 보조국사가 금나라의 왕후가 병에 걸려 낫지 않자 신통력으로 금나라 궁전까지 날아가 왕후의 병을 고쳐주었더니, 금나라 조정에서 국사의 도력에 감탄해 셋째 왕자를 함께 보내 출가시켰다는 것이다. 이 왕자가 곧 담당국사라고 한다. 또 담당국사는 수선사의 삼일암 부근에 나는 맛 좋은 물을 마시면서 선정을 닦아 사흘만에 견성하였다 하여 암자 이름을 삼일암이라고 했다고 한다. 이 이야기는 금나라에 간 일이 없는 보조국사를 금나라에 다녀온 것으로 묘사하는 등 허구적인 점이 많지만, 국사가 금나라의 왕자이고, 삼일암에서 정진했으며, 천자암을 창건했다는 것은 사실로 받아들여지고 있다.

수선사 10세 법주는 혜감慧鑑국사 만항(萬恒: 1249~1320)이다. 그의 탑비가 남아 있어 수선사의 10세 법주라는 사실과 그의 행적을 어느 정도 파악할 수 있다. 충남 웅진의 박씨 집안에서 태어난 그는 13살 때 수선사 5세인 원오국사에게 출가, 금강산과 지리산 등에서 수행에 전념했다.

지리산에서 눕지 않고 정진하는 장좌불와長坐不臥로 여러 해를 수행하며 이름을 감추었지만, 오히려 그 이름은 더욱 알려졌다고 한다. 그 후 나라의 명으로 진주의 삼장사 주지를 지냈다. 700여 명의 납자를 가르치면서도 제자들의 잡담에는 귀 먹은 척 하되 마음은 늘 하늘같이 맑았다고 한다. 65세 때인 충선왕 5년 12월에는 2천여 명의 승려들이 모인 궁중 대법회에서 특강을 하고, 왕으로부터 극진한 예우를 받았다.

세속 나이 71세, 법랍 58년이 되던 충숙왕 6년 8월 몸을 깨끗이 하고 선상禪床에 앉아 낭랑한 목소리로 다음과 같은 게송을 읊고는 웃음을 띤 채 열반에 들었다.

"오온(五蘊: 정신과 물질을 색色, 수受, 상想, 행行, 식識 등 다섯으로 나눈 것)을 확연히 맑게 하니 참으로 비춤(照)이 무궁하도다. 죽고 태어나며 출몰함은 달이 공중에 구름(轉)이로다. 내 이제 떠나가면 그 뉘가 진리를 분별하겠는가? 너희 제자들에게 고하노니 부질없이 공空을 더듬지 말라."

이를 지켜보던 경호景湖 스님이 큰 소리로,

"스님께서 이제 떠나시니 장차 어디로 가시렵니까?"

하고 묻자, 스님은 다음과 같은 게송으로 답했다.

"어느 곳에서 상봉하지 않으랴, 강을 건넘에는 뗏목을 쓰지 않노라."

이 게송을 낭랑하게 읊으면서 무릎을 치며 박자를 맞추더니 두 손을 마주 잡고 웃으면서 열반에 들었다.

수선사 11세 법주인 자원慈圓국사 묘엄妙嚴과 12세 법주인 혜각慧覺국사 묘구妙軀는 비문이 없어 영정 등을 통해 이름만 전해지고 있다.

수선사 13세 법주인 각진覺眞국사 복구(復丘: 1270~1356)는 비문이 남아있다. 그는 고려 원종 11년 경남 고성에서 태어나 8세 때 백암산 정토사(현 백양사)의 일인 화상에게 출가한 뒤, 열 살 때 부모의 뜻에 따라 수선사의 5세 법주인 원오국사 밑으로 들어가 구족계를 받았다. 원오국사 입적 후 수선사 8세인 자각국사 도영 밑에서 10년을, 백암산으로 들어가 다시 10여 년을 정진했다. 강진의 월남사 주지를 오래 지냈다.

79세 때인 충혜왕 2년과 80을 넘긴 충목왕 4년에는 문인인 심백 등을 시켜 송나라에서 갖고 온 대장경으로 두 차례의 전장轉藏법회(대장경의 매장의 초·중·장 몇 줄만 읽고 다른 책장은 건너가면서 그저 넘기는 의식)를 여는 등 대중교화에 힘썼다. 왕사로 봉해진 뒤 불갑사를 거쳐 공민왕 4년 다시 정토사로 돌아온 후 그해 7월 27일,

"마조스님은 마음이 곧 부처라고 이르셨지만, 나는 마음도 아니요 부처도 아니로다. 박쥐와 쥐가 활동하는 한밤중에 나 홀로 가노니 열반 생

사가 본래공本來空이로다."

라는 임종게를 읊고는 앉은 채로 입적했다. 문인으로는 선원사의 백화와 가지산의 마곡 등이 있다.

수선사의 14세 법주인 정혜淨慧국사 복암復庵과 15세 법주인 홍진弘眞국사 또한 수선사 법주라는 것 이외에 알려진 것은 없다.

수선사의 마지막 16국사는 고봉高峰화상 법장法藏이다. 황해도 신천 태생인 그는 나옹의 법을 받았으며, 30여 년간 머리도 깎지 않고 피리를 불면서 걸식을 하고 돌아다니다 봉화의 청량산 청량암에서 은거하기도 했다. 조선조 태조 4년 조계산 수선사에 와보니 간밤의 꿈에서 보았던 바로 그 절이라는 것을 알고는 세종 때까지 중인 등과 함께 수선사 복원에 전념했다.

78세가 되던 세종 3년 7월 21일 "산하대지가 점點이 끊겨 공하도다.…티끌 같은 온누리 모두 내가 지었나니, 낱낱 물건들이 본래의 참 고향일세."라는 임종게를 읊고는 유해를 3년 후에 처리하도록 부탁하고 입적했다. 이듬해 3월 문인들이 이상한 향기가 가득하여 유해를 모신 침실을 열어보니 영롱한 사리 두개가 튀어나와 있었다. 다시 이듬해 3월과 12월 모두 37과의 사리가 나와 신찬, 혜성, 상제, 홍인 등 문인 10여 명이 수선사 북쪽 현재의 청진암터에 사리탑을 세웠다.

교관쌍수敎觀雙修의 천태종사 | 대각 의천

대각 의천(大覺 義天: 1055~1101)
고려 문종의 넷째 아들로 태어나 11세 때 화엄종 고승인 난원爛圓을 따라 지금 북한에 있는 영통사靈通寺에서 출가. 47세 때 입적. '원종문류', '석원사림' 250권, '대각국사문집' 23권 등 다수의 저서를 남겼고, 장소 117부를 간행.

대각국사 의천은 우리나라에서 천태종을 창종한 인물이다. 교관병수敎觀竝修를 강력하게 주장하면서, 신라 원효를 인도 제2 석가라 불리는 용수의 반열까지 격상시킨 장본인이다. 그는 또 '신편제종교장총록' 등 엄청난 저술을 간행, 불교의 국제교류에 최선을 다하는 한편 임종 직전까지 강의를 놓지 않은 치열한 삶을 살았다.

그는 30세 때인 선종 2년(1049) 4월 8일 왕실의 반대를 무릅쓰고 송나라로 밀항, 항주의 화엄종 승려인 정원(1011~1088)과 천태종 승려인 자변 종간(慈辯 從諫: ?~1108)을 만나 천태교관을 전수받는다. 14개월간의 구법활동을 통해 불교의 안목을 넓히 뒤 3천여 권의 불전을 갖고 귀국한다.

의천은 귀국 후 3년 만에 국청사國淸寺를 짓기 시작, 숙종 2년(1097) 완공하고 그 해 5월 주지로 취임, 천태교관天台敎觀을 강설한다. 중국의 천태종 개산조인 천태산 지자대사탑智者大師塔에 참배하며 법등法燈을 전하기로 맹세한 서원을 실현하고 천태종을 개창했다. 그가 천태교학을 강의하자 1천여 명의 승려가 천태종으로 들어왔다. 천태종 승려를 선발하는 천태종선天台宗選을 처음 실시하는 등 천태종의 발전을 위해 평생을 바쳤다. 그는 또 중국의 화엄종을 중흥할 수 있도록 지원하고, 중국 여항餘杭에 고려사高麗寺를 세우는 등 불교의 국제교류에도 공헌했다.

의천의 중심사상은 교관병수로 요약할 수 있다. 그는,

"학불자學佛者는 흔히 안을 버리고 밖을 구하며 습선인習禪人은 인연을 버리고 내심內心을 밝히기를 좋아하나, 이는 다 치우친 집착이며 함께 두 극단에 막힌 것이다.… 또 화엄경을 전한다면서 관문觀門을 배우지 않는 이는 비록 강주라 해도 나는 믿지 않는다."

면서 교와 선을 함께 닦을 것을 주장했다. 그는 한 법을 깨달았다고 주장하며 교외별전敎外別傳의 심법만 강조하는 이는 능가경과 기신론 및 유식학을 배워야 하며, 경론에 치우친 사람은 관문을 배워야 함을 역설, 선

북한 개성의 영통사에 있는 대각국사 탑비.(영남일보 임호 기자 제공)

교일치禪敎一致를 주창했다.

그는 간정유식론단과서刊定唯識論單科序에서도,

"못물이나 강물을 마실 힘이 없으면 어찌 큰 바다를 삼키겠는가. 소승법도 익히지 못하면서 어떻게 대승을 배울 수 있는가. 요즘 불교를 배우는 자들이 스스로 단박에 깨쳤다며, 권교權敎와 소승을 업신여기면서 성상性相을 말하는 이를 업신여기다가 종종 남의 웃음거리가 되는 것은 다 겸하여 배우지 못한 잘못이다."

며 교관겸수를 누누이 강조했다.

그는 유식사상을 체體·상相·용用으로 구분하면서 현상계의 인식은 오직 마음이 만들어 내는 것임(唯心所作)을 강조하고 있다.

즉 그는 "마음의 본체는 청정하고 그 작용은 자유자재로우며, 그 속성은 평등하며 나누어지지 않으면서도 나누어진다."면서,

"성인과 범부도 일체요, 의보(依報: 업으로 받은 몸 밖의 제물諸物, 즉 세계, 국토, 가옥, 의식주 등)와 정보(正報: 정과正果, 중생이 과거의 업으로 바로 받은 과보)도 불이不二이다. 이것을 마음에서 찾으면 마음이 되고 물질에서 찾으면 물질이 된다."고 말했다.

그는 선교통합의 필요성을 강조하면서 원각경을 매우 중시했다. 의천의 선교원융사상은 그의 시에도 잘 나타나 있다.

해인이 삼라만상 비춘 곳	海印森羅處
무수한 세계 바로 큰 도량이다.	塵塵大道場
나는 교를 전하기에 급하고	我方傳敎急
그대는 또한 참선하기 바쁘다.	君且坐禪忙

진의를 얻으면 둘 다 아름다우나	得意應雙美
정에 매이면 둘 다를 잃는다.	隨情卽兩傷
원융함에 어찌 취사가 있겠는가.	圓融何取捨
법계가 바로 내 고향인 것을	法界最吾鄕

의천은 나아가 불교뿐만 아니라 당시 사회의 이념인 유교까지 융화하려는 태도를 취하기도 했다. 의천은 또 원효가 성상性相의 융화를 밝히면서 성상겸학을 한 위대성을 인식하고는 "용수와 마명만이 원효에 짝할 수 있다."며 원효의 화쟁사상을 극찬했다. 그는 분황사의 원효상 앞에서 다음과 같은 제문을 지어 대각국사문집 16권에 전하고 있다.

"오직 우리 해동보살만이 본체의 진리인 성과 현상계의 진리인 상을 융통해 밝혔고, 고금의 잘못을 바로 잡아 백가의 논쟁을 화합시키고… 비록 티끌 세상에 더불어 살아도 그 참됨을 더럽히지 않았고, 비록 빛으로 화하나 그 본체는 변하지 않았습니다. 명성은 중국과 인도까지 떨쳤고…."

의천은 이와 함께 20여 년 동안 송, 요, 일본 등에서 수집한 수천 권의 소초와 원효의 저서를 수록한 '신편제종교장총록'과 '원종문류' 등 수많은 저서를 남겼다. 불교서적의 해외 전파에도 힘썼다. 또 화폐의 필요성을 강조하며 주전론鑄錢論을 펴 숙종 7년 해동통보가 만들어지는 계기를 마련하기도 했다.

의천은 평소 효도와 사제지간의 도리를 계율이라고 강설할 정도로 강조했으며, 입적 직전까지 독서를 쉬지 않으면서 수행을 중요성을 역설했다.

"불법을 만나기도 어렵고 좋은 시절을 만나기도 어렵다. 오늘이 지나가면 목숨도 보존하기 어려움이 줄어드는 물 속의 고기와 같거늘 여기에 무슨 즐거움이 있겠는가. 경에 이르길 '꽃을 꺾어 햇볕에 두면 얼마나 고울 수 있겠는가?' 라고 하였고, '젊음이 머무르지 않음이 달리는 말과 같고, 사람의 목숨 무상하기가 산에서 흘러내리는 물과 같아 비록 오늘 살아 있어도 내일은 보장하기 어렵다'고 했다.… 무엇 때문에 머리를 깎고 가사를 입었는가?… 다같이 일승에 뜻을 두고 더불어 만행을 닦아 부처님 회상에 다시 서로 만나는 것이 곧 소원이다."

의천은 숙종 6년(1101) 8월 셋째 형인 숙종에게,

"제가 원하는 것은 정도正道의 중흥이오나 병이 거의 뜻을 빼앗아 갔습니다. 바라옵건대 지성으로 불교를 지켜 여래의 유교遺敎에 부응토록 하시면 이는 죽어도 썩지 않는 불멸의 공덕이 될 것입니다."

라고 부탁한 뒤 그해 10월 5일 입적했다.

이 마음이 부처를 짓고 이 마음이 곧 부처다 | 원묘 요세

> 원묘 요세(圓妙 了世: 1163~1245)
> 경남 의령에서 서필중의 아들로 태어나 12살 때 합천 천락사天樂寺의 균정均定에게 출가, 천태교관天台教觀을 배웠다. 23살 때 승과에 합격한 후 개성 고봉사, 백련사 등에서 천태학에 전념했다. 저서로는 '삼대부절요' 등이 있으나 전하지 않음. 고려 고종 32년(1245) 법랍 70세로 입적.

    원묘국사 요세는 당시 보조국사의 정혜결사와 비견되는 백련결사白蓮結社를 조직, 전남의 만덕산 백련사에 기반을 두고 우리나라 천태교학의 일가를 이룬 고승이다.

    최자(崔滋: 1188~1269)가 찬한 백련사 원묘국사중진탑비 등의 기록에 따르면 그는 36세쯤 되던 해에 지눌로부터 "물결이 어지러우면 달이 나타나기 어렵고 방(室)이 깊으면 등불이 더욱 빛난다. 그대에게 권하노니 마음의 그릇을 바로 하여 감로장甘露漿을 쏟아지게 하지 말라."라는 편지를 받는다.

    이에 요세는 1200년 지눌과 함께 수 년간 정혜결사에 참여하다가 46살이 되던 해 전라도 영암의 약사난야藥師蘭若에서 완전히 천태교학으로 방향을 튼다. 그 후 만덕산 백련사를 중심으로 '묘종妙宗'을 강의하면서 참회행을 닦기도 하고, 1232년 보현도량을 개설해 법화삼매를 닦기도 했다. 1236년(고종 23년)에는 백련결사를 조직, 수많은 제자들과 함께 50년 동안 수행에 전념한다. 그가 강의한 묘종은 사명 지례(四明 知禮:

960~1028)가 지은 것으로, 1021년 지자의 저서인 '관무량수경소觀無量壽經疏'를 상세히 주석한 책이다.

요세의 비명에 나와 있는 대목을 근거로 그의 천태교관에 입각한 선사상을 읽을 수 있다. 그의 비명에는 "한 방에 조용히 앉아 정신을 가다듬고 묘관妙觀을 닦을 때 홀연히 스스로 생각하여 이르길 '만약 천태묘해天台妙解를 발하지 못하면 영명 연수永明 延壽의 120가지 병을 어떻게 벗어나겠는가?'라며 스스로 깨우쳤고, 묘종을 강의하다가 '이 마음이 부처를 짓고 이 마음이 곧 부처이다(是心作佛 是心是佛)'라는 대목에 자신도 모르게 크게 웃고…"라는 대목이 나온다.

여기서 말하는 영명 연수의 120가지 병은 북송시대 천태 덕소의 법을 이어 법안종法眼宗의 3대조가 된 선승인 영명 연수(904~975)가 지은 '선종유심결禪宗唯心訣'에 잘 나와 있다. 결국 120가지 병은 일진본심一眞本心을 막은 분별심과 취하고 버리는 마음을 말한다. 영명 연수는 당시 120가지의 병을 치유하는 수행법으로 참선과 108사, 10만성 염불 등 정토행을 병행하는 선정쌍수禪淨雙修를 강조했다.

요세는 무수한 알음알이와 분별심은 바로 죄와 업장이 깊은 범부심凡夫心에서 비롯된다고 보고, 이를 극복하는 방법으로 정토신앙의 행법을 병행하는 천태지의를 사상적 기저로 삼았다. 이 같이 범부들의 마음을 닦는데 수행과 교화에 중점을 둔 점이 상근기의 수행승으로 이뤄진 당시 지눌의 정혜결사와 큰 차이점이라 할 수 있다.

그의 비문에는 또 "보현도량을 결성하여 법화삼매를 닦으며, 정토에 나아가기를 구하였다. 하나는 천태삼매의에 의지하여 오랫동안 법화참法

華懺을 닦았다.… 또한 일문교해一門敎海가 넓어 배우는 자들이 미혹되니 이에 대강을 뽑아 삼대부절요三大部節要를 판각해서 유행시켰다."라고 적고 있다.

여기서 말하는 삼대부절요는 지금은 전하지 않지만, 천태 지의(531~597)의 '법화현의', '마하지관', '법화문구' 등의 저서를 요약한 것으로 보고 있다. 법화경의 중심사상은 일체 중생에게 부처의 지혜를 열어 보여 부처의 지견知見 즉, 깨달음에 들어가게 한다는 일승불一乘佛사상이다. 이들 세 권의 책은 천태의 불교관과 실천법을 설한 것이다.

'법화삼매참의'에 나오는 법화삼매는 삼칠일을 일주기로 불상을 돌며 참회와 불경 외우기, 좌선 등을 통하여 보현과 석가, 보살의 지혜를 얻는 것이다. 이 중 참회가 유난히 강조되고 있다. 이 책에는 몸을 청결하게 유지하는 것淨身과 예불, 참회, 발원, 좌선 정관坐禪 正觀 등 10가지 수행법을 언급하면서, 좌선으로 실상을 바르게 관하는 것이 바로 일체법이 공한 여실상如實相, 원돈지관圓頓止觀을 깨닫는 것이라고 적고 있다.

참고로 천태지관天台止觀의 수행체계 중 단계 없이 완전한 깨달음을 얻는 수행체계인 원돈지관에 대해 살펴보면 다음과 같다. 원돈지관은 크게 지관에 들어가는 방편인 25방편과 지관에 들어가는 형식인 4종 삼매, 깨달음을 얻는 구체적인

원묘국사의 행적을 기리는 백련사사적비

방법인 10경10승관법의 세 부분으로 구성되어 있다.

　25방편은 계율 준수, 선지식 찾기, 잠을 버림, 오욕을 버림, 호흡 조절, 정진과 염念, 일심一心 등의 행법을 말한다. 사종삼매는 90일 단위로 좌선을 주로 하면서 염불수행을 병행하는 상좌常坐삼매와 염불수행에 역점을 두는 상행常行삼매가 있다. 상행삼매는 90일 동안 쉬지 않고 아미타불을 소리내거나 마음 속으로 염불하는 것이다. 또 밀교적 수행법인 반행반좌半行半坐삼매와 일상생활의 선과 악, 무기 등의 마음을 분석해 실체가 없음을 깨닫는 비행비좌非行非坐삼매가 있다.

　깨달음을 이루는 방법인 십경십승관법에서 10경은 지관의 대상인 10개의 경계이고, 10승은 지관을 닦는 10가지 방법이다. 먼저 관찰대상인 10경境은 오음(五陰: 色·受·相·行·識)과 12입(十二入: 眼·耳·鼻·舌·身·意의 6근根과 色·聲·香·味·觸·法 6경境), 18계(十八界: 12입에 6식識을 추가한 것)인 음계입경陰界入境, 번뇌경, 병환경, 업상경, 불도의 장애요소인 마사경魔事境, 선정경 등이며, 관찰방법인 십승十乘관법은 관부사의경(觀不思議境: 십승관법의 제일, 일념의 마음에 나아가 부사의한 이치를 관하는 것)부터 법에 대한 애착이 없는 무법애無法愛까지 10가지이다.

　요세는 결국 사명 지례 등의 천태사상을 계승하고 선관禪觀과 경전독송 등을 병행하면서 '서참회'라고 불릴 정도의 치열한 수행을 통해 깨달음에 이르고자 했다. 요세의 백련결사는 지례의 정토염불결사를 하나의 모델로 삼았다. 즉 지례의 약심관불설約心觀佛說이 천태염불의 정통이 되었다. 약심관불의 약심이란 한 번 미타의 마음에 약約하여 관하지만 궁극에는 마음, 부처, 중생 모두가 절대라고 하는 삼처구법설三處具法說이라고 볼 수 있다.

모든 것을 종합할 때 요세는 지례의 염불정토적 불교관을 사실상 계승, 법화삼매참의에 의거해 지관수선법止觀修禪法인 천태선관과 법화경을 염송하는 수행법을 행했다. 요세의 천태종은 또한 의천이 개창한 고려 천태종과는 계통이 다름을 알 수 있다.

그의 실천수행 모습은 백련사 청규淸規에도 잘 나타나 있다. 오직 세 벌의 옷과 한 개의 바루(三衣 一鉢)로써 생활하고 세상 일을 말하지 않으며 50년 동안 개경 땅을 밟지 않았는가 하면, 평소에도 방석 없이 좌정을 하고 등불을 밝히지 않았다. 또 시주자들의 보시물을 가난한 사람들에게 골고루 나누어주기도 했다.

여기서 요세가 계승한 사명 지례와 중국 천태종의 관계를 잠시 살펴보면 다음과 같다. 지례는, 고려 출신으로 중국 천태의 제13대 조사가 된 보운 의통(寶雲 義通: 927~988)의 법을 이어받은 중국 천태종의 14조 사명 존자이다. 이에 앞서 고려 광종 때 체관諦觀 법사가 중국 왕의 요청으로 당시 상당한 사상체계를 갖추고 있던 고려의 천태종과 천태 관계 서적을 갖고 중국 오월국에 들어가 중국 천태종의 12조인 의적의 문하에서 천태교학을 강의했다. 체관은 거기에서 천태학의 방대한 체계를 간결하게 설한 '천태사교의天台四敎儀'라는 불후의 명저를 남긴다. 고려 출신인 이들은 당시 중국 천태종에 지대한 영향력을 행사했고, 그러한 천태종이 다시 요세에 의해 고려에서 꽃을 피웠다고 할 수 있다.

요세는 83세가 되던 해 만덕사에서 제자인 천인(天因: 1205~1248)과 마지막 선문답을 나눈 뒤 서방을 향해 가부좌한 채 입적한다.

"50년 산 속에서 썩은 물건이 오늘 떠나가니 각자 법을 위해 노력하고 힘쓰라."

"임종 때 정에 든 마음이 곧 정토인데 다시 어디로 가시렵니까?"

"이 생각이 움직이지 않으면 바로 이 곳에서 현전現前하여 나는 가지 않으나 가고, 그는 오지 않으나 오니 도를 감응하여 사귐은 실로 마음 밖에 있지 않다."

요세가 입적한 후 정명국사 천인(天因: 1205~1248)이 백련사 제2세가 된다. 그의 행적은 임계일林桂一이 찬撰한 정명국사시집서序에 잘 나타나 있다. 속성은 박씨이고 17세 때 수사秀士로 선발되어 직부直赴 등을 지내다가 23세 때인 1228년(고종 12년) 동사생同舍生 허적許積, 전진사前進士 신극정(申克貞: 나중에 백련사 4세인 천책天頙)과 함께 만덕산 요세에게 출가했다. 잠시 조계산의 진각 혜심(수선사 2세)에게 가서 수행을 하다가 돌아와 1232년 보현도량 개설에 참여한다. 그 후 진眞을 닦았다고 한다. 진은 천태의 수행법을 말한다.

1244년 최자崔滋가 중창한 공덕산 미면사米麵寺 낙성법회에 참석했다.

백련사 계보

원묘국사 요세圓妙國師 了世 ─── 정명국사 천인靜明國師 天因 ─┐

원환국사圓晥國師 ─── 진정국사 천책眞靜國師 天頙 ─── 부암 무기浮庵 無寄

무외국사無畏國師 ─── 조구국사 祖丘國師

이 미면사에도 천책에 의해 백련결사가 행해졌는데 이 곳을 동東백련, 만덕산 백련사는 남南백련이라고 부른다. 그는 1245년 요세의 부름을 받고 만덕산 백련사로 돌아갔다가 스승이 열반하자 2세 자리에 앉았다. 1248년 8월 44세로 입적했다. 그는 백련사 법화참법도량의 실질적 계승자로서 천태교관과 법화참법을 정통으로 봉행했다.

백련사의 3세는 원환圓晥 국사로 만덕사지에 기록되어 있다.

진정국사眞靜國師 천책(天頙: 1206~?)은 백련사 4세이다. 그는 고려 개국공신인 신염달의 11세손으로 속성은 신씨, 이름은 극정으로 추정된다. 관직을 지내다가 법화경을 접한 것이 계기가 되어 천인 등과 함께 요세에게 출가했다. 백련사결사문을 지었으며, 동백련에서 결사를 주도했다. 그는 '호산록湖山錄' 4권, '해동법화전홍록' 4권 등을 지은 것으로 알려지고 있다. 현재 호산록은 2권만 전해진다.

호산록은 당시 천책이 사대부들과 주고받은 서신을 많이 기록하고 있다. 이들 중 불교 도반인 임계일林桂一의 시에 대한 아래의 답시는 도반이 집에서도 도를 깨우쳤는데 산승의 공허한 말이 무슨 소용 있겠느냐며 찬탄을 하고 있다.

> 그대 마음 속에 태허를 길렀으나
> 이제 겨우 성인의 불혹 나이 지났도다
> 내 법문에 뛰어들어 씨를 받았더니
> 참으로 저 뭍에서 연꽃을 피웠구나
> 편벽과 간사함을 일체 원융하게 하는 구나

바로 집에 있는 보살이 되었으니
어찌 번거로이 거친 글 필요하랴
多君方寸養虛然 纔過先儒不惑年
投我法門方納種 眞他陸地已生蓮
須使偏邪一切圓 是卽在家菩薩子 何煩更受木叉篇

천책의 사상은 교학 중시와 유·불·선 삼교조화三教調和이다. 그는 '독대장주암청전문'에서 "선은 부처의 마음이요, 교는 부처의 말씀이다. 여래의 심구心口가 서로 다르지 않다."고 설한다. 또 "선화배禪和輩들은 대개 제가諸家의 어록만 보면서도 부처의 어록은 왜 보지 않는가?"라며 선객들의 폐단을 비판했다.

또 삼교의 조화를 강조한 그는 '답운대아감민호서答芸臺亞監閔昊書'에서 아래와 같이 설하기도 했다.

유불선 삼교가 다르지 않음을 말한 것에
대체로 유가의 살리기를 좋아하고 죽이기를 싫어함은 자비에 가깝고
넓게 베풀어 중생을 구제함은 희사에 가까우며
도가의 선을 복되게 하고 음탕함을 재앙으로 삼음은 보응에 가깝고
성스러운 것을 끊고 지혜를 버림은 반성에 가까울 뿐이다.
向所言 三教不異者
盖由好生惡殺則 近乎慈悲
博施濟衆則 近乎喜捨
福善禍遙則 近乎報應 絶聖棄智則 近乎反省而已

무인정권의 몰락과 고려의 대몽 강화로 불교의 중심이 천태종으로 옮겨진다. 이 같은 경향은 충렬왕이 1283년 개경에 묘련사妙蓮寺를 세우고 백련사 계통의 천태종 스님들이 머물면서 후기 천태종의 성격에 많은 변화를 초래한다. 정치적 동기로 창건된 묘련사에는 천태삼대부에 통달한 것으로 알려진 원혜국통圓慧國統이 결사를 주도했다. 그 후 묘련사는 무외국사無畏國師 정오丁午, 권문 조인규 가문 출신인 의선義璇 등으로 이어지면서 백련결사의 정신과는 다소 거리가 멀어졌다. 정치권력과 밀착되고 귀족화되었던 것이다.

그러나 이러한 가운데 백련사는 묘련사계와는 달리 전통적인 수행과 서민불교의 결사정신을 유지하고 있었다. 당시 운묵, 무기無寄 등은 스승인 천책의 저술을 정리하고 수행에 힘쓰는 등 초기 결사정신을 계승했다.

백련사 5세는 부암 무기浮庵 無寄인 것으로 동사열전을 통해 밝혀지고 있다. 6대 또는 7대는 무외無畏, 8대는 조구祖丘로 추정되고 있다. 이 이후는 잘 알려져 있지 않다.

생계불멸 불계부증生界不滅 佛界不增 | 보각 일연

> **보각 일연(普覺 一然: 1206~1289)**
> 속성은 김씨. 이름은 견명見明. 자는 회연晦然. 시호는 보각. 경북 경산에서 태어나 9세 때 광주 무량사로 들어가 불법을 공부. 14세 때 가지산문이 시작된 진전사(강원도 양양군 강현면 둔전리)로 출가, 대웅 장로에게 구족계를 받음. 22세 때 승과 최고시험인 선불장選佛場에서 최우수 성적으로 합격. 저서로 1000여 권이 있으나 '삼국유사'와 1206년 해남의 윤산(현 두륜산) 길상암에서 간행한 '중편조동오위重編曹洞五位' 등만이 현존한다.

    가지산문을 계승한 일연은 당시 선종을 대표하는 고승이다. 옛 유물·유적에 대한 꼼꼼한 연구와 사료 발굴 등 혼신의 힘을 다해 우리 민족의 최대 역사서인 삼국유사를 집필한 장본인이기도 하다. 이제현(李齊賢: 고려 공민왕대 학자로 문하시중을 지내고 원나라 조맹부체를 도입해 유행시킴)은 일연의 인물됨을 '박학독행(博學篤行: 두루 공부하고 수행에 독실하다)'이라고 정의했다.
    불문에 귀의한 9세 때부터는 밤새도록 반듯이 앉아 수행을 했다. 22세 이후 현풍 비슬산 보당암으로 옮겨 20여 년간 수행했다. 1249년 남해로 옮겨 10여 년간 머물렀다. 당시 실권자인 최이의 처남 정안이 남해분사 대장도감을 맡아 고려대장경 보유판補遺板을 간행하면서 정림사를 세우고 일연을 청했다. 이에 응하여 이 곳에서 대장경 간행에 3년 정도 참여하게 된다.
    1261년에는 원종의 청으로 강화도 선월사에서 설법을 했다. 그 뒤 영일(현 포항)의 운제산 오어사, 비슬산 인흥사 등에서 후학을 가르치고, 조정에서 선종과 교종의 고승 100명을 초청해 대장낙성회향법회를 베풀 때 설법을 주관, 많은 사람들을 감화시켰다.

일연의 교화에 대해 그의 비문을 지은 민지(閔漬: 고려 충숙왕 때 문신으로 첨의정승僉議政丞을 지냄)는 "부처님의 교법이 거리에 이르렀고 자비로운 배가 나루에 이르렀다. 고향을 잃고 헤매던 나그네가 옛집으로 돌아오고, 나루를 잃고 헤매던 이가 다투어 찾아왔다."고 찬양했다.

1277년에는 왕의 명에 따라 가지산파의 학일이 명성을 떨쳤던 청도 운문사로 가서 선풍을 크게 진작시켰다. 1281년 6월 동정군東征軍을 격려하기 위해 경주에 온 충렬왕이 그를 불러, 왕 가까이에 있으면서 몽골의 병화로 불타버린 황룡사와 불교계의 타락상을 보기도 하였다.

일연이 살았던 시기는 몽골의 침략으로 국토가 침탈당하고 원의 간섭이 계속되던 암울한 시대였다. 그의 수행편력과 왕실과의 유대관계를, 현실을 회피한 은둔과 특수한 신분의식의 발로로 보는 시각도 있다. 그러나 그의 철저한 수행정신과 왕의 간청도 마다하고 개경을 떠나고자 했던 그의 태도에서 구도자로서의 참다운 모습을 읽을 수 있다.

그는 신라 때 신충信忠이 벼슬을 버리고 지리산에 단속사를 세워 수행에 몰두했던 이야기를 기록하면서, "공명은 못 다 했는데 귀밑 털이 먼저 희니, 임금의 총애 많기도 하나 한평생이 바쁘다. 언덕 저 편의 푸른 산이 자주 꿈 속에 나타나, 내 가서 향화 피워 왕의 복을 비오리다."라는 글을 덧붙였다. 빨리 개경을 벗어나 산 속으로 가고자 했던 그의 심정을 대변한 글이다.

일연의 선사상은 비슬산에서의 화두타파와 그의 저술 등을 통해 어느 정도 짐작할 수 있다. 일연은 비슬산에서 9년째 수행을 하던 중 몽골의 침입이 남방에까지 미치자 중생들의 병화를 덜어주고자 문수文殊의 오자주(五字呪: 다섯 글자인 아나파자나阿羅跛者那의 다라니)를 염하면서 감응을 빌었다. 문득 문수보살이 나타나 "무주에 있다가 다음해 여름 다시 이 산의 묘문암에 거처하라."고 하자 곧바로 보당암 북쪽에 있는 무주암으로 거처를 옮겨 정진을 계속했다.

여기서 그는 "생계인 현상세계는 줄지 아니하고, 불계인 본질적인 세계는 늘지 아니한다(生界不減 佛界不增).' 는 구절을 참구하다가 깨달음을 얻어, 오늘 곧 삼계가 꿈과 같음을 알았고, 대지가 작은 털끝만큼의 거리낌도 없음을 보았다."라고 하였다.

중국 선종의 일파인 동산 양개(807~869)가 제창한 조동종(선종오가의 하나, 조계 혜능과 6세손 동산의 이름을 취함)의 오위설(五位說: 偏正五位說)에 대해 주註를 엮은 '중편조동오위重編曹洞五位'를 통해 그의 선사상의 일면을 볼 수 있다. 편정오위설은 선의 입장을 정正과 편偏의 체계로 분류하는 5가지 방법이다. 중편조동오위는 민영규 교수가 일본 경도대학에 소장돼 있는 1680년 간행본이 일연의 저술임을 밝혀냄으로써 세상에 알려진 책이다.

이 책에서 일연은 이 오위설의 편정偏正에 각각 군신君臣을 대비시켜 군신오위설로 설명하고, 조동종의 최고 극치를 군신도합君臣道合의 경지로 비유하고 있다. 우리나라 선문 중 조동종과 관련이 있는 선문은 수미산파인데, 가지산파인 일연이 수미산파와 관련이 있는 조동종에 주석을 가한 것은 매우 이례적이다.

그의 선사상은 군신과 백성의 단합을 강조하는 국가 · 민족의식이 강하게 작용하고 있고, 매우 원융적圓融的이라는 것을 알 수 있다. 그는 사상적으로 구산선문에 이르고 있는 남악 청원계통은 물론 보조국사의 수선사계통까지 포괄하는 한국불교의 전통적인 대승 정신을 계승하고 있다고 할 수 있다.

일연은 남종선계통의 불립문자不立文字를 주창하는 선승이면서 교학을 등한시하지 않았고, 유가와 제자백가에도 조예가 깊었다. 능엄경을 중시했으며, '제승법수' 등 100여 권의 저술을 남겼다. 지금은 삼국유사와 중편조동오위만 전해지고 있다.

일연의 저술 중 삼국유사는 단순한 야사가 아니라 뚜렷한 역사의식과 일관된 체계성은 물론 역사가다운 고증을 거친 우리나라 역사서의 으뜸이다.

이 책의 집필은 청년시절부터 수집한 자료를 토대로 만년인 70대 후반 인각사에서 이뤄진 것으로 추정된다. 삼국유사는 그 내용의 구성이 정연하게 갖추어진 불교 사서로서의 체계를 갖고 있다. 그는 사료의 발굴과 수집, 현지 답사, 유적 확인, 객관적 서술 등을 통해 역사가로서 최선을 다해 이 책을 저술했다. 또한 단군신화를 처음 기록, 우리 역사를 중국과 대등한 위치로 끌어올렸다. 사라진 가락국의 모습과 당에 예속되지 않기 위해 투쟁한 신라인의 자주의식을 살펴볼 수 있게 하는 희귀한 문헌이기도 하다. 뿐만 아니라 신화학, 설화문학, 불교문화사, 국문학, 민속학 등의 연구에 귀중한 자료가 되는 문화유산의 보고이다.

그는 78세 때 국왕의 부름을 받고 개경으로 올라가 국존이 되어 광명사에 머물면서 왕에게 선을 설했다. 그러나 그는 개경에 머문 지 10개월만에 노모를 모시기 위해 대궐을 물러나 고향으로 향할 만큼 효성이 지극했다. 그는 곧바로 운문사로 내려와 절 밑에서 어머니를 돌아가실 때까지 모셨다. 노모가 96세 때 세상을 떠나자 왕은 인각사를 수리하고 토지 100경頃을 주어 국사의 만년을 편히 돌보았다. 일연은 여기서 삼국유사를 집필하고 두 번이나 구산문도회를 개최, 보기 드문 성황을 이루었다.

 일연은 짚신을 삼아 노모를 모신, 효심이 높기로 유명한 중국 고승 황벽의 제자인 진존숙을 흠모했다. 삼국유사 효선편孝善篇을 만들어 의상의 제자인 진정과 노모의 애틋하고도 아름다운 이야기와 부모의 은혜를 갚기 위해 석굴암과 불국사를 지은 김대성의 이야기, 한 겨울 눈 내리는 밤에 천엄사 담 밑에 웅크리고 앉아 오들오들 떨고 있던 어떤 걸인 산모

 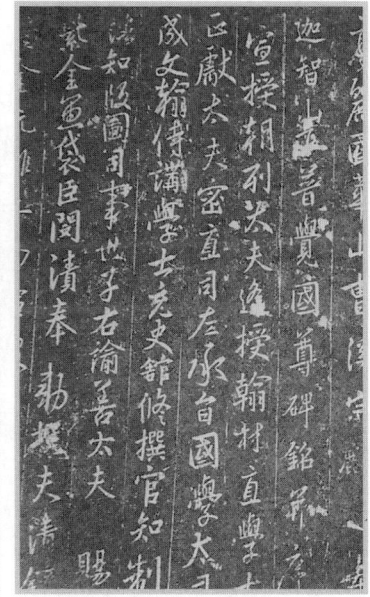

군위 인각사 보각국사비(보물 428호)와 왕희지체를 모아 새긴 비의 탁본

이야기, 분황사 천수천안비상전에서 눈 먼 딸자식을 안고 섧게 우는 희명 여인 이야기 등 어머니와 자식 간의 가슴 뭉클한 이야기를 기록했다.

일연은 1289년 을축년 6월 병이 들었다. 7월 8일 죽음을 앞두고 "내가 오늘 갈 것이다."라며 제자들과 마지막 선문답을 나눈다.

"석존께서는 학림學林에서 시멸(示滅: 열반)하시고 화상께서는 인령(麟嶺: 인각사가 있는 산)에서 귀진(歸眞: 참모습으로 돌아감, 즉 열반을 뜻함)하시니 서로 간의 거리가 얼마나 되는 지 알 수 없습니다."

하니, 일연이 주장자를 한 번 내리치고 이르기를,

"서로의 거리가 얼마냐?"

고 반문했다.

"그렇다면 이제(수)와 옛(古)이 상응하여 떨어짐이 없건만 분별하고 명변하는 일은 당장 눈 앞에 있습니다."

고 하니, 또 주장자를 한번 내리치고 이르길,

"(분별하고 명변하는 일은)분명히 눈 앞에 있다."

고 하였다.

"세 뿔 달린 기린이 바다 속으로 들어가더니 부질없이 조각달이 물결 가운데 출렁임만 남았나이다."

고 하니, 스님은

"뒷날에 돌아오면 다시 스님과 더불어 거듭 한바탕 놀겠소."

라고 하였다.

또 어떤 스님이 묻기를,

"스님은 백년 후로 돌아가시면 모름지기 소용되실 물건이 무엇입니까?"

라고 물으니, 스님은

"다만 일상생활 이것뿐이다."

라고 했다.

"군왕과 더불어 일개一箇 무봉탑을 조성하더라도 또한 무방無妨하겠습니까?"

라는 물음에는

"어느 곳으로 왔다 갔다 하는가?"

라고 대답했다. 이에

"법을 묻고자 하기 위해서 입니다."

고 하자

"이 일은 모두 아는 사실이니 더 이상 묻지 말라."

고 말했다.

또 어떤 스님이 묻기를,

"스님은 세상에 살아 있는 것이 마치 세상에 없는 것과 같으며, 몸을 보되 또한 몸이 없는 것과 같으니 더 오래도록 세상에 살아 계시면서 대법륜을 전하는 것이 좋지 않습니까?"

라고 말하자, 스님은

"(이 세상이나 저 세상이나) 가는 곳마다 불사를 하는 것이니라."

고 하였다.

이와 같이 문답이 끝난 다음 모든 선덕禪德에게 이르기를,

"날마다 아프고 가려운 지와 아프고 가렵지 않은 지의 모호함을 분별할 줄 알라."

고 말하고는 주장자를 들어 한 번 내리친 뒤,

"이것이 아프고 가려운 데 이다."
하고, 또 한 번 내려치고는,
"이것이 아프고 가렵지 않은 데 이다."
고 했다. 다시 주장자를 내리치고는,
"이것이 아픈 건지 아프지 않은 건지 시험 삼아 자세히 보라."
고 말하고는 법상에서 내려와 방장실로 돌아가서 조그마한 선상禪床에 앉아서 얘기를 나눈 뒤 손으로 금강인金剛印을 맺고 열반에 들었다. 이때 그의 나이 84세, 법랍 71세였다.

왕은 일연의 입적 소식을 듣고 매우 슬퍼하였으며, 신하를 보내 식종의 예(蝕終之禮: 죽은 사람의 최후를 장식하는 예)를 펴고, 장례일을 돌보게 하였다.

일연은 최씨 무신정권의 등장으로 선종이 다시 성하던 시기에 태어나 14세 때 대웅 장로로부터 구족계를 받아 가지산문과 인연을 맺었고, 국사를 지냄으로써 가지산문을 더욱 빛냈다.

그러나 일연의 비문에 당시 사굴산문인 지눌의 법을 이었다는 구절이 있어 법계 문제에 다소 이견을 보이고 있다. 일연이 수선사 계통인 혜심의 저술 '선문염송'에 깊이 영향을 받았으며, 수선사 3세인 몽여와 깊은 교분을 맺고 수선사 계통의 계승자로 자처했기 때문에 지눌의 법을 이었다고 볼 수 있다는 주장이 있다.

그러나 일연은 분명히 가지산문이었다는 것이 정설로 받아들여지고 있다. 지눌은 사굴산문의 법맥을 이었다. 일연은 삼국유사에서도 '조계종 가지산하 인각사 주지'라고 명기하고 있고, 비문을 지은 민지도 첫줄에 '가지산하 보각국존'이라고 밝히고 있다.

일연의 법은 그의 제자 무극(無極: 1250~1322)과 죽허竹虛, 혼구混丘에 이르기까지 이어진다. 무극은 고려 고종 37년 7월 충주에서 태어나 10세 때 무위사의 천경에게 출가했으며, 충선왕 때는 왕사가 되어 광명사와 영원사, 송림사 등의 주지를 지냈다.

'중편염송사원' 등 30여 권의 저서가 있었으나 전하지 않는다. 일연에 의해 비롯된 가지산계의 발흥은 고려 하대인 공민왕대에 이르러 태고 보우(太古 普愚: 1301~1382)와 백운 경한(白雲 景閑: 1299~1374)에 의해 새로운 권위를 가진 선의 흐름으로 등장한다.

일연의 행적이 기록된 인각사의 보각국사비는 그가 죽은 지 6년만인 1295년 민지閔漬가 비문을 짓고 문인 죽허竹虛가 왕희지의 글씨를 모아 완성했다. 비석은 통오진정태선사通奧眞靜太禪師 청분이 세웠다. 왕희지 글씨를 모은 이 비는 후대 서예가들이 많은 탁본을 함으로 인해 심하게 훼손되었다.

단절위기의 선불교 법맥 전승한 한국불교 중흥조 | 태고 보우

태고 보우(太古 普愚: 1301~1382)
성은 홍씨로 충남 홍성 출생. 13세에 가지산문迦智山門의 법맥을 이은 양주 회암사의 광지廣智 선사 문하로 출가. 그의 법은 환암幻庵에게 전해지며 구곡, 벽계, 벽송, 부용을 거쳐 휴정으로 이어진다. 비명碑銘에 적힌 문도門徒에는 최영과 이성계도 포함돼 있다.

중국 선사들로부터 불립문자 견성성불의 불법을 이어받은 신라 말 9산 선문의 법맥은 고려 말에 이르러 거의 끊기다시피 한다. 이 시기에 나타난 걸출한 선승이 태고 보우와 나옹 혜근懶翁 慧勤이다. 이들은 자신의 깨달음을 중국의 고승들과 나누며 인가받아 다시 한국 선불교의 법맥을 이어가게 된다.

한국불교의 중흥조로 평가받고 있는 태고는 선불교 법맥에 있어 누구보다 중요한 위치를 차지하고 있다. 그에 관한 행적은 목은 이색이 서문을, 포은 정몽주가 발문을 쓴 태고화상어록에 비교적 상세히 나와 있다.

태고는 일찍부터 출가, 수도의 길로 들어선다. 13세 때 회암사(경기도 양주) 광지廣智 선사에게 출가한 태고는 19세 때부터 '만법귀일萬法歸一'이라는 화두를 참구參究하기 시작하면서 본격적인 수행에 들어간다. 그의 행장行狀에는 "만법귀일 화두를 참구하였으나 아무도 그 사실을 몰랐고, 구속을 싫어하는 성격인데다 말소리가 우렁찼기 때문에 도반들이 꺼리므로 스님은 그들을 버리고 혼자 소요자적하였다."고 적고 있다.

태고는 그 후 불경 공부도 열심히 했으나 진정한 수행이 못됨을 깨달고 치열한 수행에 몰두, 수차례의 깨달음을 얻는다. 1333년 가을 개성의 감로사에서 죽기를 작정하고 좌선정진을 시작한 지 이레째 되는 날, 비몽사몽 중에 푸른 옷을 입은 두 아이가 나타나 더운 물을 권해 받아 마셨는데 감로맛이었다. 이때 홀연히 첫 깨침을 얻었다.

1337년 가을에는 원각경을 읽다가 "모두가 다 사라져 버리면 그것을 부동不動이라 한다."는 구절에서 모든 소용없는 지해知解를 타파하였다. 그 후 사대부 채중원의 장원莊園인 '전단원'에서 중국 조주 스님의 '무자無字' 화두를 다시 참구한다.

자나 깨나 한결같은 오매일여寤寐一如의 경지에 이르렀으나 화두에 대한 의심을 깨뜨리지 못해 죽은 사람 같은 상태로 있다가, 38세 때인 이듬해 1월 7일 새벽 활연대오하고 그 기쁨을 송으로 지었다.

'튼튼한 관문을 쳐부수고 나니 맑은 바람이 태고太古에서 불어오네(打破牢關后 淸風吹太古).'

이 오도송의 마지막 구절이 그의 법호를 태고로 부르게 하는 연유가 된다.

그 뒤 경기도 남양주의 초당으로 돌아가 1년 동안 어버이를 봉양하며 1천7백 가지 공안을 점검하다 마지막 깨달음을 얻고, 사대부들의 초청으로 삼각산 중흥사에 머물게 되니 "학인들이 구름처럼 모여들었다."고 그의 행장은 적고 있다. 그는 중흥사 동쪽에 태고암을 짓고 그 곳에서 5년간 머문다.

이때 지은 깨달음의 노래가 '태고암가太古庵歌'이다. 보우가 중국에 가서 당시의 선승 석옥 청공石屋 淸珙을 만나 이 노래를 보였다. 석옥은 이를 보고 "참으로 공겁空劫 이전의 소식을 얻은 것으로 '태고'라는 이름이 틀리지 않았다. 오래도록 글을 주고받는 일을 사절해 왔는데 붓이 저절로 춤을 추어서 말미에 쓰게 된다."고 하면서 이 노래에 발문까지 써주었다.

태고는 1346년 봄 중국 원나라에 들어간다. 원나라 연경에 머무는 동안 그의 도가 높다는 소문이 중국 궁중에까지 들리게 되니 천자가 태자의 생일날 그를 청해 궁중에서 반야경을 설하기도 했다. 그러나 그의 주목적은 중국의 선승들을 만나 깨달음을 인가받으려는 것이었다. 태고는 다음해 호주湖州 하무산의 천호암에서 임제의 법맥을 이은 석옥을 만나 보름간 머물면서 문답을 통해 깨달음을 인가받게 된다. 당시 문답내용은 그의 행장에 상세히 나와 있다.

태고는 중국 하무산 천호암에 머물며 석옥과 깨달음의 경지를 나누는 문답에서 '병의 물을 쏟듯' 대답을 마치고, 더 나아가 "이 밖에 또 다른 도리가 있습니까?" 하고 물었다. 석옥은 깜짝 놀라며 "노승도 그랬고 3세(과거, 현재, 미래)의 부처님과 조사들도 그러했소."라고 답한 뒤 "그대의 360여 뼈마디와 8만4천 털구멍이 오늘 모두 열렸소. 노승은 오늘 300근의 짐을 모두 내려 그대에게 대신 짊어지우고 이제 다리를 뻗고 잘 수 있게 되었소."라고 하였다.

석옥은 "불법이 동방으로 가는구나!"며 태고에게 전법의 신표로 가사를 주면서 "이 가사는 오늘의 것이지만 법은 영축산에서 흘러나와 지금에 이른 것이오. 지금 그것을 그대에게 전하니 끊어지지 않게 하오."라고 부탁했다.

보름 간의 짧은 만남이었지만, 진리를 철오徹悟했음을 서로 확인한 두 사람은 당시 중국 선승들이 두 사람을 달마와 혜가(慧可: 달마의 첫 제자)의 관계에 비유했듯이 스승과 상수제자上首弟子의 관계로 바뀌었다. 이런 관계는 석옥이 자신의 유골을 고려 땅 삼각산 중흥사에 안치케 한 것에서도 알 수 있다.

태고가 다시 연경으로 돌아오자 원나라 순제順帝는 영녕사에서 개당설법開堂說法해 줄 것을 청하고, 금란가사와 침향불자 등을 선물했다. 원의 왕족과 귀족들로부터 극진한 대접을 받다가 1348년 귀국한 태고는 중흥사에 잠시 머물다 경기도 가평 소설산으로 들어가 4년 동안 농사를 지으며 보낸다.

1356년 공민왕의 수차례에 걸친 간곡한 청으로 소설산을 나와 봉은사에 머물면서 왕실과 선·교의 스님들에게 법을 펴고, 그 해 4월에는 왕사로 책봉됐다. 왕이 불러 나라 다스리는 일을 묻자 그는 "인자한 마음이 바로 모든 교화의 근본이자 다스림의 근원이니 빛을 돌이켜 마음을 비추어 보십시오. 그리고 시절의 폐단과 운수의 변화를 살피지 않으면 안 될 것입니다."라고 답했다. 그는 불교계의 타락을 지적하면서 구산선문을 통합하기 위해 노력했다. 또 한양 천도 등을 통해 정교政敎의 혁신 필요성을 주장했으나 끝내 받아들여지지 않았다.

태고는 자신의 뜻이 관철되지 않자 왕사직의 사퇴를 청하고 소설산으로 피했다. 그러나 왕은 사퇴를 받아들이지 않고 1362년 그를 희양산 봉암사에 머물게 했다. 이듬해에는 가지산 보림사로 옮겨 종풍을 떨치게 했다.

그때 신돈이 왕의 총애를 받아 불법을 해치고 나라를 위태롭게 하므로 태고는 "나라가 잘 다스려지면 진승眞僧이 그 뜻을 펴고, 나라가 위태로

워지면 사승邪僧이 때를 만납니다. 왕께서 살피시고 그를 멀리 하시면 국가의 큰 다행이겠습니다." 라는 글을 올렸다. 그러나 신돈의 횡포가 더욱 심하므로 왕사의 인장을 반납하고 전주 보광사로 가서 머물렀다.

1368년 여름 태고는 결국 신돈에 의해 속리산에 갇혀 지내게 되지만, 이듬해 봄 왕은 다시 그를 소설산으로 돌아가게 했다. 왕은 1371년 신돈을 죽이고 태고를 국사國師로 봉하였다. 10년 뒤에는 봉암사로 옮겼는데, 부임하던 날 우왕이 그를 다시 국사로 봉하였다.

82세가 되던 1382년 여름 소설산으로 돌아간 태고는 그해 12월 23일 제자들을 불러 "내일 유시酉時에 내가 떠날 것이니 군수를 청하여 인장을 봉하도록 하라."고 말했다. 이튿날 새벽 목욕한 뒤 옷을 갈아입고 유시가 되자 단정히 앉아 다음과 같은 임종게를 남기고 생을 마쳤다.

> 사람의 목숨은 물거품처럼 빈 것이어서
> 팔십여 년이 봄날 꿈 속 같았네.
> 죽음에 다다라 이제 가죽푸대 버리노니
> 둥글고 붉은 해가 서산으로 넘어가네.
> 人生命若水泡空　八十餘年春夢中
> 臨終如今放皮俗　一輪紅日下西峰

그의 행장에는 '시신을 화장하자 광명이 하늘로 뻗쳤고 사리가 무수히 나왔으며, 정수리에서 나온 사리들은 별처럼 빛났다.'고 적고 있다.

태고의 선풍禪風은 화두를 참구하는 간화선을 적극적으로 내세우고, 조주 스님의 '개에게는 불성佛性이 없다'는 말에서 유래한 무자 화두를 중시하는 것이었다. 그리고 '공적영지空寂靈知'의 선사상을 주장했다. 이는 지눌이 원용한 하택의 '공적지空寂知'와 일치하나 그 관점에서는 차이가 있었다.

지눌이 이해한 바에 따르면 인간의 본성은 공적한 것이지만 그 속에는 신령스런 인지작용이 있으니, 그것을 돈오頓悟하라고 제시하고 있다. 그러나 태고는 공적영지를 돈오하라는 것이 아니라 간화선을 수행함에 있어 공적영지의 상태가 되어야 한다고 주장했다. 공적영지 상태란 공적한 가운데 반드시 화두를 들어야 한다는 것이다.

"화두가 순일純一해지면 생각이 일어나고 멸하는 것이 다할 것이니, 이 일어나고 멸함이 다하는 곳을 공적이라 한다. 이 공적한 가운데 화두가 없으면 무기無記가 되는 것이고, 공적한 가운데 화두가 어둡지 않는 것을 영지라고 한다."

태고가 석옥을 만나고 온 뒤 임제종의 전법을 강조하지만, 중국 임제종의 간화선 기풍은 그가 중국에 가기 전부터 전래돼 있었다. 몽고 침입 당시 고려 불교계는 중국 임제종 승려들과의 빈번한 교류를 통해 간화선풍을 들여오기 시작했다. 태고는 그런 분위기 속에서 수행했으며, 수행 결과를 중국에 직접 가서 석옥에게 확인받고 귀국해 간화선풍을 적극 선양했다.

그는 부처나 조사들이 전한 묘한 진리는 문자나 언어에 있는 것이 아니니 오직 화두를 참구하고, 얻는 것이 있으면 진짜 스승을 찾아가 점검을 받을 것을 강조했다. 그의 이 같은 선풍은 '소선인에게 주는 글(示紹禪人)'에 잘 나타나 있다.

"생각 생각에 무자 화두를 들어라. 행주좌와行住坐臥 어느 때나 옷 입고 밥 먹을 때 항상 무자 화두를 들되, 고양이가 쥐를 잡고 닭이 알을 품듯 해야 한다. 무엇 때문에 '없다'고 하였는가를 의심하여 의심과 화두가 한 덩어리로 된 상태로 어묵동정語默動靜에 항상 화두를 들면 점차 자나 깨나 한결같은 경지에 이를 것이다. 그때 화두가 마음에서 떠나지 않아 생각이 없고 마음이 끊어진 곳에까지 의심이 이르면 금까마귀(태양)가 한밤중에 하늘을 날 것이다. 이때 희비의 마음을 내지 말고 진짜 종사宗師를 찾아 의심을 완전히 해결해야 한다."

생각의 기멸이 다한 가운데 화두가 또렷해야 한다 | 나옹 혜근

> **나옹 혜근**(懶翁 慧勤: 1320~1376)
> 13세 때 문경 사불산 묘적암의 요연了然 스님에게 출가. 간화선을 강조하면서도 수행방법으로 염불도 중시했다. 나옹의 법은 무학 등에게 전해진다.

"태어나고 죽고 가고 옴은 본래 실체가 없는 것. 텅 비고 밝은 것(虛明)만이 홀로 비추며 영원토록 존재한다."

사람이 죽으면 어디로 가는지에 대해 의문을 품고 출가한 나옹이 깨달음을 얻고서 한 설법이다.

태고 보우와 함께 고려 말의 대표적 선승으로 퇴락해 가던 선풍을 크게 진작, 조선불교의 초석을 세운 고승이 나옹 혜근이다. 나옹 역시 중국 선사들과의 교류를 통해 한국 선불교의 법맥을 다시 이어갔다.

나옹은 일찍부터 출가를 원했으나 부모가 허락하지 않아 뜻을 이루지 못하다가 친구의 죽음을 계기로 출가를 결행한다. 이웃의 죽마고우가 죽는 것을 보고 주위 어른들에게 "사람이 죽으면 어디로 가느냐?"고 물었다. 아무도 제대로 대답해주는 사람이 없자 그는 곧장 집을 나서 문경 사불산 묘적암의 요연了然 스님에게 가 머리를 깎았다. 요연 스님과의 첫 대화도 남달랐다.

"그대는 무엇 하러 머리를 깎는가?"

"볼 수 없는 몸을 보고 찾을 수 없는 물건을 찾고 싶습니다."

나옹스님의 출가 사찰인 문경 대승사 묘적암

"나도 너와 같아서 아직 모른다. 다른 스승을 찾아가서 물어보라."

나옹은 요연 스님을 하직하고 스승을 찾아 여러 절을 돌아다니다 25세 때 양주 회암사로 가 밤낮으로 좌선 정진한다. 4년 동안 장좌불와長坐不臥 정진 끝에 어느 날 홀연히 깨달음을 얻은 그는 중국으로 들어갔다. 원에 들어간 나옹은 지공을 비롯해 몽산, 평산, 무상, 천암 등 많은 선승들과 깨달음의 경지를 겨뤄 그들을 압도하고 돌아온다.

나옹은 먼저 인도승 지공指空을 만나 선문답 끝에 깨침을 인정받은 것을 시작으로 여러 선사들을 거쳐 석옥과 함께 임제臨濟의 법맥을 이은 평산 처림平山 處林을 만났다. 제자 각굉覺宏이 쓴 그의 행장에 실려 있는 두 사람의 문답은 살활자재殺活自在하는 나옹의 경지를 잘 보여준다.

"스님은 어디서 오시오?"

"대도大都에서 지공 스님을 보고 옵니다."

"지공은 날마다 무슨 일을 합니까."

"지공 스님은 날마다 천검千劍을 씁니다."

"지공의 천검은 그만두고 그대의 일검一劍을 가져오시오."

이 말에 나옹이 대뜸 방석으로 평산을 후려치니 평산은 마룻바닥에 넘어지며 "이 도적이 나를 죽인다!"고 소리쳤다. 나옹은 바로 그를 부축해 일으켜주면서 "내 칼은 사람을 죽이기도 하지만 살리기도 합니다."고 말했다. 그러자 평산은 크게 웃고는 나옹의 손을 잡고 방장실로 들어가 차를 권했다. 평산은 나옹의 경지를 인정하고 스승 급암及庵으로부터 물려받은 법의法衣와 불자拂子를 전하며 손수 전법의 글을 적어준다.

법의와 불자를 지금 맡기노니	拂子法衣今付囑
돌 가운데 집어낸 티 없는 옥일러라.	石中取出無瑕玉
계율의 뿌리 깨끗해 보리를 얻었고	戒根永淨得菩提
선정과 지혜의 광명을 모두 갖추었네.	禪定慧光皆具足

천암 원장千巖 元長과 만나서는 다음과 같은 선문답을 나눈다.

"스님은 어디서 오는가?"

"정자선사라는 절에서 옵니다."

"부모가 낳아주기 전에는 어디서 왔는가."

"오늘은 4월 2일입니다."

그러자 천암은 "눈 밝은 사람은 속이기 어렵구나."며 입실入室을 허락한다.

다시 대도로 돌아간 나옹은 지공으로부터도 법의와 불자를 전해 받는다. 지공은 금강산과 회암사 등 고려 땅에도 머물렀던 인도승으로 나옹을 비롯, 무학과 경한 등 우리나라 고승들과 가장 많은 교류를 했던 고려통이었다. 다음은 지공이 나옹에게 준 게송이다.

백양에서 차 마시고 정안에서 과자 먹으니	百陽喫茶正安果
해마다 어둡지 않은 한결같은 약이네.	年年不昧一通藥
동서를 바라보면 남북도 그렇거니	東西看見南北然
종지 밝힌 법왕에게 천검을 준다.	明宗法王給千劍

아래 시는 지공이 본 뒤 서천西天의 20인과 동토東土의 72인이 있으나 그 중에서도 일등인이요, 찾기 힘든 인물이라고 극찬한 나옹의 게송이다.

산하대지는 눈 앞의 꽃이요	山河大地眼前花
삼라만상 또한 그렇도다.	森羅萬象亦復然
자성이 본래 청정한 줄 알면	自性方知元淸淨
어느 때 어느 곳에도 법왕신이 있도다.	塵塵刹刹法王身

나옹은 이처럼 평산과 지공 두 사람으로부터 법을 전해 받았다. 일반적으로 중국이나 일본의 종교 지도자는 한 곳에서 사법嗣法하는 것이 통례이나 나옹을 비롯한 태고, 경한 등 우리나라 고승들은 천하의 선지식을 두루 만나보고 그들에게서 좋은 것을 모두 배우려는 선풍을 유지했다.

나옹의 법력에 대한 소문이 중국 황제에게까지 들리면서 1355년 가을부터 황제의 뜻에 따라 대도의 광제선사에 머물다가 1356년 10월 15일 개당법회를 열었다. 황제는 금란가사와 폐백을 내렸고, 황태자도 금란가사와 상아 불자를 주었다.

나옹은 10년 동안 지공을 중심으로 중국의 여러 선사들과 불법을 나누며 지내다가 1358년 귀국, 오대산 등지에서 제자들을 지도하며 선풍을 진작시켰다. 1361년 겨울 공민왕은 나옹을 궁중으로 불러들여 마음의 요체에 대해 법문을 청하고 그에게 만수가사滿繡袈裟와 수정불자水精拂子를 하사했다.

1371년 왕사로 책봉 받고 송광사에 부임힌 그는 이듬해 다시 회암사로 돌아가 그곳을 크게 중수, 불법의 부흥을 도모했다. 나옹은 지공의 영골과 사리를 가져와 회암사 북쪽 봉우리에 탑을 세워 안치하기도 했다.

나옹스님 부도(묘적암), 당시 태고와 나옹의 제자들이 서로 스승에 대한 정통성 등을 두고 대립이 심한 상황이라서 파손 등을 우려해 누구 부도인지 모르게 아무런 표시도 하지 않았다고 전함.

그러나 그는 불교의 폐단을 비판하던 당시 개혁세력 신진사대부들의 간언으로 왕명에 의해 갑자기 밀양 영원사로 옮기게 된다. 나옹은 영원사로 옮기던 중 1376년 5월 여주 신륵사에서 56세의 나이로 입적했다.

임종을 앞두고 한 스님이 "이런 때는 어떻게 해야 합니까?" 하고 묻자 나옹은 주먹을 세웠다. 그 스님이 또 물었다. "사대四大가 각기 흩어지면 어디로 갑니까?" 나옹은 주먹을 맞대어 가슴에 대고 "오직 이 속에 있다."고 하였다.

이어 "그 속에 있을 때는 어떻습니까?" 하고 묻자 "별로 대단한 것이 없느니라."고 대답했다. 문답을 마친 뒤 나옹은 "노승은 오늘 그대들을 위해 열반불사를 지어 마치리라."는 말을 남기고 고요히 입적했다. 화장을 했으나 머리뼈 다섯 조각과 이빨 40개는 타지 않아 향수로 씻었다. 사리는 부지기수로 나왔다고 이색이 지은 탑명塔銘과 문인門人 각굉覺宏이 기록한 행장은 전하고 있다.

당대의 가장 뛰어난 선승이었던 나옹이 입적하자 중국에서는 그의 사리를, 일본에서는 그의 영정을 모셔갔다.

나옹 역시 간화看話로 참선할 것을 주장한다. 간화로 참선하는 데는 무엇보다 굳은 의지와 믿음을 강조했다. 그는 법어에서, "생각이 일어나고 생각이 멸하는 것도 하나의 생사인 바 생사를 일으킬 때 진력하여 화두를 순일하게 하면 기멸起滅이 다한다. 기멸이 다하면 적寂인 바 적중寂中에 또한 화두가 있어야 한다. 만약 적중에 화두가 없으면 무기無記라 하여 일종의 무간지옥을 뚫는 것이며 흑암굴을 파고 마는 셈이다. 그러므로 생멸이 다한 가운데 화두가 어둡지 않으면 그것이 영지靈知이니 이렇게 공적영지空寂靈知를 가지고 허물어뜨리지 말며, 잡되게 하지만 않고 공용功用이 계속되면 불일不日에 성사成事한다."고 했다.

간화선을 주장하지만 화두라는 것도 하나의 수단에 불과하며, 부처와 조사의 설법도 '일착자(一着子 : 一物이라고도 하며, 본래면목인 참마음을 말함)'를 깨닫지 못하면 사람을 속이는 하나의 거짓말이라고 보았다. 이는 곧 조사도 부처도 부정하는 임제선 본래의 모습이다. 이러한 선사상은 나옹 이전에는 볼 수 없었던 새로운 임제선의 도입이라 할 수 있다. 그는 스스로 '우리의 임제종'이라 외치면서 "임제정종臨濟正宗을 붙들어 일으키자."고 주창했다. 이러한 임제선풍은 이후 한국 선풍의 주류를 이루었다.

나옹 스님 좌선문(休休庵主坐禪文)

- 휴휴암에서 한철을 지내면서 지었다고 한다.

좌선하는 이는 지선至善에 도달하여 저절로 또렷또렷해야 한다. 생각들을 완전히 끊어버리되 혼침에 떨어지지 않는 것을 좌坐라 하고, 욕심 속에 있으나 욕심이 없고 세속에 살면서도 세속을 떠난 것을 선禪이라 한다.

밖에서는 함부로 들어오지 않고 안에서 함부로 나가지 않는 것을 좌라 하며, 집착 없고 의지함 없이 항상한 빛(常光)이 나타나는 것을 선이라 한다. 밖으로는 흔들려도 움직이지 않고 안으로는 고요하여 시끄럽지 않은 것을 좌라 하고, 빛을 돌이켜 되비추어 법의 근원을 철저히 깨치는 것을 선이라 한다. 좋고 나쁜 경계에 부화뇌동하지 않고 빛과 소리에 매달리지 않음을 좌라 하고, 일월보다 밝게 어둠을 밝히며 천지보다 큰 힘으로 중생을 교화함을 선이라 한다.

차별 있는 경계에서 차별 없는 정정에 드는 것을 좌라 하고, 차별 없는 법에서 차별지差別智를 가짐을 선이라 한다. 종합하여 말하면 불꽃같이 작용하나 본체는 여여하고 종횡으로 오묘하며 일마다 거리낌 없음을 좌선이라 한다. 간략하게는 이렇게 말할 수 있지만 상세히 말하자면 글로써 다하지 못한다.

나가대정(那伽大定: 부처의 선정)은 동정動靜이 없고 진여의 묘한 바탕은 생멸이 없어서 바라보지만 볼 수 없고 귀 기울이지만 들을 수 없으며, 텅 비었지만 빈 것이 아니며 있으면서도 있는 것이 아니다. 크기로는 바깥이 없을 정도로 큰 것을 감싸고 작기로는 안이 없을 정도로 작은 데도 들어가며, 신통과 지혜는 그 광명이 무량하고 대기大機와 대용大用은 무궁무진하다.

뜻있는 사람은 잘 참구하되 정신을 바짝 차려 확철대오하겠다는 마음으로 입문, '와!' 하는 한마디가 터진 뒤에는 수많은 신령함이 모두 스스로 구족하리라. 이 어찌 사마외도邪魔外道들이 스승과 제자 되어 전수하는 것과 같겠으며, 유소득有所得으로 궁극의 경계를 삼는 것과 같겠는가.

무심선無心禪 주창한 '직지심경' 저자 | 백운 경한

백운 경한(白雲 景閑: 1299~1375)
전라도 고부에서 태어남. 출가 후 일정한 스승이 없이 수행. 중국 석옥 등으로부터 임제종 선법을 받았다. '불조직지심체요절' 과 '백운화상어록'을 남겼다.

태고나 나옹만큼 알려지지는 않았지만 이들과 함께 고려 말의 대표적 고승으로 손꼽히는 인물이 백운 경한이다. 직지심경으로 알려진 세계 최고最古의 금속활자본 '불조직지심체요절佛祖直指心體要節'을 저술한 사람이 바로 경한이다. 그가 강조한 무심무념無心無念 선사상은 불교사상사에 있어 특징적인 선풍으로 평가받고 있다.

어록 등 그의 자료를 통해 볼 때, 경한은 분명 위대한 사상과 명쾌한 선지禪旨를 지닌 선사임에 틀림없으나 태고나 보우와는 달리 고려사 등에 언급이 거의 없다. 이런 점으로 보아 그는 숨은 도인으로 짐작된다. 경한에 대한 자료로는 '백운화상어록' 이외에는 찾아볼 수 없고, 그것도 그의 전기에 관한 기록은 별로 없어 생애에 대해 상세히는 알기 어렵다.

정확한 출가시점에 대한 기록은 없으나 경한은 어려서 출가, 전국의 유명 사찰을 찾아다니며 수행하다 불법을 구하러 중국으로 건너갔다고 전한다. 중국에 10여 년 동안 머물면서 많은 선지식과 교류했다. 그는 52세 때인 1351년 5월 중국의 호주 하무산 천호암으로 가서 태고와 교류한 임제종 거장 석옥을 만나 깨달음을 구하고 법을 전해 받는다. 석옥은

1353년 임종하면서 전법게를 지어 제자 법안法眼을 통해 고려의 경한에게 전해줄 만큼 그를 신임했다. 나옹에게 깊은 영향을 끼쳤던 지공을 만나서 게송을 지어 올리기도 했다.

경한에게 남긴 석옥의 전법게이다.

> 흰 구름 사려고 청풍까지 팔고나니
> 온 집안 텅 비어 뼈 속까지 가난하네.
> 겨우 남은 한 칸짜리 초옥일지언정
> 떠나면서 병정동자에게 부탁하련다.
> 白雲買了賣淸風　散盡家私澈骨窮
> 留得一間茅草屋　臨行付與丙丁童

중국에서 귀국한 그는 성각사에서 정진하던 중 대오大悟의 경지를 얻게 된다. 경한은 당시 상황을 다음과 같이 적고 있다.

"계사년(1353) 정월 열이레 낮 단좌端坐하고 있던 중 저절로 떠오르는 것이 있었으니 영가대사의 증도가 중 '망상을 버리려 하지도 말고 진실을 구하려 하지도 말라. 무명無明의 실성實性이 곧 불성이요, 환화幻化의 공신空身이 곧 법신法身이다.' 라는 것이었다. 생각이 여기에 이르러 그 말을 깊이 음미하였을 때 갑자기 무심無心이 되었다. 한 생각도 일어나지 않고 앞뒤가 아주 끊어져 조금도 의지할 곳이 없는 경계에 이르렀다. 그러자 갑자기 세계가 온통 하나로 자기 자신임을 보았다."

경한은 60세가 되던 해 태고의 추천으로 공민왕의 부름을 받았으나 병을 이유로 사양했다. 그러나 66세가 되던 1365년에는 왕의 부탁과 나옹의 적극적인 천거로 왕실 원찰인 해주 신광사 주지를 맡았다. 이후 왕비의 원당願堂인 홍성사 주지를 맡는 등 왕실과 관련된 활동을 보이기도 한다. 여주 취암사에서 후학을 지도하던 경한은 1375년 "옛사람들은 모든 것이 공한 이치를 깨달아 일체 법에 집착이 없었으니 너희들도 부지런히 공부하고, 내가 죽은 후에 슬픈 마음을 일으키지 마라."는 유언과 함께 다음과 같은 임종게를 남기고 입적하였다.

> 인생 70세면 옛날부터도 드물다고 하였지
> 77년 전에 왔다가 77년 후인 오늘 돌아가노라.
> 곳곳이 다 돌아갈 길이요 모두가 바로 고향이거늘
> 무엇하러 배와 노를 이끌어 특별히 고향에 돌아가리.
> 人生七十歲 古來亦稀有 七十七年來 七十七年去
> 處處皆歸路 頭頭是故鄕 何須理舟楫 特地欲歸鄕

경한의 선사상 가운데 가장 특색 있는 점은 무심무념을 주창하였다는 점이다. 그는 임제선을 가장 뛰어난 선법이라 찬양하고 임제선의 계승자임을 자처하면서도 간화선 수행을 넘어선 무심선無心禪을 강조했다. 그는 중국에 들어가 석옥 문하에서 무심선법을 참구한 듯하다. 중국의 강남과 강북을 돌아다니며 간화선을 하는 선지식들을 찾아봤지만 결국 별다른 것은 없었다며, "최후에 하무산 천호암 석옥 노화상을 찾아가 여러 날 옆에 모시고 오직 무념진종無念眞宗을 배우고 여래의 무상묘도無上妙道를 깨달았다."는 기록을 남기고 있다.

문자에 집착하는 것도 병이거니와 간화에 집착하는 것도 병으로 보고,

올올이 행하는 마음을 놓는 것이 도리어 진정한 참학參學으로 본 것이 독특했다. 화두로써 제자를 가르칠 때는 '무無'와 '만법귀일萬法歸一', '부모미생전본래면목父母未生前本來面目'을 들도록 했고, 이 화두를 크게 의심하면 반드시 크게 깨닫게 된다고 했다. 그러나 가장 오묘한 방편은 무심무념이라고 했다. 이러한 가르침은 그의 '무심가無心歌'에 잘 나타나 있다.

"만물은 본래 한가로워 나는 푸르다 나는 누렇다고 말하지 않는데, 사람들이 시끄럽게 이것이 좋다 저것이 나쁘다고 마음을 낸다. 경계에 부딪혀도 마음이 구름이나 물의 뜻과 같으면 세상에 살면서도 모든 것이 자유로워 아무 일 없다. 만일 사람의 마음이 억지로 이름짓지 않으면, 좋고 나쁨이 무엇을 좇아 일어나겠는가. 어리석은 사람은 경계만 잊으려 하면서 마음은 잊으려 하지 않고, 지혜로운 사람은 마음은 잊으려 하면서 경계를 잊으려 하지 않는다. 마음을 잊으면 경계가 저절로 고요해지고, 경계가 고요해지면 마음은 저절로 움직이지 않나니, 이것이 무심의 진종眞宗이니라."

경한의 저술인 백운화상어록은 '한국뿐 아니라 중국 선사들의 법어집 중에서도 미문美文, 통쾌함으로는 이 이상 가는 것이 많지 않을 것'이라는 평가를 받고 있다.

이구李玖가 쓴 어록의 서문에는 경한을 "천진하고 꾸밈이 없는지라 형상을 빌려 이름을 파는 일 따위는 하지 않았다. 참으로 흰구름처럼 진경眞境 속에 노니는 사람이었다."고 표현했다. 또한 "그의 법어는 마치 어둠을 부수는 밝은 등불과 같고, 더위를 씻어주는 청량한 바람과 같았다."고 했다.

불조직지심체요절은 경한이 75세 때 선의 요체를 분명히 하기 위해 심혈을 기울여 완성한 책이다. 선가에서 금과옥조로 삼는 중국의 '경덕전등록'이 너무 방대해 애를 먹는 후학들을 위해 전등록을 중심으로 불조佛祖의 법어와 게송 등을 섭렵, 선의 정수만 초록해 놓았다. 이 책은 그가 주창한 무심선을 연구하는 데도 귀중한 자료가 된다.

선교 일치를 강조하고 무심선을 주창, 고려 말 새로운 선풍을 일군 경한의 사상은 고려 마지막 왕사인 찬영璨英 등에게 영향을 주었으나 전승이 제대로 되지 않아 차차 잊혀져 갔다.

유교가 뿌리를 심는 것이라면, 도교는 뿌리를 북돋아주는 것이요, 불교는 뿌리를 뽑는 것이다.

- 탄허 택성 -

조선시대

갓난아이 행동嬰兒行이 제일이다/ 무학 자초
유儒·불佛 회통會通과 삼교일치 제창/ 함허 기화
'불심유관佛心儒冠'의 천재/ 설잠 김시습
선禪은 부처의 마음이고 교教는 부처의 말이다/ 청허 휴정
서산 문하와 필적하는 선맥禪脈을 이루다/ 부휴와 벽암
산하를 오가는 데는 일곱 근 장삼이요/ 사명 유정
서산을 '명리승名利僧'이라 칭한 전설적 인물/ 진묵 일옥
부처의 가르침은 다양하지만 실상은 한 가지이다/ 편양 언기
폐불廢佛에 당당히 맞선 대문사大文士/ 백곡 처능
조선 후기 호남지방의 대강백大講伯/ 연담 유일
선문禪門의 대논쟁 불러일으키다/ 백파 긍선
불교적 안목에서 여러 문화를 섭렵한 선승/ 초의 의순

갓난아이 행동 嬰兒行이 제일이다 | 무학 자초

무학 자초(無學 自超: 1327~1405)
성은 박씨이며, 경남 합천 삼가 출신으로 18세에 송광사의 소지小止 스님을 은사로 출가. 나옹을 이어받은 무학의 법은 함허涵虛로 이어진다.

태조 이성계가 무학과 한담을 나누다 갑자기 농을 던졌다.
"스님이 오늘따라 돼지같이 보입니다."
무학은 얼굴색 하나 변하지 않고 말을 받았다.
"오늘따라 대왕께서는 부처님같이 보입니다."
태조는 의외란 듯이 물었다.
"어째서 농을 하지 않소이까."
그러자 무학이 말했다.
"돼지 눈으로 보면 모두 돼지로 보이고, 부처님 눈으로 보면 모두가 부처님으로 보입니다."

무학은 지공과 나옹의 법맥을 이은 걸출한 선승임에도 지금까지 불교적 측면보다 풍수가나 권승權僧 등 정치·사회적 측면에서 주로 다뤄져 왔다. 그러나 그는 새 왕조 건국에 일조하고 왕사王師로 태조 이성계와 누구보다 가깝게 지내면서도 명리를 초월해 본분을 잃지 않았던 조선 초기 선승이었다.

무학의 당시 역할이나 위치에도 불구하고 그의 생애나 사상을 알 수 있는 자료는 빈약한 편이다. 선승으로서 따로 저술을 남기지 않았고, 제자 조림祖琳이 지은 그의 행장과 목은 이색이 서문을 쓴 '인공음印空吟'이라는 그의 유일한 게송집마저 전해지지 않고 있다. 왕조실록 등의 단편적 기록 말고는 왕명에 의해 변계량卞季良이 조림의 무학대사 행장을 참조해 지은 묘엄존자탑명妙嚴尊者塔銘만이 현존, 그의 생애를 전해 주고 있다.

경남 합천에서 태어난 무학은 탄생과 관련된 설화가 많다. 지리산에 들어가 10년간 수도하던 부친과 도승의 가르침에 따라 큰 인물을 얻기 위해 10년간 벙어리로 지내며 기운을 함축한 모친 사이에서 태어난 인물로 전해진다. 아이를 낳자 학이 와서 날개로 감싸주었다 하여 이름을 무학舞鶴이라 했나. 출가한 이후에 불명을 무학無學으로 했다.

출가 후 그는 용문산 부도암과 진주 길상사, 묘향산 금강굴 등지에서 정진한 끝에 깨달음을 얻고 큰 스승을 찾아 중국으로 간다. 26세 때 원나라로 들어가 당시 선풍을 일으키고 있던 인도승 지공을 만나 도를 인정받았다. 이듬해 법천사에서 뜻밖에 나옹을 만나게 되는데 나옹은 그가 큰 그릇임을 간파했다. 타국에서 고국의 큰 스승을 만난 무학은 그가 머무르는 곳을 찾아다니면서 수행했다.

무학은 31세가 되던 해 국내에 들어왔으며, 나옹 역시 귀국해 천성산 원효암에 머물고 있었다. 1359년 무학은 다시 나옹을 찾아갔다. 나옹은 이때 그에게 법을 전하는 표지로 불자拂子를 주었고, 그 뒤 다시 의발衣鉢을 전했다. 1376년 회암사를 크게 중창한 나옹은 그를 불러 수좌(首座: 고려시대 승려 지위 중의 하나)로 삼고자 하였으나 굳이 사양했다. 나옹이 입적한 뒤에는 전국 명산을 돌아다니면서 자취를 감추었고, 공양왕이 왕사로 삼고자 하였으나 끝내 응하지 않았다.

무학은 이성계와의 특별한 관계로 더욱 널리 알려진 고승이다. 이성계와의 인연은 청허 휴정淸虛 休靜의 '설봉산석왕사기' 등에 잘 나와 있다. 그 요지는 1384년 무학이 안변 설봉산 토굴에 머물 때 이성계가 찾아와 해몽을 부탁하자 왕이 될 것을 예언한 것으로, 이때부터 친밀한 관계를 유지하게 된다. 이성계는 무학의 가르침대로 석왕사釋王寺를 창건하고 무학을 스승으로 섬겼다.

이성계는 1392년 새 왕조를 창건, 왕위에 오른 뒤 무학을 왕사로 책봉하고 묘엄존자妙嚴尊者라는 호를 내렸다. 신흥사대부의 불교배척 기운이 드세던 시기에 무학을 왕실의 정신적 스승으로 모신 것은 두 사람의 관계가 어느 정도였는지를 반증하는 것이다. 무학은 태조에게 유교는 인仁을 말하고 불교는 자비를 가르치지만 그 작용은 하나라는 것과 백성을 자식처럼 보살필 때 나라는 저절로 잘 될 수 있다고 설법했다.

풍수지리에도 뛰어났던 그는 태조의 청으로 양주楊州 회암사檜巖寺에 머물며 한양 천도를 돕고, 이성계가 왕위를 태종에게 물려주고 함흥에 머물 때는 함흥차사로 찾아가 그의 마음을 돌리기도 한다.

태조가 말한 대로 돼지처럼 생겼던 모양인 무학은 소유를 멀리했다. 무엇이든지 남은 것이 있으면 남에게 주는 것을 좋아했다는 것이다. 또한 글쓰기를 싫어했다. 깨달음의 세계는 글로 표현할 수가 없었기 때문이다. 글은 물론 말로도 표현할 수 없다고 생각했다. 말이 아니라 침묵으로 가르치고, 행동 자체가 진리요 도였던 것이다. 그래서 그는 늘 "8만 가지 행실 중 갓난 어린아이의 행동이 제일이다."고 말했다.

평소 보살행 중의 하나인 영아행嬰兒行을 강조하며 이를 몸소 실천, 겸허하고 천진스런 생활로 일관했다. 그는 금강산 금장암에서 입적 순간

한 제자가 "죽어서 어디로 가십니까?"하고 물으니 무학은 "모르겠다."고 대답했다. 또 "스님은 아프신데 병은 누가 만들어낸 것입니까?"하고 묻자 손을 가로저으며 "모른다."고 했다. 제자가 다시 "육체는 지地, 수水, 화火, 풍風으로 이루어진 것으로 결국 썩어 없어지는 것인데, 어떤 것이 진정한 법신입니까?"하고 묻자 무학은 두 팔을 뻗으면서 "바로 이것이다."라고 말한 뒤 열반에 들었다.

무학이 열반하자 태조는 그의 사리를 회암사에 안치하도록 했다. 회암사터에는 지금도 무학의 부도(보물 388호)가 남아있다. 지공과 나옹의 승탑僧塔도 여기에 있다.

변계량은 탑명에서 무학을 "평상시에는 아이와 같다가 안목이 있는 이를 만나면 화살과 칼날이 부딪치듯 버티었다. 옷 한 벌과 바리때 하나로 겸손하고 겸손하여 스스로 낮추었으나 나라에서 존숭尊崇함이 상대가 없었다."고 기록했다.

유儒 · 불佛 회통會通과 삼교일치 제창 | 함허 기화

> 함허 기화(涵虛 己化: 1376~1433)
> 호는 득통得通이고 함허는 당호堂號. 충북 충주 출신으로 21세에 관악산 의상암으로 출가. 저서로 '현정론顯正論', '유석질의론儒釋質疑論', '원각경소圓覺經疏' 등을 남겼다.

배불론이 거세게 몰아치던 조선시대 초기의 유·불 과도기에 대선사요 대교학자로서 유학자들을 설득, 불교를 수호하려고 혼신의 힘을 다한 고승이 함허 기화이다(기화가 아니라 이화己化라는 설도 있다). 그는 정도전의 '불씨잡변佛氏雜辨'과 '심기리편心氣理篇'등 체계적인 배불론에 대응해 '현정론顯正論'과 '유석질의론儒釋質疑論'을 지어 반론을 펴고, 유교와 불교의 회통뿐만 아니라 도교까지 포함한 삼교일치를 제창했다.

배불론이 득세하던 당시의 시대적 상황에서 배불론에 반발하며 불교를 옹호하는 일은 감히 엄두를 내기조차 어려운 일이었다. 함허는 그런 조선 초기에 뛰어난 문장과 이론으로 불교의 이치를 밝힘으로써 유학의 불교비판 오류를 바로잡고자 했던 고승이다.

어린 나이에 성균관에 들어가 하루에 수천 어語를 기억하는 등 탁월한 재능을 보이며 유학을 공부, 높은 경지에 올랐으나 12세 때 동문수학하던 친구의 죽음을 보고 출가를 결심하게 된다. 그는 "경사經史에서 장자, 주자가 불교를 헐뜯는 말을 들어서 불법의 옳고 그름을 알지 못했네. 오랫동안 깊이 생각해오다가 비로소 진실을 깨달아 부처님께 귀의하게 되었다."는 글을 남기고 있다. 1396년 삭발한 함허는 이듬해 양주 회암사로 가 무학의 가르침을 받은 뒤 여러 산을 돌아다니며 수행에 전념했다.

1404년 봄 함허는 다시 회암사로 돌아가 방 하나를 치우고 정좌靜坐 수행했다. 행주좌와 어묵동정行住坐臥 語默動靜에 한결같은 마음상태를 유지하던 그는 곧 수마睡魔까지 항복받고는 어느 날 밤 주변을 거닐다가 홀연히 깨닫고 "가고 가다가 갑자기 머리를 돌리니 산뼈가 구름 속에 우뚝 섰다(行行忽廻首 山骨立雲中)."고 읊었다. 그 후 희양산 봉암사와 사불산 대승사, 오대산 월정사 등지에서 금강경과 반야경을 설하며 선풍을 크게 진작시켰다.

함허의 법력에 대한 소문이 두루 전파되면서 1421년에는 세종대왕이 그를 불러 개성 대자사大慈寺에 머물게 했다. 4년 동안 어찰御刹인 대자사

함허스님이 깨달음을 얻은 후 반야경을 처음 설했던 문경 대승사

에 머문 뒤 인연을 따라 여러 곳을 편력했다. 1431년 문경 희양산 봉암사로 가서 퇴락한 절을 크게 중수하고 그곳에서 법을 펴던 함허는 1433년 58세의 나이로 입적했다. 함허가 마지막으로 머물던 봉암사는 조계종 특별수행도량으로 지정돼 있으며, 지금도 100여명의 선승들이 밤낮없이 수행에만 몰두하고 있는 한국 최대의 참선도량이다.

함허는 무학의 법을 이은 선승이지만 교학에 대해서도 매우 밝았으며 저술도 많이 남겼다. 사상 또한 교학적인 경향을 강하게 풍기며 일상적인 생활을 수용하는 특징을 지니고 있고, 유·불의 일치와 유·불·도 삼교일치를 주창했다. 그의 이런 입장은 현정론과 유석질의론에 잘 나타나 있다.

함허는 삼교가 비록 차이가 있으나 도道는 하나라며 땅이 종자를 품고 있음을 불佛에, 종자가 싹을 틔우는 것을 노老에, 가지와 나뭇잎이 같은 뿌리에 있는 이치는 유儒에 비유했다. 뿌리와 줄기를 배양하면 꽃과 열매가 무성하듯 삼교가 서로 도와가면 천하가 화평하게 되는 것이라 했다. 유가 노를 배척하면 꽃을 좋아하되 나무 있음을 알지 못함이요, 노가 불을 배척하는 것은 나무를 기르되 뿌리 있음을 모른다는 것이다.

그는 또 "삼교가 모두 마음에 근본을 두었으나 유교는 마음의 자취를, 불교는 진심眞心을, 도교는 자취와 진심의 사이를 접한 도"이며, "나타나 볼 수 있는 것은 자취이고 오묘하여 볼 수 없는 것은 성性이니, 볼 수 없는 것은 그 도가 멀고 깊으며 볼 수 있는 것은 가깝고 얕은 도이므로 유교는 불교의 대각大覺의 경계를 함께 논할 수 없다."라고 불교의 우월성을 논변하고 있다.

또한 유교와 불교는 목적은 같은데 그 목적으로 가는 방편에 차이가 있는 것이라고 주장했다. 이런 입장에서 불가와 유가의 덕목을 비교, "불가에서 말하는 오계五戒는 유가에서 말하는 오상五常이니 죽이지 말라는 것(不殺)이 인仁이요, 도적질 말라는 것(不盜)이 의義이고, 음란하지 말라는 것(不淫)이 예禮이고, 술 마시지 말라는 것(不飮酒)이 지智이며, 망령된 말을 하지 말라는 것(不妄語)은 신信이다."고 설명했다.

함허는 유가와 불가, 도가의 차이 및 우열은 어떠한가를 묻고는 "노자는 함이 없으되 하지 않음이 없어 당연히 함이 있으되 함이 없다 했고, 석가는 고요하나 항상 비치고 비치면서 고요하다 했으며, 공자는 생각이 없고 함이 없으며 적연寂然히 움직이지 않으나 느낌이 있어 마침내 통한다했다. 적연한 것에 느낌이 없지 않으니 곧 고요하되 항시 비치는 것이요, 느끼어 통하는 것은 고요하지 않음이 없으니 비치되 항상 고요함이다. 함이 없으되 함이 있는 것은 고요하되 항상 함이 있는 것이다. 함이 있으되 함이 없는 것은 곧 느끼되 항상 고요함이다. 이렇게 보면 세분의 말씀이 암암리에 맞아 한 사람의 말과 같다. 그 실천의 높낮이와 활용의 같음과 다름은 세 갈래의 경전을 참구하면 될 것이니 강변이 필요하랴."며 결론지었다.

함허는 삼교가 이처럼 궁극적으로 상통함을 밝히고 있다. 원융회통圓融會通의 종교관인 함허의 사상은 한국 종교사상사의 미래를 밝혀주는 안목이라는 평을 받고 있다.

'불심유관佛心儒冠'의 천재 | 설잠 김시습

> **설잠 김시습(雪岑 金時習: 1435~1493)**
> 호는 매월당梅月堂으로 생육신의 한 사람. 서울에서 출생. 저서로 '금오신화', '십현담요해十玄談要解', '매월당시사유록梅月堂詩四遊錄' 등을 남겼다.

유가로 시작, 불가에서 생을 끝냄으로써 '불심유관佛心儒冠', '심유천불心儒踐佛', '적불반광跡佛伴狂' 등 평하는 사람에 따라 다각도로 인식되는 매월당 김시습. 당대 유교사회의 전범을 기준으로 볼 때 용납하기 힘든 파격적 삶을 산 그이지만, 승려로서는 뛰어난 불교저술 등으로 조선전기 불교 암흑기의 적막을 깨뜨린 고승이었다.

법명이 설잠인 김시습은 성장 후 대부분의 생을 승려로서 살았다. 그는 뛰어난 자질로 유학에 통달했으나, 본인의 성품에 맞지 않는 현실세상을 뛰쳐나와 결국 불법으로 깨달음을 얻고 거침없는 삶을 살았던 인물이다. 선문禪門이 이단시 되던 당시 그의 이 같은 삶은 특히 유학자들에게 괴기하다든가 희화적으로 받아들여지는 등 평가를 제대로 받을 수 없었다.

승려로서의 설잠은 선승이면서도 화엄·법화사상과 조동선曹洞禪까지 깊이 연구해 '화엄법계도주'와 '법화경별찬', '십현담요해', '조동오위요해' 등을 저술한 불교사상가로 암흑시대에 불타의 혜명을 이은 고승임이 분명하다.

설잠은 생이지지生而知之의 신동이라 불릴 만큼 천품이 영민하였다. 3세에 유모가 맷돌에 보리를 가는 것을 보고 지었다는 "비는 오지 않는데 천둥소리는 어디서 들려오는가? 누런 구름이 조각조각 사방으로 흩어지누나(無雨雷聲何處動 黃雲片片四方動)." 등의 시를 남겼고, 5세에 중용과 대학에 통달하여 '김오세金五歲', '오세신동' 이라 불렸다. 시습時習이라는 이름은 당시 옆집에 살던 집현전 학사 최치운崔致雲이 그의 뛰어난 재주를 보고 지어준 것이라 한다. 5세 때 이미 세종의 총애를 받은 그는 13세까지 성균관 대사성 김반金泮 등 뛰어난 대학자들의 문하에서 유학을 수학했다.

그의 천재성을 보여주는 여러 가지 일화 중 하나이다. 세종이 오세신동 소문을 듣고 궁궐로 그를 불러 시험을 했다. 시습을 보고 먼저 "네 이름으로 글을 지어보겠느냐?"고 묻자 시습은 바로 "올 때 강보에 싸여 있던 시습입니다來時襁褓金時習."라고 답했다. 신기해하며 다시 산수화가 그려진 병풍을 가리키며 시를 지어보라고 하자 "작은 정자와 배 안에는 누가 살고 있을까(小亭舟宅何人在)."라는 시로 답하니 세종은 감탄을 금치 못했다. 세종은 아이가 커서 학문이 이루어지기를 기다려 크게 기용하겠다고 신하들에게 말하고는 비단 30필을 하사했다. 그리고 무거운 비단을 어떻게 가져가는지 시험해보고자 스스로 가져가라고 하니, 시습은 비단을 풀어 매듭을 묶고는 허리에 매어 끌면서 밖으로 나갔다고 전한다.

20세 때 결혼한 설잠은 이듬해 경전공부와 무술연마를 위해 삼각산 중흥사로 들어갔다. 여기서 수양대군이 단종을 몰아내고 왕위에 올랐다는 소식을 듣고는 3일간 통곡한 끝에 보던 책들을 모두 불사른 뒤 스스로 머리를 깎았다. 그러나 수염은 깎지 않았다. 불명은 설잠이라 지었다.

설잠의 글을 보면 그의 나이 18세 때 송광사에서 함허의 제자인 선승 준상인峻上人과 함께 하안거를 보내면서 참선지도를 받았다고 하므로 그 때부터 이미 출가인으로 자처한 것으로 볼 수 있다.

출가 후의 득도와 수행과정이 명확히 드러나지 않고 있으나 세상에 대한 울분을 술과 시로 풀며 전국을 방랑하던 그는 설악산으로 들어가 오세암을 짓고 그곳에 머무르다 깨달음을 얻은 것으로 보인다. 그는 어느 날 오도하고 이르기를 "선리禪理가 자못 깊어 5년을 공들인 끝에 투관透關할 수 있었다."고 했다.

율곡 이이가 지은 '김시습전'에는 유가의 입장에서 그를 평하기를 "마음은 유儒에 있지만 자취는 불佛이 되어 사람들에게 괴이하게 보였으니 일부러 미친 짓을 해서 속 모습을 감추었다."고 하면서 "선과 도의 가르침에 대해서도 그 큰 뜻을 알아 학문이 깊은 노승과 명승들도 그의 날카로운 논지에 맞설 수가 없었다."고 평했다.

출가 후 전국을 떠돌던 설잠은 29세가 되던 해(세조 9년) 책을 구하기 위해 서울로 왔다가 효령대군의 부탁으로 내불당에서 세조의 불경언해사업을 돕게 되었다. 불경언해사업을 돕던 설잠이 서울 생활을 청산하고 영남지방으로 떠나자 세조는 효령대군을 내세워 원각사 낙성회

◀ 김시습이 열반한 부여 무량사 부도밭에 있는 김시습 부도

에 참가토록 명을 내려 서울로 다시 불러 올렸다. 세조는 서울에 올라온 그를 원각사에 머물도록 수차 요청했으나, 그는 이를 거절하고 경주 남산(일명 금오산)의 금오산실金鰲山室로 갔다.

서울에 머물던 당시 설잠은 세조 개인에 대해서는 반감을 가지지 않았는지 세조의 숭불사업을 찬송한 시문을 여러 편 남겼다. 31세 때 금오산실에 정착한 설잠은 그곳에서 7년간 머물면서 '금오신화' 등 수많은 작품을 남겼다. 37세가 되던 해 봄 성종의 부름을 받고 서울로 다시 올라가 10여 년간 머물렀다. 그 전에도 그랬지만 설잠은 서울에서 교분이 있던 서거정을 비롯해 그가 경멸하던 정창손과 김수온, 신숙주 등 고위관리들을 만나면 닥치는 대로 모욕을 주고 매도했다. 율곡은 "재상들을 꾸짖고 매도한 적이 수없이 많았지만, 설잠에게 시비를 건 자가 있었다는 말을 듣지 못했다."고 적고 있다.

설잠은 47세가 되던 해 환속해 안씨를 아내로 맞았으나 그녀가 얼마 안 가서 세상을 뜨고, 1년 뒤 조정에서 윤씨 폐비사건이 일어나자 다시 출가해 떠돌아다녔다. 그가 마지막으로 찾아든 곳이 충남 부여 무량사이다. 설잠은 이곳에서 59세의 일기로 세상을 마친다. 유언에 따라 시신을 절 옆에 안치하였다가 3년 후 화장하려고 관을 열어보니 안색이 생시와 같아 모두 그가 성불한 것이라 믿었다. 무량사에는 그의 초상화와 부도가 남아있다.

유·불·도 삼교 모두에 해박한 지식을 가졌던 대학자 설잠은 '화엄경석제華嚴經釋題'와 '법계도주法界圖註'를 통해 화엄과 선을 융합시켰다. 그 후 조선조 불교사는 선종이 주체이면서 화엄과 밀접한 관계를 맺어왔으며, 그런 점에서 설잠이 의상 화엄을 선과 융합시킨 것은 중요한 의미를 갖는 것으로 학자들은 평가하고 있다.

그는 또한 조동선曹洞禪을 깊이 이해하여 누구보다 조동선의 원리를 자유자재로 활용했으며, 당시 거의 맥이 끊어진 천태사상을 선사상과 융합시키면서 새로운 사상체계를 세운 사상가이기도 하다. 설잠은 천태사상과 선사상의 융합을 시도, 천태사상의 근본 뜻을 살리면서 조선 초기에 정착하려는 선사상과의 융합을 꾀해 실천적 방향을 제시했다.

설잠은 소외와 고독에 찬 평생의 삶과 대조적으로 그의 사상 전반에 흐르는 회통성과 삶의 세계에 대한 긍정성은 실로 돋보이는 점이라 하겠다. 그의 사상적 특징은 선과 교의 관계를 논하기보다는 오히려 보다 근원적인 면에서 선과 교가 하나 되는 경지를 설했으며, 격외선의 입장으로 천태와 화엄의 사상을 논하고 있다.

선禪은 부처의 마음이고 교敎는 부처의 말이다 | 청허 휴정

청허 휴정(淸虛 休靜: 1520~1604)
속성은 최씨이며 평안도 안주 출신. 청허淸虛가 호이며, 별호로 서산西山 대사, 묘향산인, 백화도인白華道人 등이 있음. 부용芙蓉의 법을 이은 그의 법맥은 사명, 편양, 소요, 정관 등으로 이어진다.

선조 22년(1589)에 정여립 모반사건이 있었다. 이 사건에 가담한 요승의 무고로 청허는 감옥에 깊히게 되었다. 역모사건을 다루는 국청의 분위기는 살벌하기 짝이 없었을 것이다. 그러나 청허는 변명하거나 살려달라고 애원하는 다른 사람들과는 달리 마치 심산유곡의 산사에 앉아 있는 듯 너무나 태연자약했다. 그의 무죄가 입증됐고, 선조는 청허의 의연한 모습에 감동을 받아 친히 그린 묵죽墨竹 한 폭에 시 한 수를 지어 하사했다.

> 잎사귀는 붓 끝에서 나왔고
> 뿌리는 땅에서 난 것 아니네.
> 달빛 비쳐도 그림자 드리우지 않고
> 바람이 불어도 소리 아니 들리네.
> 葉自毫端出 根非地面生 月來無見影 風動未聞聲

청허가 이에 화답했다.

소상강변의 대나무 한 가지가
임금님의 붓 끝에서 나와
산승의 향불 사르는 곳에서
잎마다 가을바람에 서걱거리네.

瀟湘一枝竹 聖主筆頭生 山僧香執處 葉葉帶秋聲

　　청허는 임진왜란 당시 크게 활약한 승병의 총수(總帥)로 잘 알려져 있지만, 조선시대 불교사상이나 법맥에 있어서도 독보적인 위치를 차지하고 있는 선승이다. 휴정의 법호는 청허淸虛이나 그가 묘향산에 오래 머물렀으므로 세인들에 의해 서산대사라 불렸다.
　　청허는 고려시대 이래로 계속돼오던 선禪과 교敎의 논쟁을 종식하고 선교통합의 문제를 실질적으로 해결, 선종 단일종파로 통일시켰다. 그는 척불억승斥佛抑僧 정책으로 빈사상태로 있던 조선불교를 탁월한 수행과 법력으로 다시 부흥시킨 장본인이다. 깊은 산 속으로 밀려나 있던 산승선가山僧禪家의 가풍과 종통을 확고하게 일으켜 세웠다. 현재 한국의 선승들은 대부분 그의 법손들이다.
　　15세 때 진사 시험에 응시했으나 급제를 하지 못하고 친구들과 함께 지리산으로 들어간 청허는, 당시 선승인 부용 영관芙蓉 靈觀을 만나 그의 지도 아래 3년간 불법을 공부하다 문득 깨달은 바 있어 스스로 삭발, 불문에 귀의했다. 그 뒤 영관으로부터 깨달음을 인가받고 운수雲水와 같이 떠돌며 수행에만 전념하다 30세 때 잠시 부활됐던 승과에 응시, 최고 득점으로 급제했다.
　　승과급제 후 승려관직인 중덕, 대덕을 거쳐 선교양종판사에까지 올랐으나 37세 때 승관직이 승려의 본분이 아니라고 판단, 모든 관직에서 물러나 금강산과 지리산, 오대산, 묘향산 등에 머물며 후학을 지도했다.

금강산 향로봉에 머물 때 묘향산에서 왔다는 한 승려가 법문을 청하자 청허는 게송으로 답하였다.

> 만약 삼도三途를 벗어나려 하거든 마음이 바로 삼도인 줄 알라.
> 성내는 마음이 바로 지옥이요 탐욕이 바로 아귀이다.
> 어리석은 마음이 축생이고 음욕과 살생 또한 그러하다.
> 모름지기 한 생각을 놓아버리고 놓아버리면 본래 청정법신이 드러날 것이다.

1592년 임진왜란이 일어나자 의주까지 피난해 온 선조는 사람을 묘향산으로 보내 청허를 불렀다. 선조가 나라를 구할 방법을 묻자 그는 늙고 병든 승려는 절을 지키며 구국을 기원하도록 하고, 나머지는 자신이 통솔하여 전쟁터로 나아가 나라를 구하겠다고 답했다. 이에 선조는 그에게 팔도선교도총섭의 직함을 제수하고, 청허는 전국 승려에게 격문을 돌려 총궐기할 것을 호소했다. 이에 따라 그의 제자들이 중심이 되어 전국에서 승군이 일어나니 그 수가 5천여 명이나 되었다. 사명 등과 함께 임란에서 큰 공을 세운 그는 선조가 환도한 후에는 나이가 많음을 이유로 제자인 사명 등에게 군직을 물려주고 묘향산으로 들어갔다.

그 후에도 여러 곳을 순력巡歷하다 85세가 되던 1604년 1월 묘향산 원적암에서 제자들을 모아 최후 설법을 했다. 설법을 마친 청허는 자신의 영정을 꺼내 그 뒷면에 "80년 전에는 네가 나이더니 80년 후에는 내가 너로구나(八十年前渠是我 八十年後我是渠)."라고 적어 사명과 처영에게 전하고는 가부좌를 한 채 입적했다. 아래와 같은 임종게를 남기고.

온갖 것 꾀하던 만 가지 생각들
불타는 화로 속 한 점 눈이네.
진흙소가 물 위로 가고
대지와 허공이 찢어진다.
千計萬思量 紅爐一點雪 泥牛水上行 大地虛空裂

 선을 위주로 선과 교의 통합을 실현한 청허의 선교관禪敎觀은 그의 대표적 저서인 '선가귀감'과 '선교결', '선교석', '심법요초', '청허당집' 등에 두루 나타나 있다.
 청허의 모든 사상과 수행법의 중심에는 선이 있다. 선과 교에 대한 기본적 입장은 '선은 부처님의 마음이고 교는 부처님의 말씀이다(禪是佛心 敎是佛語).'라는 대전제에서 출발한다. 선교일치를 주장하지만 대등함이 아니라 선이 중심이 되고 교학이 뒷받침하는 선주교종禪主敎從의 입장에 입각하고 있다.
 그는, "부처님이 일생 동안 말씀하신 것은 49년 동안 말씀하신 5가지 가르침이니 첫째는 인천교人天敎요, 둘째는 소승교小乘敎요, 셋째는 대승교大乘敎요, 넷째는 돈교頓敎요, 다섯째는 원교圓敎이다. 이른바 아난존자가 교의 바다를 널리 흐르게 했다는 것이 이것이다."라고 교의 근원을 밝히면서, "선과 교의 근원은 부처님이시고, 선과 교의 갈래는 가섭존자와 아난존자이다. 말 없음으로써 말 없는 데 이르는 것이 선이요, 말 있음으로써 말 없는 데 이르는 것은 교이다. 법은 비록 일미一味이지만 뜻은 하늘과 땅같이 동떨어진 것이다."고 설명했다.

또한 선과 교의 관계에 대해 '교는 부처의 가르침으로 먼저 모든 법을 가려서 보이고 다음에 공空의 이치를 가르친 것인데, 이 공의 이치에 곧바로 들어가서 체득하는 것이 선'이라고 정의했다.

청허는 선교일치뿐만 아니라 함허가 주창한 유·불·도 삼교회통三敎會通 사상을 더욱 구체화하여 '삼가귀감三家龜鑑'을 저술하였다. 삼가귀감은 삼교의 사상 요체를 기술한 것으로, 명칭은 다르지만 본질에 있어서 도의 근원적인 원리는 동일함을 제시하고 있다.

청허는 제자가 1천여 명에 이르렀으며 그 중에서 뛰어난 자만 70여 명이나 됐다. 서산의 법을 이은 가장 대표적 제자는 사명 유정四溟 惟政, 편양 언기鞭羊 彦機, 소요 태능逍遙 太能, 정관 일선靜觀 一禪으로 청허 문하의 4대 문파를 이루었다.

서산 문하와 필적하는 선맥禪脈을 이루다 | 부휴와 벽암

부휴 선수(浮休 善修: 1543~1615)
속성은 김씨로 전북 오수 출생. 15세 때 지리산 신명信明 노승을 은사로 출가. 그의 사상을 알 수 있는 자료로 부휴의 법을 이어받은 수제자 벽암이 편찬한 '부휴당대사집浮休堂大師集'이 전해지고 있다.

 부휴는 부용 영관芙蓉 靈觀의 법을 이었다. 부용은 태고 보우로부터 내려온 법맥을 이은 벽송 지엄碧松 知嚴의 제자로 청허의 스승이기도 하다. 부휴는 서산(청허)과 함께 부용의 법맥을 이은 조선 중기 대표적 선승으로 서산계와 부휴계 양대 선맥을 형성, 침체해 있던 선풍을 크게 진작시켰다.

 그는 청허와 법형제法兄弟이지만, 나이가 청허보다 23살 아래로 사명과 동배였다. 청허와 사명이 왜병을 물리친 호국활동으로 너무나 잘 알려진 것에 반해 부휴는 탁월한 선지禪旨로 당시 불교계를 이끌던 대종사였으며, 그 법력과 덕망이 고매하여 수많은 사람들이 귀의하고자 했던 고승임에도 일반에게는 잘 알려지지 않은 인물이다.

 부휴는 어릴 때부터 부모에게 "장차 뜬구름 같은 이 속세를 떠나 출가하려 합니다."고 하더니, 15세 때 지리산 신명信明 노승을 찾아 출가했다. 그 후 부용을 찾아가 가르침을 받고 그의 심법心法을 남김없이 얻었다. 법을 얻은 후에도 당시 재상 노수신盧守愼의 장서를 7년간에 걸쳐 모두 독파하는 등 다른 학문을 계속 공부했다. 그는 필법도 뛰어나 사명과 더불어 누가 더 나은 지 말할 수 없을 정도여서 이난二難이라 불리었다.

임진왜란 때는 승장僧將의 한 사람으로 전쟁터에 나아가 구국에 앞장서기도 했다. 사명의 글을 보면 부휴의 법력이 어떠했는지 잘 알 수 있다. "부처님의 말씀은 땅에 떨어지고 세상은 헛된 말만 좇아서 집착하니, 세상이 어찌 평안하겠으며 소림少林은 어느 날 생기를 되찾을 것인가. 지금은 오직 정안正眼을 가진 나의 형님이 있을 뿐이니 형님이 아니고서는 누가 이 종문宗門의 기강을 다시 바로잡을 것인가?"라고 적고 있다. 여기서 형님이라 칭한 사람은 부휴를 말한다.

부휴는 청허와 법형제이지만 나이가 비슷한 사명과 형제처럼 지냈다. 조주趙州의 무자無字 화두 침구를 강조한 그는 수선修禪방법으로 심산深山에서의 유거정좌幽居靜坐를 제일로 꼽았다.

"도는 다른 데 있지 않고 오직 나에게 있으니 부디 먼 곳에서 구하지 말라. 마음을 거두고 산창山窓 밑에 조용히 앉아 낮과 밤으로 조주선을 참구하라."

그는 종문에서 선지에 밝은 선승으로 인정받았을 뿐만 아니라 노수신 등 당시 최고 수준의 유생들과도 깊은 교류를 했다. 또 평생토록 신도들로부터 받은 물건을 하나도 가지는 일이 없고, 모두 필요한 사람들에게 나눠 주었다.

만년에 조계산 송광사에 머물다 72세가 되던 해 지리산 칠불암으로 옮기더니 다음해 11월 시자에게 지필묵을 가져오도록 하여 다음과 같은 임종게를 남기고 입적했다.

73년 동안 허깨비 바다에 노닐다가
오늘아침 껍질을 벗고 처음으로 돌아가네.
일체가 공적하여 원래 아무 것도 없음이 확연하니
어찌 깨달음과 생사의 뿌리가 있겠는가.
七十三年游幻海 今朝脫殼返初源
廓然空寂元無物 何有菩提生死根

부휴의 법은 벽암 각성碧巖 覺性 등에게 전해졌으며, 제자가 7백여 명에 이르렀다. 부휴 입적 후 그의 제자들은 벽암을 비롯해 뇌정 응묵雷靜 應默, 대가 희옥待價 希玉, 송계 성현松溪 聖賢, 환적 인문幻寂 印文, 포허 담수抱虛 淡水, 고한 희언孤閑 熙彦 등 7개 문파로 나뉘어 크게 번창했다.

벽암(1575~1660)은 부휴의 법을 이은 상수제자로 7개 문파 중 가장 성했다. 스승인 부휴는 대불大佛, 벽암은 소불小佛로 불리기도 했다. 벽암은 불교의 모든 교학과 수행에 통달했고, 다른 일반 학문에도 조예가 깊어 사대부일지라도 당할 사람이 별로 없었다.

계행이 청정하고 언제나 눕는 일이 없던 벽암은 제자들에게 항상 "생각이 망령되지 않아야 하고, 얼굴에 부끄러움이 나타나지 않도록 해야 되며, 허리를 구부려 앉지 않아야 한다(思不妄, 面不愧, 腰不屈).'는 세 가지 훈계를 강조했다. 내전(內典: 불경)과 외학外學에 능통한 법력과 경건한 신앙자세, 겸허한 생활태도 등으로 그의 문하에 모이는 제자들이 적지 않았다. 어떤 때는 7백여 명의 문도가 모였다거나, 각성의 제자가 서산의 제자를 방불케 했다는 기록 등은 그의 법력이 높았음을 말해 준다.

칠불암 아자방. 칠불암은 부휴스님이 주석하면서 중창한 암자이며, 그가 입적한 곳이기도 하다.

1624년 소성에서 남한산성을 쌓을 때 팔도도총섭으로 임명돼 승군을 이끌고 3년 만에 축성했으며, 병자호란이 일어났을 때는 전국 사찰에 '총궐기하여 오랑캐를 쳐부수자'는 격문을 보내 승군 3천명을 모은 뒤 '항마군'을 조직해 관군과 함께 전쟁에 참가하기도 했다.

호란이 끝나자 지리산으로 들어가 쌍계사를 중수하고 해인사, 법주사 등에 머물렀다. 마지막에는 화엄사로 들어가 지내다가 1660년 1월 제자들을 모아놓고 '도업道業에 힘써 국은國恩에 보답할 것'과 '사후에 비를 세우지 말 것'을 유언한 뒤 입적했다.

벽암의 입적 후 그 제자들이 번창, 벽암 문파는 8개 파로 나뉘어 서산 문하와 필적하는 부휴계를 형성할 정도였다. 취미 수초翠微 守初, 백곡 처능白谷 處能 등이 그의 가장 대표적인 제자들이다.

산하를 오가는 데는 일곱 근 장삼이요 | 사명 유정

사명 유정(四溟 惟政: 1544~1610)
속성은 임씨로 경남 밀양군 무안면 고라리 출신. 1559년 김천 직지사로 출가. 법호는 송운松雲, 사명당四溟堂 등. 제자로 송월松月 등이 있으며, 저서로 '분충서난록' 과 문집인 '사명당대사집' 이 있다.

우리나라의 많은 고승 중에서 일반대중에게 가장 널리 알려진 사람은 사명일 것이다. 임진왜란 중에 보인 그의 뛰어난 활약 때문이다. 사명은 높은 기개와 도력으로 일본인들을 굴복시킨 많은 일화들을 남기고 있다. 임란 중 강화의 기운이 무르익을 때인 1594년 4월부터 도원수 권율의 지시로 사명은 울산의 적진으로 들어가 일본의 장수 가토 기요마사加藤淸正와 수차례 강화회담을 가졌다. 가토 기요마사와의 첫 만남에서 가토와 사명이 나눈 문답이다.

"조선에는 보배들이 많을 텐데 가장 큰 보배는 무엇이오?"
"우리나라에는 별다른 보배는 없고 귀국에 큰 보배가 있지요."
"일본에 큰 보배가 있다니 무슨 말이오?"
"우리나라는 남녀노소 할 것 없이 모두가 당신의 머리를 최고의 보배로 삼고 있소."
"내 머리를 보배로 삼다니 그게 무슨 뜻이오?"
"우리나라는 당신의 머리를 베어오는 사람에게 금 천 근과 식읍 만 호를 주겠다고 내걸었으니 그보다 더 큰 보배가 어디 있겠소."

적진에 혼자 뛰어든 사명의 이 같은 담력에 가토 기요마사는 경탄해 마지않았다. 이런 일화가 일본에까지 퍼져 전쟁이 끝난 후 사신으로 일본에 건너갔을 때 산부처인 '설보說寶 스님'이 온다며 그의 가르침을 받으려는 승려들이 줄을 이었다고 전해진다.

사명은 당시의 많은 고승들이 그랬듯이 어릴 때부터 유학을 배웠으나 '속학俗學'에 만족하지 못하고 출가를 결행했다. 허균이 찬撰한 사명대사 행적비에, "13세에 고향을 떠나 유촌柳村 황여헌을 찾아가 맹자를 배웠는데, 하루는 읽던 책을 덮고 탄식하기를 '속학은 천루賤陋하여 세연世緣에 얽매여 있거늘 어찌 무루無漏의 학인 불법을 공부함만 같겠는가?' 하고 황악산 식시사로 가서 신묵信默 화상에게 예를 올리고 머리를 깎았

해인사 홍제암의 사명대사탑인 자통홍제존자사명대사비

다."고 적고 있다.

18세 때 승과에 합격한 사명은 그 후 박순, 이산해, 고경명, 허균, 임제 등 당시의 쟁쟁한 문사나 대부들과 교유하면서 뛰어난 글과 글씨로 사림에 명성을 떨치기도 한다. 사명은 이때 많은 글을 남겼으나 전란으로 대부분 불타 버렸다.

30세 때까지 유학자들과 교류하던 사명은 잔재주를 부리고 이름이나 드러내는 것이 수행자의 본분이 아님을 깨닫는다. 직지사 주지를 거쳐 32세 때는 선종의 대표사찰인 봉은사의 주지에 천거되나 굳이 사양하고 묘향산의 서산을 찾아갔다. 서산의 문하에서 사명은 큰 깨달음을 얻고 3년간 머물렀다.

35세 때 서산을 하직하고 팔공산, 청량산, 태백산 등을 거치며 수행하다 43세 되던 해 다시 한번 무상無常의 도리를 깨닫는다. 금강산 유점사에 있던 사명은 49세 때 임진왜란을 맞았다. 이때부터 오직 구국의 길로 일관했다. 그는 곧 건봉사에서 수백 명의 승병을 모집, 서산의 승군과 합세해 평양성 전투 등에서 많은 전공을 세웠다. 승군을 이끌고 팔공산성과 금오산성 등 산성도 쌓고, 해인사 부근에서 화살촉을 비롯한 무기를 만들며 군량미를 비축하는 등 정유재란이 끝날 때까지 왜군을 물리치는 데만 전념했다.

전쟁이 끝나자 다시 산으로 들어간 사명은 금강산과 오대산 등에 머물다 1604년 서산의 부음을 듣고 묘향산으로 가던 중 선조의 부름을 받고 일본 사신으로 떠나게 된다. 일본에 건너간 그는 8개월간 일본 대신과 장수 등으로부터 환대를 받으면서 큰 외교적 성과를 거둔 뒤, 전쟁 때 잡혀간 동포 3천여 명을 데리고 이듬해 귀국했다.

이처럼 사명은 전장에서 대부분의 시간을 보내야만 하는 자신의 처지를 돌아보며, 수행자로서 수행에 더 전념하지 못하는 점에 대한 아쉬움을 드러내고 있는 흔적이 곳곳에 남아 있다. 정유재란이 끝난 다음해에 자신의 심회를 표현한 시 '기해추봉별변주서己亥秋奉別邊注書'도 산으로 돌아가 수행에 전념코자 하는 간절함이 잘 나타나 있는 글 중 하나이다.

> 공손히 조정의 명령 받고 군문으로 내려오니
> 오랑캐와 중화의 땅이 여기에서 갈라졌네.
> 온 세상에는 전란이 여전한데
> 십 년 동안 변방 지키다 또다시 종군하네.
> 성 모퉁이 낙조에 돌아오는 새 쳐다보고
> 하늘 바깥의 돌아가고픈 마음 구름만 바라보네.
> 요사한 기운 쓸어버릴 날 언제일까.
> 화로에 재 헤쳐 가는 향을 피우리라.
> 恭承朝命下轅門 夷夏山河到此分
> 四海風塵猶轉戰 十年征守更從軍
> 城隅落照看廻鳥 天外歸心望去雲
> 掃盡妖氣定何日 撥灰金鴨細香焚

서산의 부음을 듣고 묘향산으로 가던 중 어명을 받고 되돌아와 일본으로 사신 가면서 죽도竹島에서 지은 시의 일부인, '산하를 오가는 데는 일곱 근 장삼이요/ 우주의 안위安危에는 세 척의 지팡이라/ 이것이 우리 공문空門의 본분인데/ 무슨 마장魔障이 있어 동서로 달리는가?' 라는 구절에서도 그런 심경을 잘 알 수 있다.

이런 사명이지만 그와 친했던 도반으로 수행에만 전념하던 부휴가 '정인情人'이라 표현한 그에게 보낸 아래 시를 보면 수행자로서 사명의 면모를 짐작할 수 있다.

> 아침에는 차를 따고 저녁에는 땔나무 하며
> 또 산과일을 따기도 하니 전혀 가난하지가 않네.
> 향을 피우고 홀로 앉아 별다른 일 없으니
> 정겨운 사람과 새로운 이야기를 나누고 싶네.
> 朝採林茶暮拾薪 又收山果不全貧
> 焚香獨坐無餘事 思與情人一新話

일본에서 돌아온 1605년 10월 묘향산에 들어가 비로소 서산의 영전을 찾을 수 있었다. 사명은 그 뒤 해인사에 머물다 1610년 8월 26일 대중을 모아놓고 "사대(四大: 地,水,火,風)의 가합假合인 이 몸은 이제 진眞으로 돌아가려 한다. 어찌하여 이 환구(幻軀: 덧없는 몸)를 수고롭게 왕래하는가. 내가 이제 입멸하여 대화大化에 순응코자 하노라."고 한 뒤 결가부좌한 채 입적했다.

제자들이 3개월 후 시신을 다비하여 유골을 부도에 봉안하고 그 앞에 영당(影堂: 지금의 홍제암)을 세웠다. 그의 문인들이 출생지인 밀양에 사당을 세웠고, 왕은 '표충사表忠祠'란 액額을 내려 그의 충忠을 기리게 했다. 제자로는 송월 응상松月 應祥 등이 있다.

사명의 사상적 특징이 어떠했는지는 체계화된 기록들이 없어 특별히 잡아낼 만한 것은 없다. 그러나 기록을 떠나 사명이 입산 후 실제 걸어갔던 사교입선捨教入禪의 과정과 구국에 전념했던 보살정신은 후세의 귀감으로 남는다.

서산을 '명리승名利僧'이라 칭한 전설적 인물 | 진묵 일옥

진묵 일옥(震默 一玉: 1562~1633)
전북 김제 출신으로 속성은 전해지지 않고 있음. 7세 때 전주 봉서사로 출가했으며, 대원사와 월명암, 상운암 등에서 전 생애를 은거하며 지냈다.

하늘이 이불이요 땅은 방석이며 산을 베개 삼고
달은 촛불이고 구름은 병풍이며 바다는 술동이로다.
크게 취해 거연히 일어나 춤을 추니
도리어 긴 소매가 곤륜산에 걸릴까 염려하노라.
天衾地席山爲枕 月燭雲屛海作樽
大醉居然仍起舞 却嫌長袖卦崑崙

장자 못지않게 호탕한 진묵의 시구다. 일생을 참선과 독경으로 보내면서 전설과 같은 일화와 불가사의한 이적을 수없이 남긴 진묵은 '부처님의 작은 화신'으로 불린 조선 중기의 고승이다. 진묵은 이름처럼 소리 없이 세상에 왔다가 갔기에 그에 대한 기록은 별로 없고, 후대에 그의 유적을 추모하는 뜻에서 조선 후기 고승 초의草衣가 편찬한 '진묵조사유적고'가 있을 뿐이다. 그러나 그에 대해 전해오는 일화나 전설은 오늘까지 그가 태어나고 머물렀던 전주를 중심으로 한 호남지방에 허다하다.

전북 김제군 만경면 대진리, 당시 불거촌佛居村이라 불리던 곳에서 태어난 진묵은 탄생하면서부터 이적의 조화와 함께 했다. 태어난 후 3년간

보물로 지정된 부여 무량사 오층석탑과 극락전. 무량사는 진묵선사가 만년에 머물면서 중창한 사찰이다.

주변 초목이 시들어 말랐는데, 그 이유는 지기地氣마저 진묵에게 모두 이르렀기 때문이라고 했다. 또한 그때부터 불거촌에 부처가 태어났다는 소문이 돌았다.

　전주 봉서사鳳棲寺로 출가한 진묵은 가르침이 없어도 불경을 한번 읽으면 다 암송하고 내용도 통달하였다. 스승도 특별히 없었다. 봉서사에 있을 때 하루는 주지가 어린 진묵에게 신중단에 가서 봉향하라고 시켰다. 그러자 그날 밤 주지의 꿈에 신장들이 나타나 "우리는 부처를 호위하는 신장인데 도리어 부처가 우리에게 예를 올리니 불안하기 이를 데가 없다. 바로 바꾸어줘야 우리가 아침, 저녁으로 편안하겠다."고 했다.

진묵은 특별히 수행처를 정하지도 않고 평범한 일상의 생활 속에서 비범한 수행을 했다. 예를 들면 그는 마음공부를 시장을 돌아다니며 했다. 항상 바랑을 지고 시장에 가서 물건 등을 보고 마음이 동하면 시장을 잘 못 보았다고 하고, 마음이 움직이지 않으면 시장을 잘 보았다는 식으로 공부를 했다.

그의 수행력이 어느 정도였는지를 알게 하는 일화도 많다. 변산 월명암에 있을 때 일이다. 다른 승려들은 다 출타하고 시자와 둘이 있다가 속가의 재齋가 있어 시자도 속가로 간 뒤 진묵이 홀로 능엄경을 읽다가 삼매에 빠져들었다. 시자가 이튿날 절로 돌아오니 진묵이 그 전날과 똑같이 앉아 능엄경을 읽고 있었는데 문지방에 놓았던 손에서 바람으로 열리고 닫히는 문에 부딪혀 피가 흐르고 있었으나 그것도 모르고 있었다. 시자가 인사를 드리니 벌써 왔느냐며 하룻밤이 지난 줄도 잊고 있었다.

또 상운암上雲庵에 있을 때 하루는 제자들이 식량을 빌려오기 위해 한 달 이상 나갔다 돌아오니 진묵의 얼굴에 거미줄이 쳐져 있고, 무릎에는 먼지가 쌓인 채 앉아 있었다. 거미줄을 걷고 먼지를 털어드리며 인사를 하니 "너희들은 어떻게 그리 빨리 다녀오느냐?"고 물었다고 전한다.

그는 유학자와도 교유가 깊었다. 만년에 봉서사에 있을 때는 절 아래 마을에 사는 사계沙溪 김장생의 제자인 봉곡鳳谷 김동준과 깊이 사귀었다. 하루는 진묵이 봉곡으로부터 주자강목朱子綱目을 빌려 바랑에 넣어가지고 갔다. 봉곡이 시자를 딸려 보내 엿보게 했다. 진묵은 그 책을 한 권씩 꺼내 읽고는 길에다 버리면서 절로 갔는데, 오리밖에 안 되는 절까지 가기 전에 책을 다 읽어버렸다.

그 뒤에 봉곡이 책을 던진 일을 물으니 진묵은 "고기를 얻은 사람은 통발을 잊어버리는 것이오(得魚者忘筌)."라고만 했다. 이에 봉곡이 책의 내용을 물으니 한자도 틀리지 않고 종횡으로 논파論破했다.

진묵은 노모를 봉서사 근처에 모시고 봉양의 노력을 다하는 등 효행도 지극했다. 봉곡은 이런 진묵이 입적했다는 소식을 듣고는 "스님이면서 유행儒行한 분이 몇 분일까. 희유한 스승만이 능히 그것을 겸했으므로 살았을 때는 함께 교유했고 그가 돌아가니 눈물이 나네."라며 슬퍼했다.

72세가 되던 해 10월 어느 날 진묵은 목욕, 삭발하고 시냇가에 나가 물속에 비친 자신의 그림자를 가리키며 시자에게 "이것이 석가불의 그림자니라."고 했다. 시자가 "그것은 화상의 그림자인데요."라고 하자 진묵은 "너는 고작 아는 것이 진묵의 가짜 그림자만 보지 석가의 참 그림자를 모른다."고 하고는 방으로 들어가 제자들의 물음에 답한 뒤 조용히 입적했다.

입적 전 한 제자가 "화상은 백세 후 종승宗乘을 누구에게 잇게 하겠습니까?"하니 한참 있다가 "무슨 종승이 있겠느냐."고 답을 피했다. 그러자 제자로서는 심각한 문제이니까 굳이 법맥을 묻자 그는 "명리승名利僧이지. 휴정 장노가 명리승이지만 그에게 속해야겠지."라고 했다.

부처의 가르침은 다양하지만 실상은 한 가지이다 | 편양 언기

> **편양 언기**(鞭羊 彦機: 1581~1644)
> 경기도 안성군 죽산 출신으로 성은 장씨. 1592년 금강산 유점사의 현빈 玄賓 문하에서 출가했다. 편양의 법은 풍담, 월담, 환성, 호암, 연담으로 이어진다.

　서산의 법제자인 편양은 수행에만 전념, 철두철미하게 선사로서의 삶을 살면서 대중과 함께하는 보살행과 높은 법력으로 조선 중기의 불맥을 이어간 고승이다. 서산문하 4대 문파로 불려지는 사명·소요·정관·편양 문파 중 편양을 제외한 나머지 문파는 대부분 대가 끊겼고 편양 문손만 크게 번창, 오늘에 이르고 있다.

　12세 때 서산의 제자인 현빈 선사 문하로 출가한 편양은 금강산에서 교학을 익히고 참선공부를 하다 22세 때 묘향산의 서산을 찾아가 3년 동안 가르침을 받으면서 수행을 했다. 이때 깨달음을 인가받고 서산의 법을 이은 적자가 된다.

　편양이라는 법호는 한때 그가 평안도 어느 지방에서 수행의 방편으로 양치기 생활을 하면서 얻게 된 이름이다. 그는 또 수행을 겸해 중생교화를 위해 심산유곡에서 나와 시정市井에서도 오랫동안 생활했다. 대중 속에서 자신을 닦고 중생을 일깨우는 것을 본분으로 삼았다. 그는 평양성 내의 모란봉에 움막을 짓고 물장사와 숯장사 등을 하며 살았는데, 성내에 사는 수백 명의 걸인들을 한 곳에 모아 보살펴주기도 했다. 10년 가까이 그렇게 보냈기 때문에 평양 인근의 사람들은 그를 모르는 이가 없을 정도였다 한다.

편양은 다시 산속으로 들어가 묘향산의 천수암과 상원암, 금강산의 천덕사 등에서 제자들을 가르치는데 전념했다. 그는 늦게 서산의 법제자가 됐지만 뛰어난 법력과 보살행으로 인하여 수많은 걸승들을 배출, 서산문파 중 가장 번창하게 되는 편양파의 개조가 되었다.

편양의 사상은 그의 문집인 '편양당집'에 실려 있는 '선교원류심검설 禪教源流尋劍說'을 통해 살펴볼 수 있다. 그는 선과 교를 별문別門으로 보지 않고 선을 교보다 우위에 두는 서산의 사상을 이어받았다. 불법의 진수는 선에 있다는 입장에 시서 심검설의 첫머리에서 선을 설명하고 있다. "은산철벽銀山鐵壁이라 들어갈 문이 없고 석화전광石火電光이라 사의 思議를 용납하지 않는다. 이것이 교외教外에 따로 전하는 선지禪旨이며, 이른바 경절문徑截門이라 하는 것이다."

경절문의 공부는 어떻게 하는 것인가. 편양은 이 공부법을 "경절문 공부는 저 조사의 공안을 가지고 하되 때때로 일깨워 의심을 또렷이 하되, 너무 천천히 해도 안 되고 급히 하지도 말며 혼침과 산란에 떨어지지 아니하여, 간절한 마음으로 잊지 말기를 갓난애가 어머니 생각하듯 하면 마침내 한번 묘妙를 발할 것이다."고 설명했다.

편양은 심검설에서 자성을 깨닫는 실천방법으로 경절문과 함께 신령한 심성을 관조하는 원돈문圓頓門, 염불을 통해 깨달음을 얻는 염불문念佛門에 대해서도 그 요령을 설하고 있다. 그는 이 셋은 비록 방법에는 차이가 있으나 자성을 온전히 밝히려는 목적에 있어서는 차이가 없으며, 어느 문을 통해 자성을 밝히더라도 결과적인 경지는 차이가 없다고 보았다.

선과 교의 관계에 대해서는 "선은 교외별전敎外別傳으로 불심을 단적으로 전한 것이지만, 이것은 최상의 근기(根機: 불도를 수행할 수 있는 능력)를 가진 사람만이 비로소 들어갈 수 있는 최상승이다. 그러나 세간에는 대근기의 사람이 그렇게 많지 않기 때문에 선문禪門도 임시로 교를 빌려 이로理路와 어로語路를 만들어 하근기 사람을 포섭한다. 그러므로 교는 하근기 사람이 입선入禪하는 문호이다."고 주장했다.

또 교법이든 선법이든 방법이 여러 가지 있으나, 그 법성法性에는 차별이 없고 그것을 받아들이는 인간 근기의 차별에 따라 보여지는 세계가 달라질 뿐이라고 설명했다. 그래서 "당사자가 느낌이 있으면 알고 느낌이 없으면 알지 못하는 것이니, 마치 물이 맑으면 달이 나타나고 물이 흐리면 달이 나타나지 않는 것은 그 허물이 물이 탁한 데 있는 것이지 달이 나타날 수 없기 때문이 아닌 것과 같다. 이와 마찬가지로 알지 못하는 것은 그 허물이 믿음이 없는 데 있는 것이다."고 했다.

편양은 결론적으로 이렇게 설했다. "이 마음이 곧 부처이고 이 마음이 곧 육도만법(六道萬法: 중생의 세계)이기 때문에 마음을 떠나서는 다른 부처가 없으며 육도의 선악세계도 없다. 목숨이 다할 때 부처 경계가 나타나더라도 놀라워하지 말고, 지옥의 경계를 보더라도 두려운 마음을 낼 것이 없다. 심心과 경境은 일체라. 이 불이법문不二法門 가운데 범인과 성인, 선과 악의 차별이 있겠는가. 이와 같이 관찰하여 미혹하지 않으면 생사마生死魔를 어느 곳에서 찾을 수 있으랴. 이것이 도인이 마魔를 제압하는 요긴한 방법이다."

선사로서의 삶을 철저하게 살아간 편양은 스승인 서산이 열반한 묘향산에서 64세의 나이로 입적했다. 그의 제자들이 사리를 수습, 묘향산과 금강산에 부도와 비를 세웠다.

편양의 법은 풍담楓潭, 월담月潭, 환성喚惺, 호암虎岩, 연담蓮潭으로 이어진다. 물론 환성의 문하에 호암 이외 설송雪松, 포월抱月 등의 법제자가 나오고, 호암 문하에도 연담과 함께 설파雪坡와 청봉靑峰이 법을 잇는 등 대가 내려올수록 법맥의 갈래도 많아진다.

폐불廢佛에 당당히 맞선 대문사大文士 | 백곡 처능

백곡 처능(白谷 處能: 1617~1680)
속성은 전씨이며, 15세에 출가, 조선 중기 이후 불교 양대 산맥(서산계와 부휴계)의 봉우리 중 한 사람인 부휴의 법맥을 이은 벽암의 법을 이었다.

백곡은 대문사大文士의 자질을 갖춘 독자적 불교사상가로 조선불교사에 큰 족적을 남긴 고승이다. 그는 숭유배불정책으로 불교가 명맥을 유지하기 힘겨웠던 조선 중기의 가혹했던 배불정책의 부당성을 지적하는 상소문을 국왕에게 올리고 시정을 촉구했던 유일한 승려다.

15세에 출가, 속리산에서 불법을 공부하다 서울로 올라간 백곡은 유학자와 문신들을 찾아다니며 불법보다는 한문과 유학 공부에 열중했다. 서울에 머물면서 백곡은 고관이나 문사들과 더불어 시문으로 교유하였다. 문장이 점점 뛰어나 약관의 나이에 귀재라 불릴 만큼 문명이 높아졌다.

그러나 어느 날 경사經史에 대한 지식이나 뛰어난 문장이 하잘 것 없는 것임을 깨닫고 멀리 지리산 쌍계사의 벽암 각성碧巖 覺性을 찾아가 그의 제자가 되었다. 벽암은 부휴의 법을 이은 선승이다. 15세에 출가했지만 진정한 출가는 이때 이루어진 것이라 할 수 있다. 벽암 문하에서 20년간 수도에 전념한 그는 스승의 법을 전해 받았다.

58세 때인 1674년(현종 15)에는 팔도선교도총섭을 맡아 남한산성에 3개월 머물다 그 직을 사임하고 말았다. 그 후 속리산, 계룡산, 성주산 등지에서 법석을 열어 후학들을 지도하다가 64세가 되던 1680년 금산사에서 대법회를 열고 그해 7월 입적했다.

백곡의 선교관禪教觀은 휴정의 그것과 기본적으로 같으면서도 한걸음 더 나아가 선과 교가 완전히 합일되는 것으로 보는 입장을 취해 눈길을 끈다. 한국불교의 통불교적 전통은 신라 원효의 화쟁和諍사상을 뿌리로 고려시대 의천의 교관겸수教觀兼修, 지눌의 정혜쌍수定慧雙修로 전개되면서 선교일치의 총화적이며 통불교적 사상의 흐름을 형성해왔다. 조선시대에 와서는 서산에 의해 그런 사상이 재삼 확인·실천된다.

서산의 선교관은 '선가귀감'에서 '선은 부처의 마음이고 교는 부처의 말씀禪是佛心 教是佛語'이라고 표현한 한마디에 잘 나타나 있다. 그러나 서산은 선교일치를 말하면서도 수행에 있어 선을 교보다 우선하는 점을 분명히 하는 데 비해, 백곡은 선과 교를 구분해 차이를 두는 것 자체가 잘못이라고 지적하고 선과 교는 완전히 일치하는 것으로 보았다. 그는 선문과 교문으로 나뉘어 한 쪽만 고집, 서로 비방함으로써 자신은 물론 타인을 그르치게 하는 경우가 많다고 통렬히 비판했다.

백곡을 이야기함에 있어 빼놓을 수 없는 것이 국가의 배불정책에 대해 시정을 촉구한 '간폐석교소諫廢釋教疏'이다. 백곡이 생존했던 조선 중기는 그동안 계속돼 온 척불로 교단의 피폐는 물론 승려의 사회적 지위 또한 팔천八賤의 하나로 전락돼 있던 시대였다. 간폐석교소는 임진왜란 후 현종 즉위 원년에 취해진 일련의 정책들이 직접적 계기가 됐다. 그 정책은 양민의 출가를 금하고 이미 출가를 했더라도 환속시키며, 봉은사와 봉선사의 문을 닫는 등 가혹한 것이었다.

이 같은 상황에서 백곡은 스스로 전국 승려를 대표하여 8천여 자에 이르는 전무후무한 대문장으로 국왕에게 폐불정책이 잘못임을 간하며 시정을 촉구했던 것이다. 간폐석교소는 다양한 사례를 들면서 깊은 식견을 바탕으로 간절하게 쓴 것으로, 그 내용이 일관되고 논리가 정연하여 조선불교 역사의 기념비적 문장으로 평가받고 있다.

백곡은 간폐석교소에서 불교가 중국이 아닌 인도에서 생긴 것이라는 점, 인과응보의 그릇된 견해로 윤회를 주장한다는 점, 농사를 짓지 않고 놀면서 재물을 소모한다는 것 등 여섯 가지 이유 때문에 국왕이 불교를 말살하려 하는 것이라고 보았다. 그런 다음 이 6개항의 척불논리와 그에 따른 폐불의 부당함을 충분한 사례와 경전 등에 근거한 논리로 하나하나 논파했다. 6개항에 대한 논증은 불교의 철학적 교리의 측면보다는 현실적인 면을 강조함으로써 불교존재의 당위성을 역설했다. 백곡의 시정 촉구로 봉선사가 끝내 문을 닫지 않았고, 현종 만년에 봉국사를 세우게 하는 등 가시적인 결과도 가져왔다.

백곡은 또한 시문에도 뛰어나 선사이면서도 난해한 선시류가 아닌, 누구에게나 공감을 받을 수 있는 격조 높은 작품들을 남겼다.

조선 후기 호남지방의 대강백大講伯 | 연담 유일

> **연담 유일(蓮潭 有一: 1720~1799)**
> 전남 화순 출신으로 18세 때 승달산 법천사法泉寺로 출가했다. '제경회요諸經會要', '임하록林下錄' 등 많은 저술을 남김. 그의 법맥은 초의 의순草衣 意恂 등으로 이어진다.

　1천여 명이나 되는 청허 휴정의 제자 중에 공훈이나 업적으로는 사명이 으뜸이지만, 수행의 깊이나 문도의 수가 많기로는 편양이 가장 뛰어났다. 편양의 대표적 사법嗣法제자는 풍담楓潭이고 그 문손들 중에서 선과 교에 모두 뛰어난 제자가 연담이다.

　연담은 호암 체정虎巖 體淨의 법맥을 이은 '대흥사 13 대종사' 가운데 한 사람이며, 선과 교의 큰 종장宗匠으로 추대하는 고승이다. 연담은 5세 때 천자문을 배우기 시작했는데 배운 글자는 모두 기억했다고 한다. 7세 때 아버지가 세상을 떠나 잠시 학업을 중단했다가 9세에 공부를 재개한 그는 10세에 통감通鑑을 배우기 시작, 다음해 섣달 그믐날에 통감 15권을 다 외우니 스승이 참으로 드문 일이라며 놀라워했다.

　출가 후 연담은 여러 스승 아래서 능엄경, 기신론, 금강경, 원각경 등 경전을 수학한 뒤 22세 때 해인사 호암을 찾아가 3년 동안 모시면서 수행, 선지禪旨를 터득했다.

　31세에 보림사寶林寺에서 강석講席을 열어 반야경과 원각경을 강의한 것을 시작으로 그 후 61세까지 30여 년 동안 전국 각지의 크고 작은 사찰에서 선과 교를 강설하던 연담은 80세가 되던 해에 입적했다. 입적 순간 시자가 유언을 청하자 "사람이 죽고 나고 하는 것은 마치 낮과 밤이 열리고 합해지는 것과 같다. 그러니 무엇을 슬퍼하고 괴로워하겠느냐." 고 대답했다.

연담의 저서로는 그가 읊은 시와 대인관계를 통해 주고받은 편지, 수행에 관한 언행 등을 모은 '연담집' 4권이 '임하록林下錄'이라는 이름으로 오늘날까지 전해오고 있다. 이 저서를 통해 그의 인품과 불교관을 엿볼 수 있다. 또 30여 년 동안 경전을 연구·강설하면서 여러 경전의 난해한 부분들을 주석해 놓은 '화엄경사기華嚴經私記', '원각경사기圓覺經私記' 등이 있다. 이는 '연담사기'라 하여 당시의 학인은 물론 강사들에게도 모범 지침서가 되었다.

해남 대흥사 부도전(浮屠殿). 대흥사 13 대종사 중 한 분인 연담스님의 부도, 대화엄사연담화상지비도 여기에 있다.

주로 호남지방에서 강석을 열었던 연담은 당시 영남지방의 인악 의첨(仁嶽 義沾: 1746~1796)과 함께 쌍벽을 이루던 양대 강백講伯이었다. 이 사기에 대해 연담은 이렇게 술회했다.

"내가 강석講席에 있을 적에 항상 여러 경론들 가운데 난해한 곳을 만나면 이를 깊이 생각하고 끝까지 참구하여 깨달은 것을 낱낱이 기록하였다가 학인들에게 깨우쳐 주었다. 그리고 직접 나의 문하에서 배우지 아니한 자들까지도 이를 서로 전사傳寫하여 경론을 보는 법식과 표준으로 삼는 자가 있다. 들으니 북쪽지방에 있는 여러 강사까지도 이 사기에 의하여 가르친다고 하니 이 사기가 교해敎海의 멀리까지 적셔주는 작은 물방울이 되었음을 기쁘고 다행으로 여긴다."

참선인들의 공부는 순일무잡純一無雜하여야 한다고 강론해 온 연담은 "선자禪者들은 마땅히 지혜의 칼을 높이 들고 만 가지 인연을 모두 끊어버려 백화가 난만한 숲 속을 지나가더라도 일엽一葉도 몸에 닿지 않아야 비로소 소분小分의 소식이 있을 것이다."고 갈파했다. 또 "참선하는 사람이 화두를 굳게 들어 일호一毫의 잡념도 없으면 마음이 장벽과 같아져 어느 순간 홀연히 깨닫는 것과 같이, 염불도 입과 마음이 오직 아미타불뿐이요 한 털 끝의 잡념까지 없어지면 또한 마음이 장벽과 같이 무념하게 돼 홀연히 자성정토自性淨土가 현전現前한다."며 염선일치念禪一致를 주장했다.

그는 또 "중생과 제불諸佛의 마음은 각각 원만하고 완전하여 원래 하나이고 총괄적인 대실재大實在에 귀일하며, 하나의 마음은 불생불멸하고 선악의 구별이 없으나 더럽고 깨끗한 훈습에 의하여 선악 등이 있게 된다."고 설명했다.

선문禪門의 대논쟁을 불러일으키다 | 백파 긍선

백파 긍선(白坡 亘璇: 1767~1852)
속성은 이씨로 전라도 장수에서 출생. 12세 때 연곡蓮谷에게 사미계를 받음. '선문수경禪文手鏡', '선요기禪要記', '육조대사법보단경요해六祖大師法寶壇徑要解', '정혜결사문定慧結社文' 등 많은 저술을 남겼다.

　백파는 조선 후기 선문의 거장으로 그가 지은 선 지침서 '선문수경禪文手鏡'은 발표 후 1세기 이상 선문의 쟁점이 된 유명한 저술이다. 선문수경은 초의草衣, 추사秋史 등 당시 최고봉 인물들의 주목을 받았으며, 백파가 입적하자 추사 김정희는 그를 화엄종주요 대율사이며, 대기대용大機大用의 선사라 추앙하였다.

　어린 나이에 출가한 백파는 평북 초산의 용문암龍門庵 등지에서 수행하였으며, 20대 초반 지리산 영원암靈源庵의 설파 상언雪坡 尙彦에게 구족계를 받았다. 그 후 전북 순창의 구암사龜巖寺로 가 설파의 법을 이은 설봉雪峰의 법통을 계승했다. 백파당이라는 당호도 이때 받았다. 26세 때는 장성 백양사 운문암에서 개당하자 1백여 명의 승려들이 모여들었다고 한다.

　45세가 되던 해 백파는 "불법의 진실한 뜻이 문자에 있지 않고 도를 깨닫는 데 있는 데도 스스로 법에 어긋난 말만 늘어놓았다."고 참회한 뒤, 초산 용문동으로 들어가 5년간 수선결사운동修禪結社運動을 전개했다. 그 후 충청도에서 선법을 펼쳐 크게 이름을 떨쳤으며, 사람들이 그를 호남 선백禪伯이라 불렀다. 이때 지은 선문수경은 당시 선사들 사이에서 일대 논쟁의 대상이 되었다. 1830년 구암사로 돌아와 사찰을 중창하고 선강법회禪講法會를 열어 후학들을 지도하였고, 1840년부터 화엄사에서 머물다 86세의 나이로 입적했다.

백파는 선에 관한 여러 가지 저술을 남겼으나 선문수경이 대표적 저술이다. 선문수경이 나오자 당시 불교계의 거장 중 한 사람인 초의 의순이 '선문사변만어禪門四辨漫語'를 지어 이를 비판하였고, 그 후 우담 홍기도 '선문증정록禪門證正錄'을 지어 백파를 비판하였다. 그러자 백파의 4대 법손인 설두 유형이 '선원소류禪源遡流'를 지어 백파를 변호하였고, 이어 축원 진하기 '선문재정록禪門再正錄'을 지어 다시 백파와 설두를 비판하였다. 선에 대해 식견이 높았던 추사도 '증답백파서證答白坡書'를 통해 백파의 사상을 혹독히 비판했다.

◀ 고창 선운사 부도밭에 있는 백파율사비. 앞면의 '백파대율사대기대용지비'라는 비명은 추사 김정희의 글씨이다.

선문수경은 선을 조사선祖師禪, 여래선如來禪, 의리선義理禪의 삼종선으로 나누고 선의 종파를 이 삼종으로 구별하여 판단하려는 주석학적 입장에 서 있다. 삼종선으로 나누어 보려는 이 선관은 백파에 의해 시작된 것이 아니라, 삼종으로 나누는 기준인 삼구(三句: 선의 종지를 간명하게 나타낸 것으로 스승이 수행승을 지도할 때 사용하는 방편의 하나)를 제시한 당나라 임제臨濟 이후 많이 있어 왔으나 일체를 삼종으로 유별하려 한 경우는 많지 않다. 임제의 삼구를 삼종선에 맞추고 나서 선을 이 논리에 의거해 측정하려는 것은 선을 체험을 통하지 않고 일종의 사기화私記化한 선이론으로 만든 결과가 된다는 지적을 받고 있기도 하다.

'교는 사구死句이고, 선은 활구活句'라고 정의하는 백파의 의리선과 조사선 구별은 교학과 선종의 구별과 상통하며, 여래선과 조사선의 차이는 공空사상과 중도中道사상의 차이와 같다고 할 수 있는 것으로, 백파는 이런 구별을 통해서 결국 교학보다는 선종이 수승하다는 점과 진공묘유의 중도를 깨닫는 조사선이 최상의 선임을 밝히려 했다고 볼 수 있다.

선의 심천深淺을 평가하는 기준을 '임제삼구臨濟三句'에 의거하는 이론을 전개한 백파의 선문수경으로 비롯된 선 논쟁은 초의를 시작으로 우담과 축원 등 실학의 영향을 받은 진보적 선승들로부터 반박을 받으면서 조선조 말기를 장식하는 불교계의 거대한 물결을 이루었다. 그러나 상대의 입장을 수용하지 못하고 양측이 엇갈리는 주장 속에 서로의 입장만 고집, 결론을 내리지는 못하고 막을 내렸다. 이것은 사실상 선의 사기私記 논쟁에서 출발한 것이지만, 선사禪史 계발을 유도하게 된 선의 중대한 역사임에 틀림없다는 평가를 받고 있다. 아울러 선의 이해를 통해 깨달음의 실체에 접근해 가려는 이러한 노력은 한국불교의 수준을 한층 높였다고 할 수 있다.

백파는 서산 휴정의 4대 문파 중 하나인 편양鞭羊 문파에 속하며, 화엄사상과 선을 겸수하는 가풍을 지닌 환성 지안喚惺 志安의 문손이다. 그는 율과 화엄과 선의 정수를 모두 갖춘 거장으로, 평소 교유가 깊었던 추사는 그의 초상화를 그린 뒤 '해동의 달마'라 격찬하기도 했다.

고불총림 백양사 방장이었던 서옹 상순(西翁 尙純: 1912~2003)에게 선사로서 백파의 경지에 대해 물은 적이 있다. 서옹은 당시 선사로서의 백파 경지는 높은 것 같지 않다는 평을 했다. 성철은 그를 일개 문자승文字僧에 불과하며, 여래선과 조사선을 구별해 차이가 있는 것으로 보는 것은 잘못이라고 비판했다.

전북 고창 선운사 부도밭에 추사가 찬한 그의 비가 세워져 있다.

불교적 안목에서 여러 문화를 섭렵한 선승 | 초의 의순

> **초의 의순(草衣 意恂: 1786~1866)**
> 전남 무안군 삼향면에서 태어났으며 속성은 장씨. 15세 때 나주 운흥사의 벽봉 민성碧峯 敏性을 은사로 출가. 대흥사 조실 완호 윤우玩虎 倫佑의 법을 이었으며, 선기善機와 범운梵雲 등의 제자가 있다. '초의선과草衣禪果', '일지암시고一枝庵詩稿', '동다송東茶頌' 등을 남겼다.

　초의는 '한국의 다성茶聖'이라 불리며 다승茶僧으로 더 알려져 있지만, 다인이기 전에 조선 후기의 대표적 선승으로 침체해 있던 당시 불교계에 새로운 선풍을 일으켰던 고승이다.

　초의는 선과 교를 겸한 고승인 동시에 다도와 시문에도 뛰어났으며, 승속에 걸림이 없고 유교에도 달통한 보기 드문 인물이었다. 그림과 단청, 범패, 서예에도 뛰어났다. 화분을 기르고 화단을 가꾸는 법과 술 담그고 장 담그는 법에까지 능했다. 이러한 초의는 불교적 안목에서 당시의 모든 문화를 섭렵한 예술가요, 실학자라 할 수 있다.

　추사 김정희와 동년생인 초의는 출가 후 해남 대흥사로 가 삼장(三藏: 경, 율, 논)을 수학하고 21세에 대교를 마쳤다. 화순 쌍봉사에서 참선수행을 하다 24세 때 다시 대흥사로 돌아가 연담蓮潭으로부터 초의草衣라는 당호를 받았다.

　이 무렵 초의보다 24살 위인 다산 정약용이 전남 강진으로 유배돼 왔는데, 이때 초의는 그의 삶과 사상에 큰 영향을 끼친 다산을 만나 친분을 맺으며 그로부터 유학을 배우고 시문을 익혔다. 초의는 다산을 만난 것을 "지금까지 현인군자를 찾아다녔으나 모두 비린내 풍기는 어물들에 불과했다. 이제 하늘이 나를 맹자 어머니 곁에 있게 했다."고 표현했다. 30대 이후 금강산 등지의 명승지를 찾아다닐 때는 자하紫霞 신위申緯, 유산酉山 정학연丁學淵, 석오石梧 윤치영尹致英, 추사 김정희 등 여러 인사들과 폭넓게 교류하였다. 특히 추사와의 친분은 각별해 추사가 제주도에 9년간 유배돼 있는 동안 다섯 차례나 찾아갔을 정도였다.

40대에 들는 초의는 두륜산 대흥사 뒤편에 암자를 짓고 '일지암一枝菴'이라고 이름을 붙인 뒤 그곳에서 40여 년간 홀로 저술 활동과 지관止觀 참선하며 지내다 81세의 나이로 입적했다.

초의는 선에만 치우치지 아니하였고 교학도 소홀히 하지 않으면서 선교겸수를 주장하였다. 언젠가 한 스님이 "스님은 선에만 전념하십니까?"라고 묻자 "근기가 약하면 선에만 전념하거나 교에만 전념하지만, 둘 다 다름이 없는 것인데 어찌 선만을 고집하겠는가. 교에만 전념하는 자 허물이 없을 수 없으며, 선만을 고집하는 자 또한 모두 도를 얻는 것은 아니다."고 대답했다.

초의의 선사상은 백파가 저술한 '선문수경禪文手鏡'을 논박하기 위해 내놓은 '선문사변만어禪門四辨漫語'를 통해 살펴볼 수 있다. 초의의 선문수경에 대한 반박으로 시작된 선문논쟁은 이후 1세기 이상 동안 계속된다. 백파가 선을 우열에 따라 조사선과 여래선, 의리선으로 나눠 분류하고, 조사선과 여래선을 격외선格外禪이라고 한 주장에 대해 분류 자체가 근본적으로 옳지 않다고 반박했다. 그는 의리선은 여래선에 포함되고, 조사선은 격외선이 된다는 것이다.

이러한 선론禪論을 편 초의는 평소 교에만 치우치는 것도 아니고, 그렇다고 선에만 기울지도 않으면서 지관止觀 수행을 했다는 점이 특징적이다. 지止는 일체의 경계를 끊어버리고 조금도 분별하거나 헤아림이 없는 것이며, 관觀은 모든 사물이 지니는 본질적인 본분을 깊이 관찰하는 것을 말한다. 그치지 않으면 정定에 들 수가 없고, 보지 않으면 지혜慧를 얻을 수 없다. 이 같은 지관법은 한동안 한국 불교계를 지배해온 수행법이었다.

초의는 본분사인 선수행과 함께 일생 동안 다도를 즐기면서 신라 때부터 시작된 우리나라의 다도가 사라져 갈 당시 우리 차의 훌륭함을 예찬한 '동다송東茶頌'과 차 만드는 법, 물 끓이는 법, 차 마시는 법 등을 기록한 '다신전茶神傳'을 저술해 중국이나 일본과는 다른 한국다도를 정립했다.

초의의 다도관茶道觀은 무엇인가. 그는 동다송에서 '다도란 신神, 체體, 건健, 영靈을 함께 얻는 것'이라고 했다. "평해서 말하기를 채다採茶는 그 묘妙를 다해야 하고, 조다造茶는 그 정성을 다해야 하고, 물은 그 진眞을 얻어야 하고, 포법(泡法 : 차 우려내는 법)은 중정中正을 얻어야 하는 것이다. 체와 신이 서로 조화를 이루고, 건과 영이 서로 함께하는 것을 일컬어 다도에 이르렀다고 한다."

초의의 다도를 연구한 효당曉堂 최범술崔凡述은 초의를 '근세 한국차의 중흥조'라 칭했고, 그의 다도를 '다선일미茶禪一味'라 표현했다. 초의는 차와 선이 별개가 아니며, 한 잔의 차를 통하여 법희선열法喜禪悅을 느낀다고 했다.

불화에도 뛰어났던 초의의 화풍은 소치小痴 허련許鍊으로 이어져 남종화로 꽃피게 된다. 소치는 초의와의 만남을 '소치실록'에서 "을미년

(1835)에 나는 대둔사에 있는 암자에 들어가 초의선사를 뵈었습니다.… 선사의 그 청고하고 담아한 경지는 세속인들이 입으로 말 할 수 있는 것이 아니었습니다. 매양 구름이 오락가락하는 새벽이나 달 뜬 저녁이면 선사는 고요에 잠긴 채 시를 읊으면서 흥얼거렸습니다. 향불을 피워 향내가 은은히 퍼질 때 차를 반쯤 마시다 문득 일어나 뜰을 거닐면서 스스로 취흥에 젖어들곤 했습니다. 정적에 잠긴 작은 난간에 기대어 지저귀는 새소리를 들으며 새들과 상대하고, 깊숙한 오솔길을 따라 손님이 찾아올까 봐 살며시 숨어버리기도 했습니다. 초암(草庵: 일지암)에 있는 선사의 서가에는 서책들로 가득했습니다. 나는 그 초암에서 그림을 그리고 글씨를 배우며 시를 읊고 경을 읽으니 침으로 적당한 곳을 만난 셈이었습니다. 더구나 매일 선사와의 대화는 모두 물욕 밖의 고상한 마음에서 우러나온 것이었습니다."라고 적고 있다.

성내는 마음이 바로 지옥이요 탐욕이 바로 아귀이다.
어리석은 마음이 축생이고 음욕과 살생 또한 그러하다.

- 청허 휴정 -

후기後記

한국 선불교 법맥에 대하여

한국 선불교 법맥에 대하여

1. 사법사嗣法師와 득도사得度師

승가僧家에는 두 종류의 스승이 있다. 삭발을 하고 계를 주는 득도사得度師 와 오심전수悟心傳受, 즉 깨달음의 경지를 인가해 주는 사법사嗣法師 가 그것이다. 법맥을 논할 때 득도사와 사법사 중 어느 쪽을 기준으로 하느냐에 대해 설이 나누어져 있고, 태고 등 어느 시점을 택해 그 이전은 득도사, 그 이후는 사법사를 기준으로 삼는 등 주장이 일치되지 않고 있다.

불교의 궁극목적이 깨달음을 얻는 데 있으므로 사법사를 기준으로 하는 것이 올바른 법맥일 것이다. 법맥을 중시한 조선 이후 선사들의 법맥도 대부분 사법사를 기준으로 하고 있지만 꼭 그런 것도 아니다. 본 저술은 깨달음을 이어온 고승들의 삶을 살펴보고자 하는 것이므로 사법사의 계통을 기본으로 삼았다. 법맥을 다룸에 있어 주장이 다를 경우 다수설과 기록 등을 참조, 한 가지를 택했다.

이를 기준으로 할 때 조선 이후 한국불교의 법맥을 이어온 고승들 대부분은 태고 보우의 법손들이다. 고려 때까지 구산선문의 선승 등에 의해 법맥이 이어져 오다 법맥 단절 위기에 있던 고려 말 태고가 중국 석옥 청공의 법을 이어 선불교를 중흥한 이후 태고의 법손들이 중심이 되어 법맥을 이어가게 되었기 때문이다. 보우는 중국에 처음 선법禪法을 전한 달마로부터는 39대손, 석가로부터는 57대손에 해당한다. 같은 시기의 나옹 혜근도 마찬가지다.

사자상승師資相承의 법은 스승과 제자에 따라 한 명에게 전해지거나 두 명 이상에게 전해지기도 하고 단절되기도 한다.

2. 조계종 법통설의 문제점

가. 기존 법통설

1천6백여 년의 전통을 이어받은 오늘날 한국불교의 대표 종단은 대한불교조계종이다. 조계종 종헌宗憲 제1조는 '본종은 신라 도의국사가 창수創樹한 가지산문에서 기원하여 고려 보조국사의 중천重闡을 거쳐 태고 보우국사의 제종포섭으로 조계종이라 공칭하여 이후 그 종맥이 면면부절綿綿不絶한 것이다.'고 명기하고 있다. 또한 제6조에는 '조계曹溪 혜능조사慧能祖師의 증법손曾法孫 서당西堂 지장선사智藏禪師에게서 심인心印을 받은 도의국사道義國師를 종조宗祖로 하고, 고려의 태고太古 보우국사普愚國師를 중흥조로 하여 이하 청허清虛와 부휴浮休 양 법맥을 계계승승繼繼承承한다.'고 규정하고 있다.

이 같은 규정에도 불구하고 태고종조설, 보조종조설 등 종조와 법통에 관한 논쟁이 끊이지 않고 있다. 청허 휴정 이후 법통 정립의 필요성에 의해 다양한 조계종 법통이 무리하게 형성되는 과정에서 갖가지 문제점을 내포하면서 지금까지도 논쟁의 여지가 없는 법통이 정립되지 못하고 있다.

휴정 사후인 1612년 허균이 지은 '청허당집서清虛堂集序' 등에서 휴정은 중국 법안종法眼宗의 법안 문익法眼 文益으로부터 영명 연수永明 延壽를 거쳐 나옹懶翁으로 이어지는 법맥을 이었다는 나옹법통설이 먼저 등장했다. 그러나 이 설은 휴정 자신이 벽송 지엄碧松 智嚴 이후의 법통이 임제종임을 분명히 밝히고 있는 점과 맞지 않는 등 여러 가지 문제점을 갖고 있다.

그 후 편양 언기鞭羊 彦機는 자신이 지은 '청허당행장' 등에서 휴정의 법맥이 임제의 적손임을 강조하면서 그 근원을 태고 보우에서 찾고 있다. 이 태고법통설도 사자상승의 법맥이 확실치 않으며 그 법계를 뒷받침할 수 있는 역사적 근거를 찾아볼 수 없다. 따라서 이 법계는 편양으로 대표되는 휴정의 일부 문도들이 임제종 정통법맥임을 내세우고자 만들어낸 것이라는 비판을 받고 있다. 그러나 휴정의 문하에서 이 태고법통설과 나옹법통설이 잠시 논란거리가 되다가 태고법통설이 정통으로 확립되면서 이후부터는 지금에 이르기까지 정통 법통설로서 자리잡고 있다.

근대에 이르러 휴정 이후 한국불교는 보조법통으로 이어왔다는 보조법통설이 등장한다. 휴정의 법맥인 구곡 각운龜谷 覺雲은 환암幻庵이 아니라 졸암拙庵의 사법제자이고, 졸암은 보조의 법맥을 이었기 때문이라는 것이다. 이 또한 구곡 각운에서 벽송 지엄에 이르는 과정에 문제점이 있어 설득력 있는 주장이라 할 수 없다는 지적을 받고 있다.

나. 법통설의 문제점

위에서 본 바와 같이 법통은 사실의 문제가 아니라 할 수 있다. 사실의 뒷받침이 없는 법통이 왜 만들어져야 했을까. 그것은 무엇보다도 스승과 제자가 직접 대면해 인가를 받아야만 깨달음을 인정할 수 있다는 선종의 사자상승의 이념이 큰 원인으로 분석되고 있다.

휴정의 법통 이전에 이미 중국에서는 이른바 석가모니와 가섭의 삼처전심三處傳心에서 시작돼 보리달마에 이르는 서천西天 28조祖와 보리달마에서 혜능에 이르는 중국 선종의 법계가 존재했다. 이런 영향을 받은 조선의 승려들이 당시의 사회문화적 환경 속에서 자신의 법계를 만들어야 할 필요를 느끼면서 그 일에 착수했을 것이고, 이러한 법통은 쇠락한 조선 불교를 중흥시킨 휴정 이후의 불교계가 자신들의 정체성을 확립해가는 과정에서 형성된 하나의 이념적 규정이라고 학자들은 보고 있다.

기존의 법통설은 이처럼 만들어지다 보니 역사적 사실이나 불교의 근본이념과도 동떨어지는 여러 가지 문제점이 파생될 수밖에 없다. 어느 한 가지 법통설을 고집하면 그 법계에 들지 않은 선사들은 어떤 존재들이며, 원효 등이 설 자리는 어디인가. 일정한 스승 없이 깨친 이들은 또 어느 법맥에 속하게 되는가.

그리고 부처나 조사와 같은 깨달음의 경지에 이른 스승이 최상의 깨달음을 얻은 제자에게 그 경지를 인가하는, 제대로 된 사자상승의 법맥이 아니라면 별 의미가 있을까. 많은 선승들이 형식이 아닌 진정한 깨달음의 법맥은 끊어졌다가 다시 살아나곤 했다는 점을 인정하고 있고, 당대에 깨달음의 경지를 제대로 인가해줄 올바른 선사를 만나지 못해 홀로 서는 선사들도 있다. 그런 과정에서 깨달음의 전승이 아니라 법맥을 위한 법맥이 만들어지게 되는 것도 어쩌면 당연한 일일 것이다.

이렇게 형성된 법통관은 인맥 중심으로 흐르게 되고, 이는 폐쇄적인 문중의식으로 이어지게 된다. 진정한 깨달음의 전승과는 별개로 법맥을 위한 법맥 전승을 위해 특정 스승에서 특정 제자로 이어지는 인맥 중심의 법맥은 특정 문중만이 정통이고 나머지는 방계라는 잘못된 법통 관념을 낳게 되면서 배타적 문중의식으로 이어진다. 이는 법통을 둘러싼 소모적인 논쟁을 되풀이하는 악순환을 낳게 된다.

다. 법맥을 위한 법맥에서 벗어나야

이처럼 필요에 따라 만들어진 법맥과 법통설이라면 내세울 것도, 집착할 것도 못된다. 이러한 법통에 대한 집착은 참된 진리와 깨달음을 추구하는 불교적 이념과도 거리가 먼 것임은 더 말할 것도 없다. '부처를 만나면 부처를 죽이고 조사를 만나면 조사를 죽여라'고 내세우는 선종이 그런 법통에 얽매인다면 그것은 벌써 부처나 조사의 법을 잇는 제자와는 거리가 먼 이들이다. 오직 진리를 깨달았느냐의 여부가 기준이 될 뿐이어야 한다.

제대로 깨달음을 얻은 수행자들은 드러나지 않고 형식적인 법맥을 내세우는 선사들에 의해 한국 선불교계가 좌지우지되는 것은 바람직하지 않다.

간화선이 최고라는 아집에 빠져 있고 자신의 법맥만이 정통임을 내세우는 것은 옳지 않다. 입실면수入室面授와 전법게라는 형식은 선종 법맥 전수에 있어 중요한 절차이자 요소이지만, 그냥 형식화된 틀에 매여 확실한 깨달음의 전수와는 관계없이 법맥을 위한 법맥을 이어가는 관행은 오히려 부처님 정법을 온전히 이어가는데 장애가 될지도 모른다.

물론 한국 선불교의 모든 법맥이 그런 것은 아니겠지만, 세속적인 족

보나 혈통과 비슷한 인맥 중심의 법맥이라면 무슨 의미가 있겠는가. 이런 관행에서 벗어나 진정한 의미의 법통 관점에서 한국 신불교를 새롭게 되돌아봐야 하지 않을까.

3. 진정한 법맥 전승이 중요하다

최근 열반하거나 생존해 있는 선사들을 이런 저런 계기로 많이 만나 볼 수 있었다. 방장이나 조실, 종정 등을 지냈거나 현재 맡고 있는, 한국에서 내로라하는 선사들을 많이 만나보면서 올바른 안목이 없어 제대로 볼 수 없었을지 모르지만, 아쉬움을 느끼는 경우가 종종 있었다. 이들 중에는 서로 자신이 잇고 있는 법맥이 정통이라고 주장하고, 다른 이의 깨달은 정도에 대해 물으면 대부분 깨닫지 못했다거나 모자란다고 말하는 사람들도 있었다. 그러면서 자신은 깨달았다고 은근히 드러낸다.

어떤 집착이나 아집, 권위도 떨쳐버리고 모든 상에서 벗어나는 것이 깨달음의 근본이라고 가르치면서 정작 스스로는 그렇지 못하다는 사실을 모르는 선사들도 있는 것이 현실이다. 무조건적인 권위나 폐쇄적 분위기는 오히려 선, 간화선에 대한 불신을 키우는 요인이 될 수도 있다.

물론 잘 알려진 사람들 중에도 저절로 수행자의 향기가 나고 성인의 기운이 느껴지는 고승들도 있다. 그리고 알려지지 않은 도인들도 많이 있을 것이다. 진정한 불맥 전승은 이런 선승들, 올바른 깨달음을 얻은 선사들이 이어가는 것이다. 한국 선불교도 이들을 제대로 드러내고, 이들을 중심으로 진정한 불조佛祖의 혜맥惠脈을 잇는 법통을 만들어가는 것이 중요하다. 오로지 진리를 위해 올바로 수행하는 선승들이 많아지고, 형식적인 법맥이 아니라 진정한 법맥이 힘을 발휘하는 풍토가 형성돼야 할 것이다.

법맥 자체가 중요한 것이 아니라 치열한 수행과 올바른 가르침으로 진정한 깨달음을 얻는 선사들이 많이 나오고, 그래서 중생들에게 빛이 되고 '죽비'가 되고 길잡이가 되는 것이 중요하다.

부록

법계도

불조 선맥도

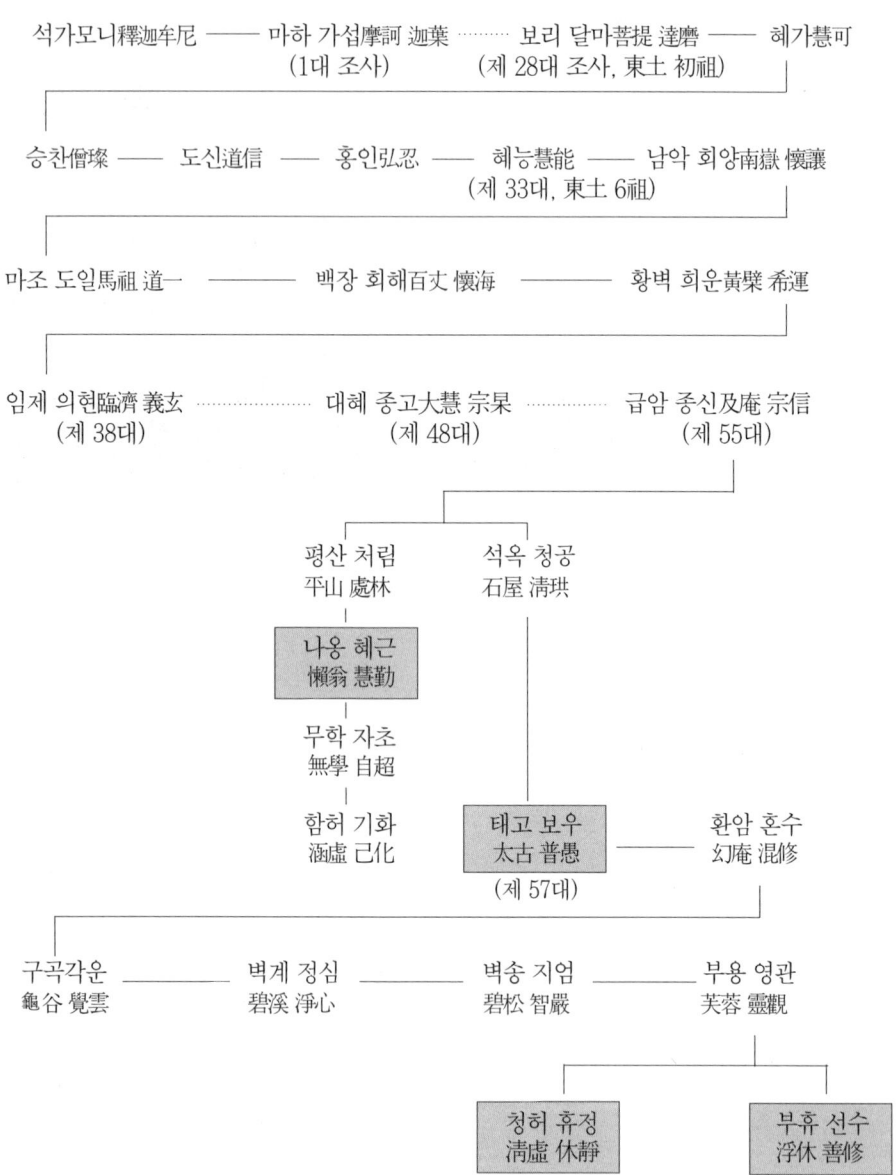

석가모니釋迦牟尼 ── 마하 가섭摩訶 迦葉 ┄┄ 보리 달마菩提 達磨 ── 혜가慧可
　　　　　　　　　　(1대 조사)　　　　　(제 28대 조사, 東土 初祖)

승찬僧璨 ── 도신道信 ── 홍인弘忍 ── 혜능慧能 ── 남악 회양南嶽 懷讓
　　　　　　　　　　　　　　　　　(제 33대, 東土 6祖)

마조 도일馬祖 道一 ── 백장 회해百丈 懷海 ── 황벽 희운黃檗 希運

임제 의현臨濟 義玄 ┄┄ 대혜 종고大慧 宗杲 ┄┄ 급암 종신及庵 宗信
(제 38대)　　　　　　(제 48대)　　　　　　(제 55대)

평산 처림　　　석옥 청공
平山 處林　　　石屋 清珙

나옹 혜근
懶翁 慧勤

무학 자초
無學 自超

함허 기화　　　태고 보우　　　환암 혼수
涵虛 己化　　　太古 普愚　　　幻庵 混修
　　　　　　　(제 57대)

구곡각운　　　벽계 정심　　　벽송 지엄　　　부용 영관
龜谷 覺雲　　　碧溪 淨心　　　碧松 智嚴　　　芙蓉 靈觀

청허 휴정　　　　　　부휴 선수
清虛 休靜　　　　　　浮休 善修

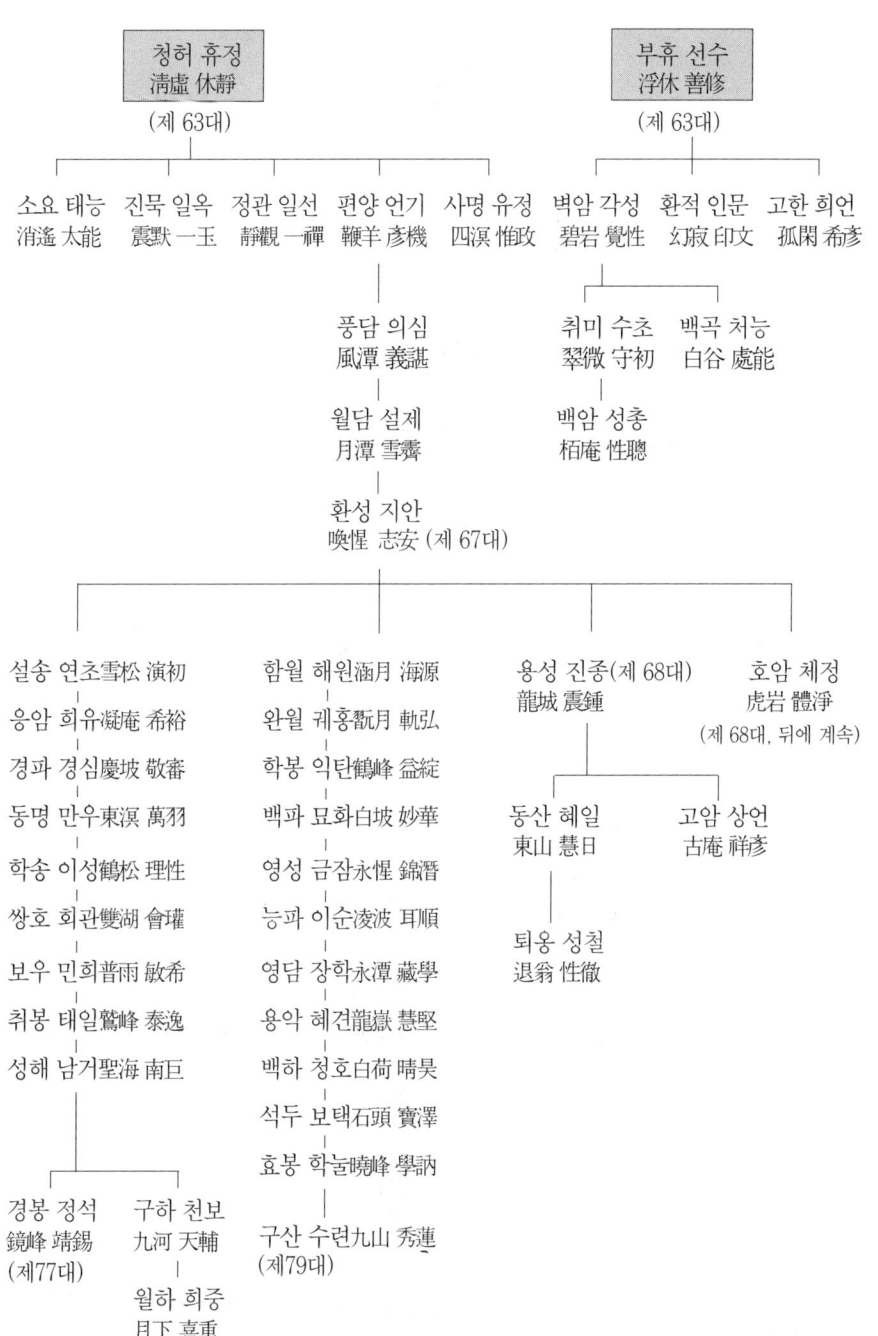

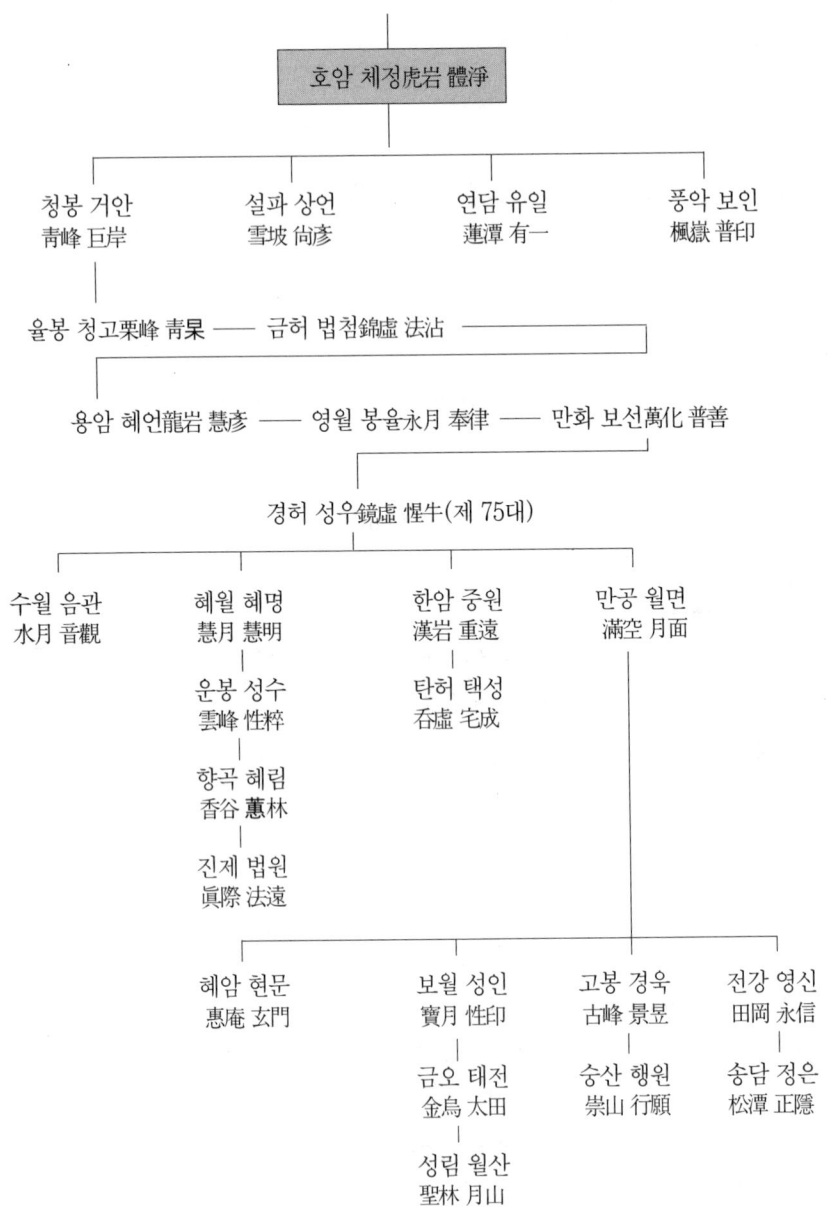

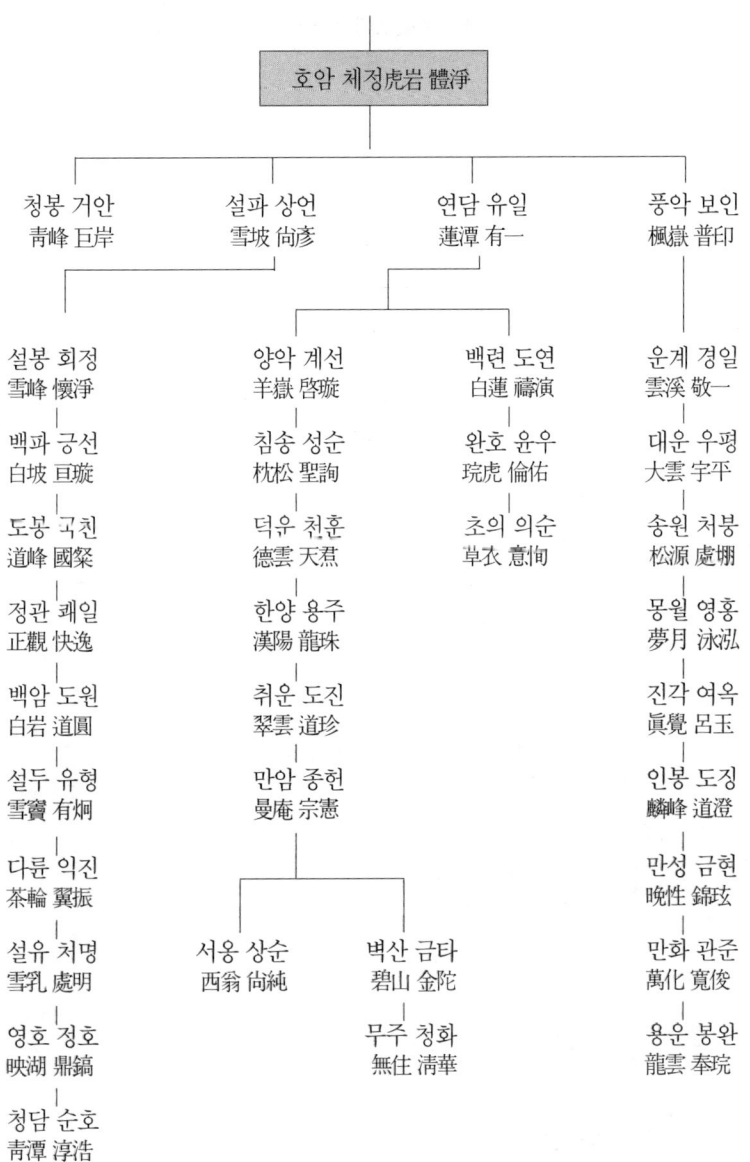

부록_391

구산선문 계보

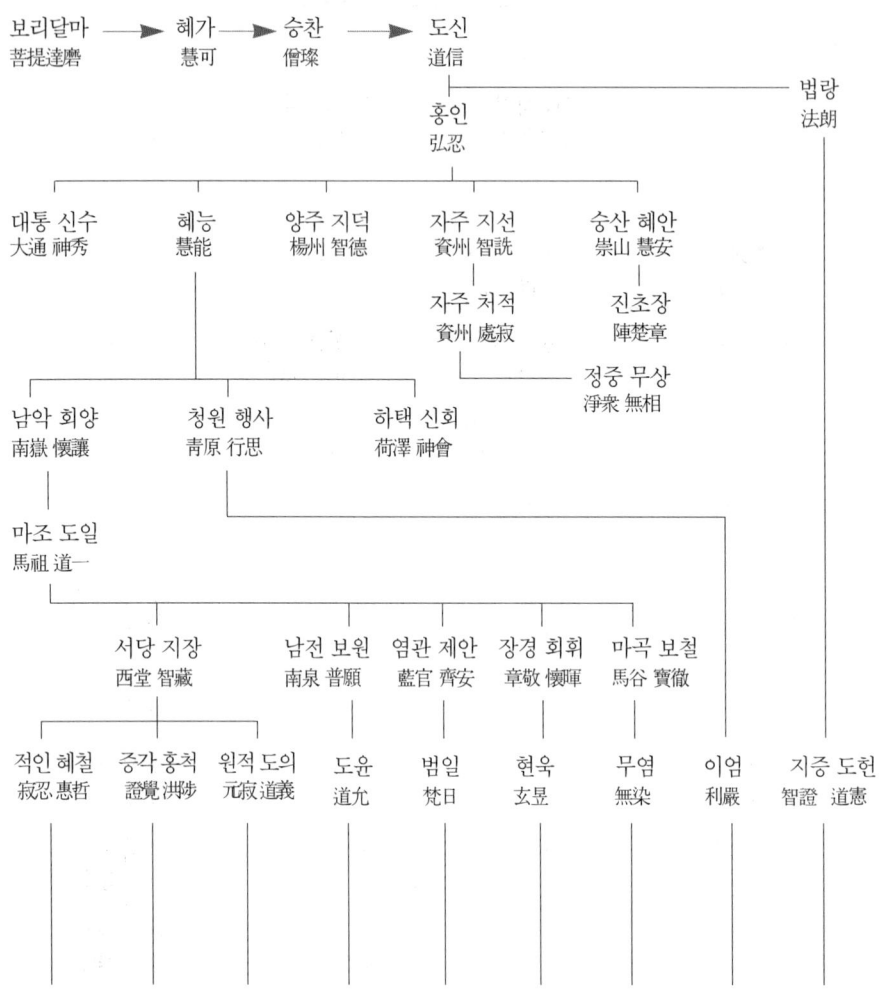

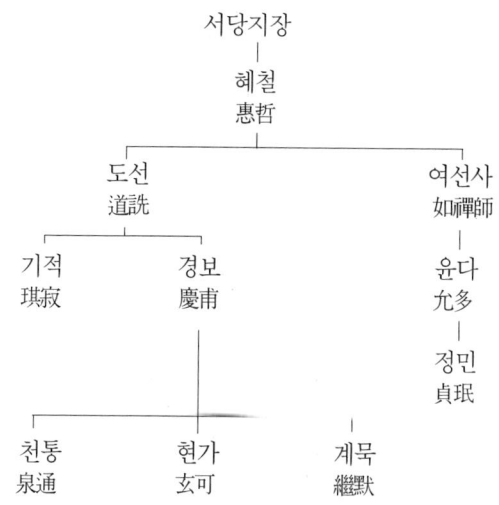

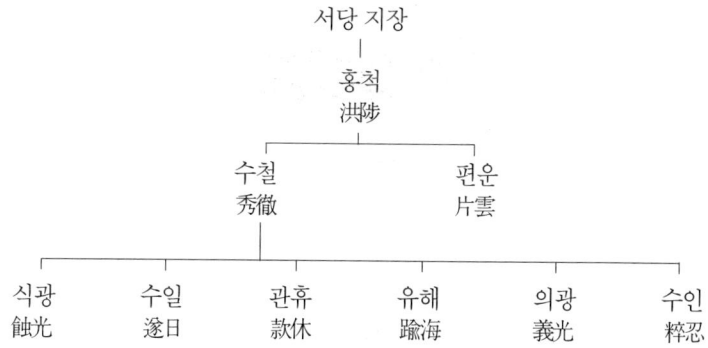

부록_393

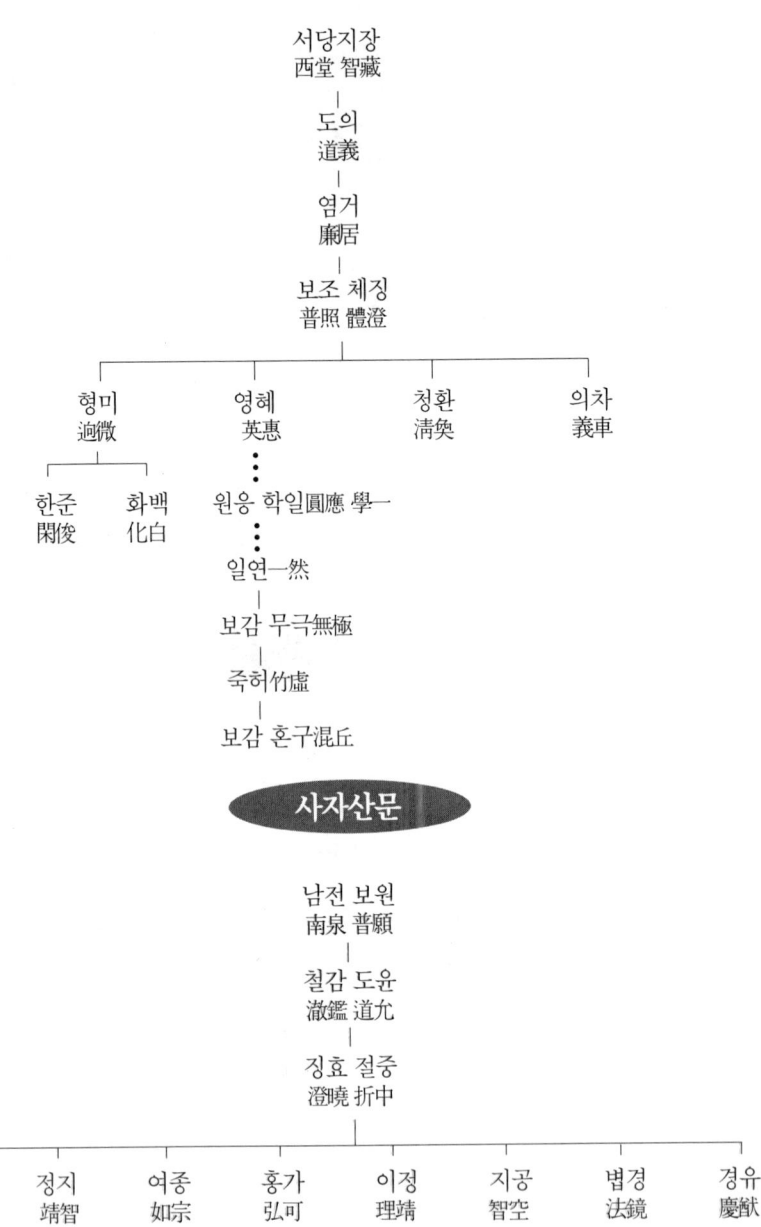

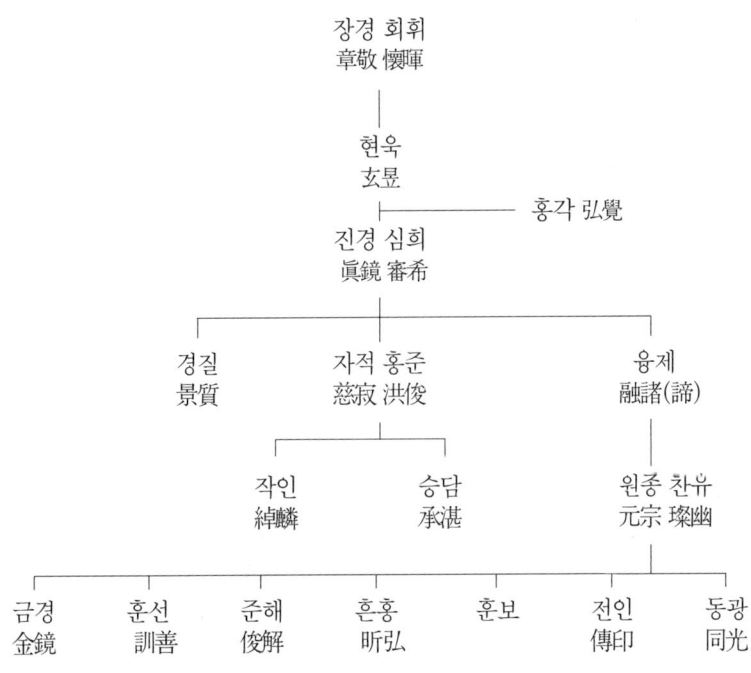

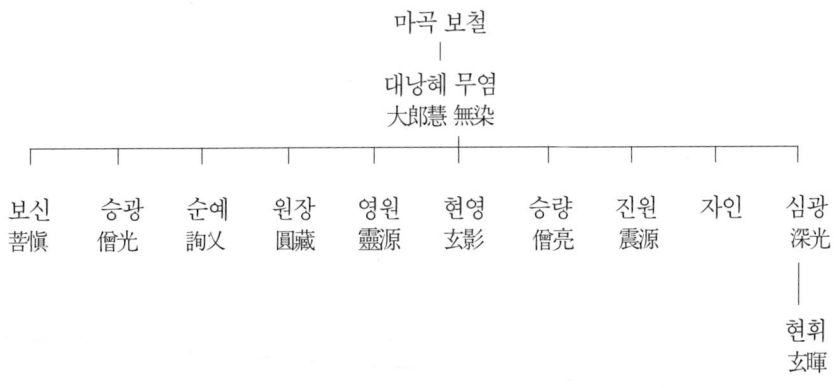

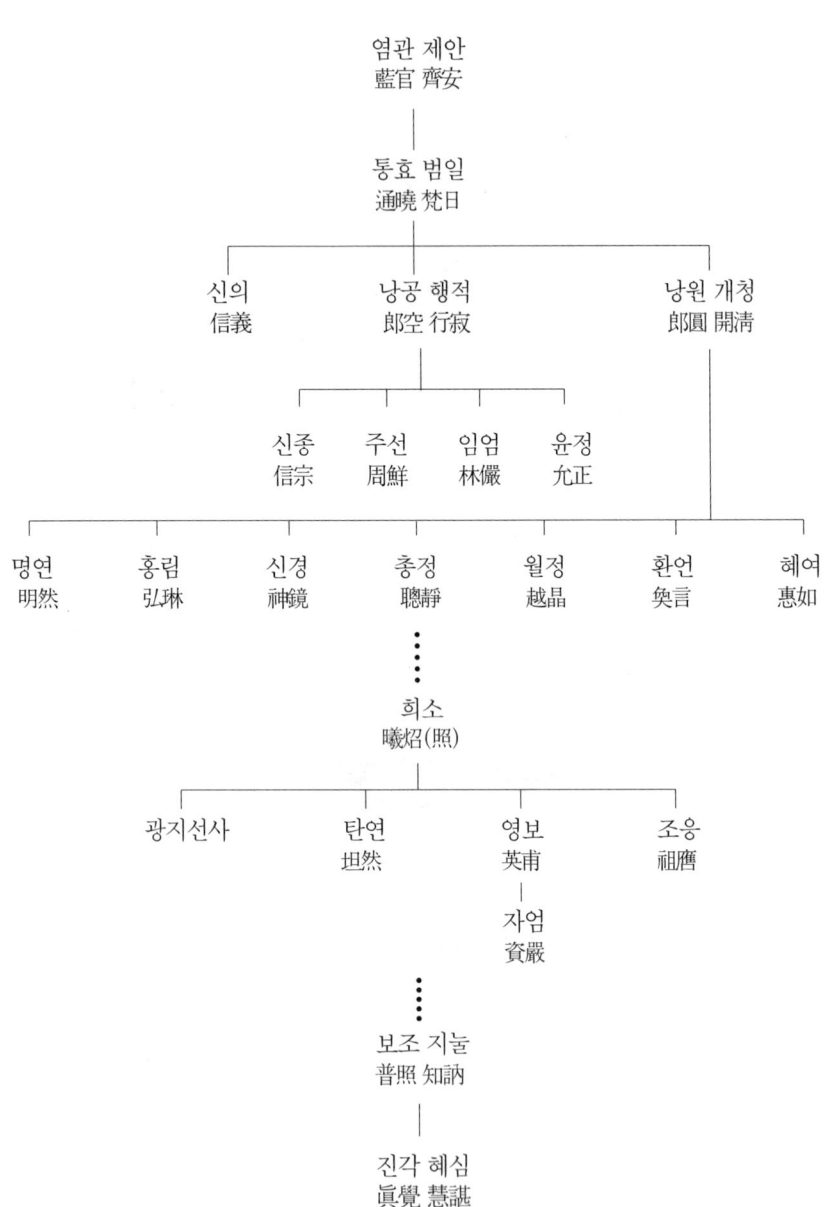

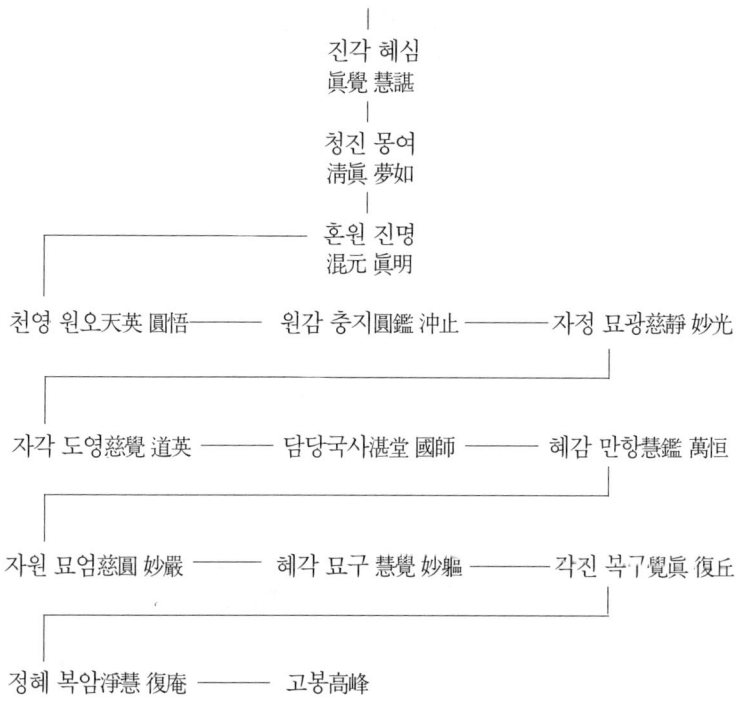

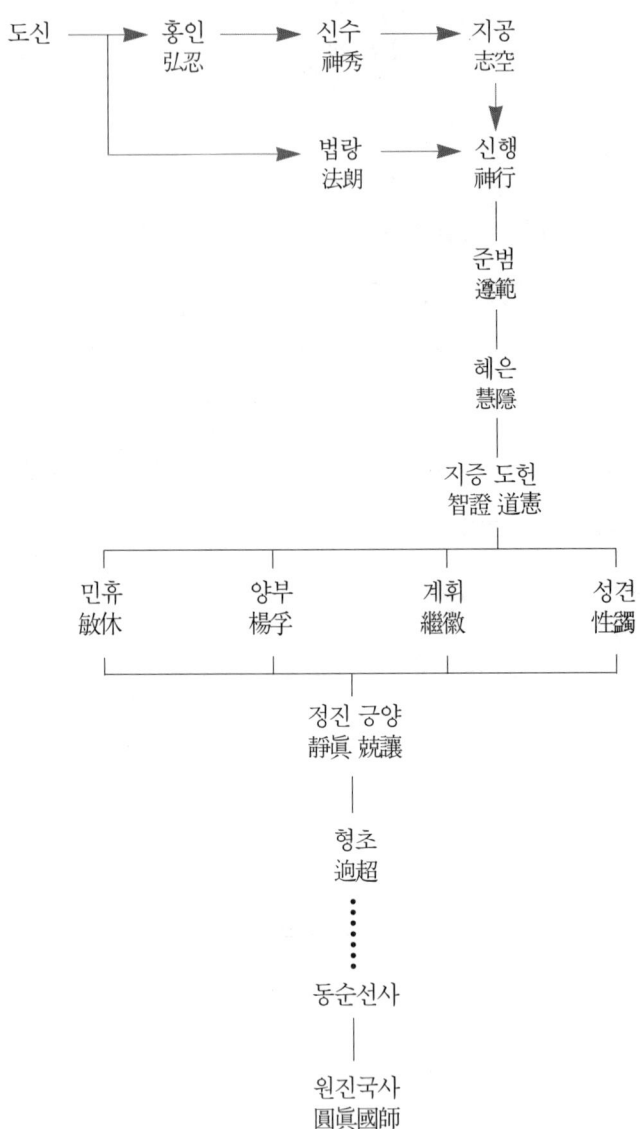

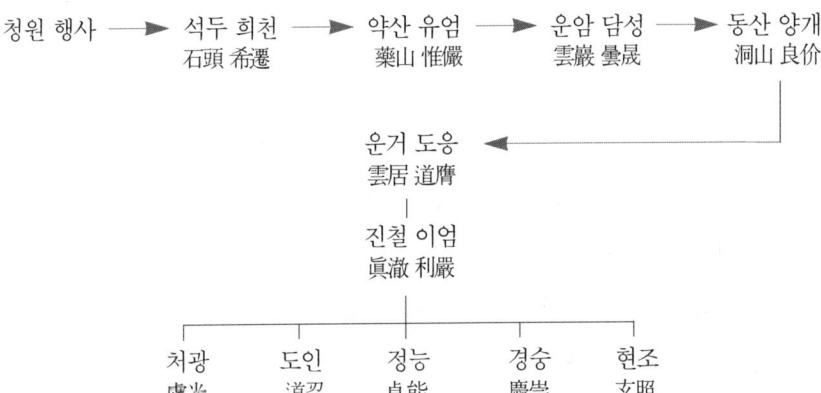

(참고문헌)

저서

경덕전등록

민족대백과사전/ 한국정신문화연구원

백일법문1,2/ 성철. 장경각

보각국사 일연성사와 은해사/ 은해사 일연학연구원

불교사상사연구/ 권기종. 한국불교연구원

불교사상의 이해/ 동국대불교교재편찬위. 불교시대사

사천강단/ 민영규. 우양

삼국유사

선문보장록

선림고경총서/ 장경각

송고승전

신라선종의 연구/ 정성본. 민족사

신라화엄사상사연구/ 김상현. 민족사

신라 화엄사상사 연구/ 김두진 · 서울대출판부

역대고승비문

역대고승비문/ 이지관

역사로 읽는 원효/ 김상현. 고려원

일연선서로 팔만대장경을 본다/ 이정학. 페이지원

조당집

7월의 문화인물 도선/ 문체부. 김영태

한중불교문화교류사/ 황유복 · 진경부 지음, 권오철 옮김. 까치

한국불교사/ 기마타시게오 저, 신현숙 옮김. 민족사

한국불교 사상의 전개/ 한종만. 민족사

한국불교사의 재조명/ 불교신문사편. 불교시대사

한국불교선문의 형성사 연구/ 불교사학회편. 민족사

한국불교 시문학사론/ 이종찬. 불광출판부

한국불교인명사전/ 이정. 불교시대사

한국불교의 법맥/ 퇴옹 성철. 장경각

한국불교전서

한국선사상연구/ 한기두. 일지사

한국의 불교사상/ 고익진. 동국대출판부

한국조계종의 성립사 연구/ 불교사학외. 민족사

한국화엄사상연구 / 불교문화연구소 동국대출판부

화두짓는 법/ 토방편집부. 토방

화엄의 세계 - 균여의 화엄/ 해주. 민족사

한암일발록 등 해당 선사들 법어집이나 문집 및 관련 불교 잡지와 신문 등

논문

가야학보 95 - 신라화엄종 북악조사 희랑/ 채인환

고려후기 원묘국사 요세의 백련결사/ 채상식

균여의 주측학/ 고영섭

금강삼매경, 금강삼매경론과 원효사상/ 박태원

나말여초 구산선문연구/ 김동녕

나말 제산문과 선사상/ 김방룡

남선종의 초전자初傳者 도의선사의 사상과 그 연원 연구/ 차차석

도선의 풍수지리사상연구/ 조수동, 장기웅

몇 가지 사색 - 사상으로서의 원효의 생애/ 베르나르 포

문수보살의 연구/ 정병조

문화적, 종교적 원형으로서의 원효 : 한국불교고승전에 대한 연구/
　　　　　　　　　　　　　　　　　　　　　　　　로버트 비스웰

민족화해 통일의 기틀 일심과 화쟁/ 최유진

분황사 원효문예대전논문/ 김영태

삼국유사 의상관련 기록/ 김상현

선각대사 도선연구/ 정성본

신라선의 역사적 의의/ 현각

신라화엄종 북악조사 희랑/ 채인환

11월의 문화인물 의천/ 문화부

원효사상의 특징과 의의 - 원효사상 연구 노트/ 이기영

원효의 화쟁사상과 오늘의 통일문제/ 이기영

원효 화쟁사상의 연구서적 검토/ 김상현

일승법계도에 나타난 성기사상/ 이기영

의상과 동아시아 불교사상/ 김천학

의상사상의 현대적 함의/ 이도흠

의상의 미타신앙연구/ 정병조

의상의 진리관/ 사또우아츠시

의상의 화엄일승법계도와 현대철학/ 김형효

의상화엄교학의 특성/ 채인환

자장관련 논문/ 김상현

자장사상의 기반/ 박태원. 불교문화연구 4집 영축불교문화연구원

정중무상의 능엄선연구/ 조용헌

진감국사학술대회/ 부산대 한국민족문화연구소

진감국사학술대회자료/ 부산대

한국의 선종사상/ 원융스님

한국화엄의 초조고考/ 이행구

화엄일승법계도의 근본정신/ 이기영

佛脈 한국의 선사들

초판 2쇄 인쇄 / 2005년 1월 4일
    2쇄 발행 / 2005년 1월 7일

글쓴이 / 김신곤 · 김봉규
펴낸이 / 김동금
펴낸곳 / 우리출판사

· 주 소 / 서울특별시 서대문구 충정로 3가 1-38
· 등 록 / 1988년 1월 21일 제9-139호
· 전 화 / (02)313-5047 · 5056
· 팩 스 / (02)393-9696
· 메 일 / woribook@chollian.net

ISBN 89-7561-214-7   03220

※ 값은 뒷표지에 있습니다.
※ 잘못된 책은 본사나 구입하신 서점에서 바꾸어 드립니다.